Alles Mythos!

20 populäre Irrtümer über die Ritter

Karin Schneider-Ferber

Alles Mythos!

20 populäre Irrtümer über
die Ritter

THEISS

Die Deutsche Nationalbibliothek verzeichnet diese Publikation
in der Deutschen Nationalbibliographie; detaillierte bibliographische
Daten sind im Internet über
http://dnb.d-nb.de abrufbar.

Der Konrad Theiss Verlag ist ein Imprint der WBG.

Die Herausgabe des Werkes wurde durch die Vereinsmitglieder
der WBG ermöglicht.
Lektorat: Kristine Althöhn, Mainz
Satz: Satzpunkt Ursula Ewert GmbH, Bayreuth
Einbandabbildung: Reenactment: Ritter beim Tjosten
© picture alliance/empics
Einbandgestaltung: Stefan Schmid Design, Stuttgart
Gedruckt auf säurefreiem und alterungsbeständigem Papier
Printed in Germany

Besuchen Sie uns im Internet: **www.wbg-wissenverbindet.de**

ISBN 978-3-8062-2785-7

Elektronisch sind folgende Ausgaben erhältlich:
eBook (PDF): 978-3-8062-3104-5
eBook (epub): 978-3-8062-3105-2

Inhalt

Vorwort

Man glaubt ihn zu kennen wie einen alten Bekannten: den Ritter aus mittelalterlicher Zeit, der sich klammheimlich, aber mit großer Beharrlichkeit immer wieder in unseren Sprachgebrauch schleicht. Oder freuen wir uns etwa nicht über einen „Ritter der Straße“, der uns im belebten Großstadtverkehr uneigennützig den Vortritt lässt? Fühlen wir uns nicht geschmeichelt, wenn uns jemand mit „Höflichkeit“ begegnet oder als „Kavalier“ der alten Schule gar die Türe aufhält? Der Ritter, französisch *chevalier* (von dem sich das Wort Kavalier ableitet), ruft in unseren Köpfen ein bestimmtes Bild hervor, das eng verbunden ist mit einem zeitlosen Tugendkanon. Christine de Pizan, die französische Schriftstellerin an der Wende des 14. zum 15. Jahrhundert, wusste genau, was sie von einem edlen Ritter erwartete: Er müsse weise und gütig sein, gnädig, höflich, freigebig, mild und beherrscht, sollte möglichst weit gereist, unternehmungslustig und stolz auf seine Waffentaten sein. Nicht viel anders stellt man sich auch heute einen „echten“ Ritter vor. Kombiniert wird das ideale Charakterbild gerne mit zeittypischen Lebensverhältnissen des Adels im üblichen Mittelalter-Kolorit: Zu einem Ritter gehören natürlich eine Burg, ein Schlachtross, eine blank geputzte Rüstung, Wappen, Fahnen und eine besonders hübsche Minneherrin. Dazu tritt ein Hauch von Anarchie und Abenteuer, wenn der Ritter als kühner Recke Heldentaten auf dem Schlachtfeld vollbringt und sich sein Recht mit der Macht des Stärkeren holt. Dieses ideale Bild entfaltet bis heute seine Faszination, wie nicht zuletzt die zahlreichen Mittelalterfeste und nachgestellten Turniere beweisen, die jeden Sommer veranstaltet werden. Gerne übersehen wird dabei, dass das „Hauptgeschäft“ der edlen Herren der Krieg war. Feste, Minne und Turniere fanden nur an großen Höfen und nur als „Nebenprogramm“ statt. Angesichts der Härte des Kriegsgeschehens wandelt sich der „alte“ Bekannte plötzlich in einen Fremden: Ritter kämpfen brutal und unbarmherzig, begehen Kriegsgräuel an Zivilisten, nehmen für ihre Dienste Geld und benehmen sich allem Anschein nach ziemlich unritterlich. Was also ist dran an den gängigen Vorstellungen vom Rittertum? Dieses Buch greift 20 populäre Irrtümer auf, die man über Ritter haben kann, und zeigt, dass so manches anders war, als angenommen.

IRRTUM 1:

Ritter kämpften mit ritterlichen Methoden

„Schwer tobte der Kampf und es erhob sich das Tosen des Krieges; mit ihren Waffen brachen sie in die dicht gedrängten Schlachtreihen der Sachsen ein, freudig schleuderten sie überall die Leiber beiseite, als wenn die Sichel das reife Korn schnitte. Mit dem Schwert mähten sie die Häupter, wie bei der Ernte – ein schrecklicher Anblick! – und mit dem Schwert bahnten sie sich überall einen Weg mitten durch die Feinde." Mit diesen martialischen Worten beschreibt der Autor des Liedes vom Sachsenkrieg die blutige Schlacht, die zwischen König Heinrich IV. und seinen aufständischen Untertanen, den Sachsen, im Jahr 1075 an der Unstrut tobte. Er scheut keine Mühe, das Gemetzel in drastischen Bildern zu schildern: „Der eine stürzte auf den Feind und trat dabei auf seine eigenen Eingeweide, der andere zog den kalten Stahl aus dem eigenen Körper, und sterbend erschlug er den Feind, der ihn tötete." Ein grausames Blutbad erwartete die Unterlegenen. „Gegen das gemeine Fußvolk (der Sachsen, Anm. K. S.-F.) wütete die feindliche Unmenschlichkeit so über alles Maß und alle Schranken hinaus, dass sie, alle christliche Ehrfurcht vergessend, Menschen abschlachteten wie Vieh", berichtet der zweite Gewährsmann, Lampert von Hersfeld, über die Vorgänge an der Unstrut.

Hätte man einen Ritter im Mittelalter nach seinem Selbstbild gefragt, wäre mit Sicherheit eine ganz andere Einschätzung herausgekommen. Nicht die Rolle des Schlächters, sondern die des unermüdlichen Kämpfers für das Gute und Gerechte wäre in den Vordergrund getreten. „Der Ritterstand ist erhabener und edler, als sich die Vorstellungskraft ausmalen kann, und kein Ritter sollte zulassen, dass er sich durch Feigheit oder eine gemeine oder falsche Tat entehrt, sondern wenn sein Helm auf seinem Kopf sitzt, sollte er kühn und grimmig sein wie ein Löwe, sobald er die Beute sieht“, erinnerte König Johann von Portugal am Vorabend der Schlacht von Aljubarrota 1385 die Seinen an das hehre Ideal. Doch die Realität des Kriegsalltags sah anders aus. Anstelle von Heldentaten erwartete die Kämpfenden im Schlachtgetümmel ein blutiges Gemetzel, statt ritterlicher Zweikämpfe Mann gegen Mann ein wüstes Hauen und Stechen jeder gegen jeden mit oft tödlichem Ausgang. Denn wie in jedem anderen Krieg ging es auch bei mittelalterlichen Waffengängen um nichts anderes als um Sieg oder Niederlage, um Töten oder Getötetwerden. Die Konsequenzen waren absehbar: brutale Kampfhandlungen mit hohem Verletzungs- und Todesrisiko, Übergriffe auf unbeteiligte Zivilisten, Verwüstungen und Plünderungen des Umlands, Gefangennahmen und Erpressung von Schutz- und Lösegeldern.

Dass sich in der Nachwelt trotzdem das Bild des ritterlichen, tugendhaften, zum Schutz von Armen, Schwachen und Waisen ausziehenden Reiterkriegers festgesetzt hat, liegt an der äußerst cleveren „Selbstvermarktung“ des Ritterstandes. In der höfischen Dichtung, in Epen und Heldenliedern erscheint der Ritter als selbstloser Kämpfer für Recht und Ordnung, der seinem unterlegenen Feind Gnade gewährt, Frauen und Kleriker schützt, sich im Kampf keine Trickserеien und Täuschungsmanöver erlaubt und für eine gerechte Sache streitet. Die Heldenlieder feiern die Einzeltaten des wackeren Recken, der sich fair benimmt und dennoch seine Feinde unterwirft. Doch dieser schöne Schein ließ sich in der Praxis kaum aufrechterhalten.

Krieg bedeutete im Mittelalter wie zu jeder anderen Epoche auch eine gewaltvolle, brutale Auseinandersetzung. Die Berichte über den blutigen Verlauf von Schlachten sind Legion. Auch wenn die Chronisten oft gehörig übertrieben, um den Gegner zu diffamieren oder den eigenen Sieg propagandistisch zu überhöhen, geben sie dennoch einen recht realistischen Einblick in den „normalen" Kriegsalltag. „Der Schall der Trompeten eröffnete auf beiden Seiten die Schlacht", berichtet Wilhelm von Poitiers über die Schlacht von Hastings 1066. „Die normannischen Fußtruppen rückten heran und brachten Wunden und Tod über die Engländer mit ihren Wurfgeschossen. Diese leisteten tapferen Widerstand, jeder nach seinen Möglichkeiten. Sie warfen Speere und jede erdenkliche Art von Wurfgeschossen, die äußerst tödlichen Äxte und Steine, die an Holzstücken befestigt waren." Der Ausgang der Schlacht, der den Normannen unter Wilhelm dem Eroberer die Herrschaft über England sicherte, war kein schöner Anblick: „Der Grund war weit und breit mit Leichen übersät, mit Blut getränkt. (…) Neben dem König (Harald) fand man seine beiden Brüder. Er selbst war völlig ausgezogen worden und durch kein äußeres Merkmal, das auf seinen königlichen Rang verwiesen hätte, mehr erkennbar." Auch in der Schlacht von Azincourt (1415) im Hundertjährigen Krieg zwischen England und Frankreich türmten sich die Leichen: „Solch ein großer Haufen wuchs aus den Erschlagenen und aus denen, die erdrückt dazwischenlagen, dass unsere Männer diesen Haufen erkletterten, welche mehr als mannshoch angewachsen waren, und ihre Feinde dort unter ihnen mit Schwertern, Äxten und anderen Waffen abschlachteten", berichtet ein Augenzeuge.

Die Ritter kamen ihrem Kampfauftrag – allen schönen Idealen zum Trotz – gewissenhaft nach. Der normannische Anführer Robert Guiscard teilte in der Schlacht von Civitate 1053 kräftige Hiebe gegen seine Gegner aus. „Einige verstümmelte er an den Füßen, einige an ihren Händen; dem einen schlug er den Kopf vom Körper ab, dem anderen schnitt er den Bauch mitsamt der Brust auf, dem einen durchbohrte er die Rippenpartie, nachdem er zuvor den Kopf abgeschlagen hat", berichtet der Chronist Guillaume de Pouille. Auch der Autor Gerald von Wales, der in seinem Geschichtswerk die Eroberung Irlands durch die Engländer Ende des 12. Jahrhunderts schildert, weiß die Schwerthiebe des englischen Anführers John de Courcy gebührend herauszustellen: „Wer hier die Schwertstreiche von John hätte sehen können, wie er bald den Kopf von der Schulter, bald den ganzen Arm, bald den Unterarm vom Körper abtrennte, der hätte in adäquater Weise die Kräfte dieses Mannes und dieses Krieges preisen können."

Dass die Berichte keine Erfindungen der Chronisten sind, beweisen archäologische Funde von mittelalterlichen Schlachtfeldern. Skelette gefallener Krieger auf der Insel Gotland zeigen, mit welcher Intensität schwedische und dänische Ritter während einer Schlacht 1361 aufeinander einschlugen: Arme, Beine und die Kopfregion der in einem Massengrab bei Visby beigesetzten Kämpfer wiesen gravierende Verletzungen auf. Durchtrennte Schien- und Wadenbeine und Schädelverletzungen am Hinterkopf gaben ein Zeugnis davon, mit welcher Wucht Schwerter, Äxte und Dolche auf die Krieger herabsausten und selbst am Boden Liegende nicht verschonten. Viele Schädel wiesen mehrere Hiebverletzungen gleichzeitig auf, was auf wüste Prügeleien hinweist.

Gruselige Details des Kampfgeschehens offenbarte auch das Massengrab von Towton in England, das 1996 gefunden und untersucht wurde. Die Schlacht von Towton anno 1461 war eine der blutigsten in der Geschichte Englands mit geschätzten 20000 Toten im Rahmen der Rosenkriege. Mit welcher Erbitterung die Adelshäuser York und Lancaster um die Macht im Königreich kämpften, zeigen die schweren Schädelverletzungen und Verstümmelungen im Gesichtsbereich der Toten. In einem wahren Blutrausch müssen die Kämpfer aufeinander eingeschlagen haben, anders wären die Gesichtsfrakturen und Schädelspaltungen nicht zu erklären. Von ritterlicher Barmherzigkeit keine Spur. Das Ringen, das mit einem Sieg des Hauses York endete, kann nichts anderes gewesen sein als ein wüstes Hinschlachten – und das auch noch an einem Tag, der eigentlich von Kriegshandlungen hätte ausgenommen sein müssen: Der 29. März 1461 war der Palmsonntag.

Ritterlich ging es in den Heeren schon deswegen nicht zu, weil nur der harte Kern zu den schwer gepanzerten, mit eigenem Standesethos versehenen Elitekämpfern zählte. Den weitaus größten Anteil der Heere machten jedoch Fußkämpfer niederen Standes aus, die entweder als Söldner angeworben oder als unfreie Dienstleute zur Kriegsteilnahme zwangsverpflichtet worden waren. Sie galten den edlen

Rittern als nicht ebenbürtige Kriegspartner und wurden dementsprechend gefühllos behandelt. Schon Lampert von Hersfeld berichtet über die Schlacht an der Unstrut, dass die sächsischen Fußkämpfer von den siegreichen Rittern wie „Vieh“ abgeschlachtet worden seien.

Ritterliche Regeln wie die Schonung des Gegners zum Zwecke der Lösegelderpressung galten allenfalls unter Gleichrangigen. Doch nur ein hochrangiger Unterlegener, von dem ein sattes Lösegeld zu erwarten war, hatte Chancen, auf diese Weise sein Leben zu retten – vorausgesetzt, es blieb ihm im Schlachtgetümmel die Gelegenheit, sich zu ergeben und einen Teil der Rüstung – Helm oder Handschuh – ohne Gefahr für Leib und Leben abzulegen. Die Auslösesummen für einen Gefangenen waren horrend und führten oft zum wirtschaftlichen Ruin der Adelsfamilien. Für weniger begüterte Ritter war die freiwillige Gefangennahme daher keine Option, zumal es keine Garantie gab, dass Kriegsgefangene nicht doch misshandelt oder getötet wurden, wenn die Übergabeverhandlungen scheiterten oder die militärischen Notwendigkeiten sich geändert hatten. Für Kämpfer aus einfachem Stand, Bürger und Bauern, die keine finanziellen Mittel besaßen, um sich freizukaufen, griffen solche Gnadenangebote von vornherein nicht. Da es bei ihnen stets um Leben und Tod ging, kämpften sie mit besonderer Erbitterung. Sie hatten keine Gnade zu erwarten und gewährten daher auch selbst keine.

In dem Maße, in dem im 14. und 15. Jahrhundert verstärkt auf kämpfende Einheiten aus einfachem Stand zurückgegriffen wurde, nahmen die Grausamkeiten im Kriegsgeschehen zu. Der Krieg wandelte sich mehr und mehr zu einem „bösen Krieg“, wie es die Quellen ausdrücken. Den Zorn der hehren Ritterschaft bekamen englische Bogenschützen, Schweizer Fußtruppen oder flandrische Söldner in besonderem Maße zu spüren. Auf sie machten die Ritter regelrecht Jagd. Doch diese wussten ihre Haut teuer zu verkaufen: In der sogenannten Goldsporenschlacht von Kortrijk 1302 holten die zu Fuß kämpfenden flandrischen Aufgebote der Städte die französischen Ritter mit ihren Stangenwaffen reihenweise vom Pferd und machten sie systematisch nieder. Über 1000 Ritter verloren ihr Leben, darunter der Anführer Robert II. von Artois. Auch die Schweizer Eidgenossen zeigten kein

Erbarmen, wenn es gegen österreichische Ritterheere ging. In der für sie siegreichen Schlacht von Morgarten (1315) setzten sie ihre langen Hellebarden als regelrechte Mordwaffen ein: „Mit ihnen zerteilten sie auch ihre so bestens geschützten Gegner wie mit einem Rasiermesser und zerlegten sie in einzelne Stücke", berichtet der Chronist Johannes von Winterthur über das Gemetzel. Die Schweizer verboten sogar in ihren Kriegsordnungen, Gefangene zu machen. Als in der Schlacht von Héricourt 1475 einige verbündete deutsche Ritter Gefangene unter ihresgleichen machten, setzten die Eidgenossen durch, dass sie getötet wurden: Die gefangenen 70 Ritter wurden daraufhin in Basel öffentlich verbrannt.

Wie gegen nichtstandesgemäße Gegner brachen alle Dämme des Anstandes auch gegen häretische, heidnische oder muslimische Feinde. Der Ehrenkodex der Ritter galt für sie nicht. Kriegsgräuel sind daher in den Albigenser- oder Hussitenkriegen, in den Kreuzzügen gegen heidnische Pruzzen und Litauer oder in Palästina zur Befreiung des Heiligen Landes besonders häufig anzutreffen. Dabei sind es nicht nur Schlachten, die blutig ausgetragen wurden, auch Belagerungen konnten zu Blutbädern „entarten", wenn eine Burg im Sturm genommen wurde. „Schauerlich war es anzusehen, wie überall Erschlagene umherlagen und Teile von menschlichen Gliedern, und wie der Boden mit vergossenem Blut ganz überdeckt war. Und nicht nur die verstümmelten Leichname und die abgeschnittenen Köpfe waren ein furchtbarer Anblick. Den größten Schauer musste das erregen, dass die Sieger selber von Kopf bis zu den Füßen mit Blut bedeckt waren", berichtet Wilhelm von Tyrus über die Eroberung Jerusalems 1099, die besonders grausam ausfiel, weil es sich hier um einen nicht christlichen Gegner handelte. Allerdings ließen die Ritter ihre christliche Nächstenliebe auch in Europa vermissen, wenn sich der Feind nicht von selbst ergab.

Obwohl die ritualisierte Sprache des Mittelalters eine Reihe von Möglichkeiten bot, Konflikte friedlich beizulegen, indem man beispielsweise die Übergabe einer Stadt oder Burg rechtzeitig aushandelte und den Bewohnern dabei freien Abzug gewährte, gehörten Belagerungen zu den besonders unschönen Seiten der mittelalterlichen

Kriegsführung. Wenn die Verhandlungen zur Übergabe gescheitert waren, war jedes Mittel erlaubt, um den Widerstand des Gegners zu brechen. Der Fantasie waren dabei keine Grenzen gesetzt: Die Kreuzfahrer des ersten Kreuzzugs schossen 1097 die Köpfe toter Muslime hinter die Stadtmauern von Nikaia, um die Belagerten zur Aufgabe zu zwingen. Friedrich Barbarossa nutzte eine ähnliche Methode der „psychologischen Kriegsführung", als er während der Belagerung der Stadt Crema 1159 seine Krieger mit den Köpfen der Gefallenen spielen ließ. „Es war aber ein grausiger Anblick, wenn diejenigen, die draußen waren, den Toten die Köpfe abschlugen und mit ihnen wie mit Bällen spielten und sie aus der rechten in die linke Hand warfen und damit grausam prahlten und ihren Spott trieben", berichtet der Bischof Otto von Freising darüber. Eine andere beliebte Methode bestand darin, gefangene Gegner als menschliche Schutzschilde an Belagerungstürme zu binden, um die Eingeschlossenen daran zu hindern, auf ihre eigenen Leute zu schießen. „Biologische Waffen" kamen zum Einsatz, wenn man Seuchenopfer oder Tierkadaver über die Stadt- oder Burgmauern katapultierte, um bei den Eingeschlossenen den Ausbruch von Krankheiten zu fördern.

Abgesehen davon, dass ein Sturmangriff auf eine Burg oder Stadt rüde Methoden der Eroberung wie den Beschuss mit Steinkugeln, Feuerpfeilen, Armbrust- und Ballistenbolzen mit sich brachte, kam es häufig nach dem Fall einer belagerten Stätte zu einem unmäßigen Gewaltausbruch gegen die Unterlegenen. Die Albigenserstadt Béziers in Südfrankreich versank 1209 in einem beispiellosen Blutbad, als die nordfranzösischen Ritter des Kreuzfahrerheeres über sie herfielen. „Die unverzüglich Eindringenden töteten fast alle, von den Jüngsten bis zu den Ältesten und steckten anschließend die Stadt in Brand", schrieb der Mönch Peter von Vaux-de-Cernay in seinem Geschichtswerk. „In der Kirche der heiligen Maria Magdalena wurden am Tag der Eroberung an die 7000 Bürger getötet." Nach der Beschreibung Wilhelms von Tudela herrschte an diesem Tag völliges Chaos in der Stadt. „Die Landsknechte, diese Wahnsinnigen, machten auch vor Klerikern, Frauen und Kindern keinen Halt. Ich glaube, dass nicht einer entkommen ist (…). Seit der Zeit der Sarazenen habe ich nie von einem solch brutalen Massaker gehört“, berichtet er. Legendär ist auch der Fall Konstantinopels im Vierten Kreuzzug 1204. Drei Tage lang wurde die reiche und mit unendlich vielen Kunstwerken ausgestattete Stadt am Bosporus von den wütenden Kreuzrittern geplündert. Es wurde zügellos gemordet, vergewaltigt und geraubt. Verheerende Brände zerstörten weite Teile des Stadtgebietes. Von dem Trauma erholte sich die Stadt nie mehr. „Oh Stadt, einst thronest du über allen anderen, deine Anmut und Gestalt waren unvergleichlich (...) deine strahlenden Augen sind dunkel geworden, und du gleichst einem alten Feuerweib, das mit Ruß bedeckt ist“, klagte der byzantinische Staatsmann Niketas Choniates.

Weniger spektakulär, aber nicht minder effektiv war das Aushungern von belagerten Städten und Burgen. Das Abschneiden der Nachschubwege durch die Belagerer war zwar eine Erfolg versprechende, allerdings auch ziemlich langwierige Methode. Oft dauerten Belagerungen monate-, manchmal sogar jahrelang. Hungersnöte und Seuchen machten dann den Eingeschlossenen besonders zu schaffen. 1316 schlachtete die englische Garnison von Berwick ihre Pferde, um nur irgendwie zu überleben. Während der sieben Monate dauernden Belagerung von Iglesias auf Sardinien (1323) aßen die Stadtbewohner sogar Ratten und Gras, bevor sie aufzugeben gezwungen waren.

Die Notlage zwang die Belagerten zuweilen zu drastischen Maßnahmen. Um überflüssige Esser nicht ernähren zu müssen, wies man die nicht kämpfenden Bewohner aus den Befestigungen. Alte, Frauen und Kinder wurden einfach vor die Tore gesetzt, wo ihnen wiederum der Fluchtweg durch die Belagerungstruppen versperrt war. Die in den Grab- und Wallanlagen eingeschlossenen Zivilisten erwartete ein trauriges Schicksal. Denn meist besaßen auch die Belagerer nicht genügend Vorräte, um sie zu unterhalten. Die Vertriebenen verhungerten so zwischen den Fronten. So geschah es Bewohnern der Stadt Rouen während des Hundertjährigen Krieges. Ein halbes Jahr lang lag der englische König Heinrich V. 1418/19 vor den Toren der Hauptstadt der Normandie, um ihren Widerstand zu brechen. Die ausgehungerte Stadt wies im Winter 1418 daraufhin etwa 12 000 Menschen, „armes Volk“, aus. Doch der englische König war nicht bereit, die Heimatlosen zu unterstützen. Unbarmherzig setzte er sie dem Hunger- und Kältetod aus. Er stellte sogar extra Wachen auf, um niemanden aus dem Festungsgraben entkommen zu lassen.

Gewalt gegen Unbeteiligte gehörte auch im Mittelalter zum Alltag. Terror gegen Nichtkombattanten war ein Teil der Strategie. Systematisch brannten die kriegsführenden Parteien Felder und Dörfer der Gegenseite nieder, vernichteten Ernteerträge und nahmen in Kauf, dass die verwüsteten Regionen für Jahre darniederlagen. So fiel im welfisch-staufischen Thronstreit König Philipp von Schwaben 1198 und 1199 bewusst zur Erntezeit im Elsass ein, um „das gesamte Getreide" zu vernichten. Selbst der hochgeschätzte König Friedrich Barbarossa war sich nicht zu schade, in seinem Kampf gegen die oberitalienische Metropole Mailand eine außerordentlich unschöne Strategie der „verbrannten Erde" anzuwenden. Planmäßig vernichtete er mit seinen Truppen Getreidefelder, Obst- und Gemüsegärten im Umfeld der bevölkerungsreichen Stadt, um sie von ihren Nahrungsressourcen abzuschneiden und dadurch zum Nachgeben zu zwingen.

Zu bewusst schweren Zerstörungen kam es auch im Kampf des Schwäbischen Städtebundes gegen die Fürsten im 14. Jahrhundert: „Schwabenland ward so verheeret, dass kaum ein Dorf war, welches nicht gebrannt oder geschatzt worden wäre", berichtet der Straßburger Chronist Jakob Twinger von Königshofen. „Besonders die Württemberger taten den Reichsstädten großen Schimpf und Schaden. Sie hieben das Getreide mit den Schwertern nieder, pflügten die Wiesen und Äcker um und säten Senf hinein; denn Senf hat die Eigenschaft, dass er, einmal gesät, immer wieder wächst und nicht beseitigt werden kann."

Die Methode des Niederbrennens wurde immer ausgefeilter. Im Hundertjährigen Krieg kamen erstmals mobile Spezialeinheiten zur Verheerung ganzer Landschaftsstriche zum Einsatz. Man nannte so einen Zerstörungszug *chevaucheé*. In einem einzigen Streifzug ließ 1355 der englische Prinz Edward von Woodstock, genannt der „Schwarze Prinz", elf größere Städte und 3700 Dörfer niederlegen. Diese Vernichtungsstrategie sollte nicht nur die Bewohner des Landes schädigen, sondern auch den Herrschaftsanspruch der Plantagenets über Frankreich untermauern, da der französische König ganz offensichtlich nicht in der Lage war, die eigene Bevölkerung zu schützen. Den Franzosen wurde damit deutlich vor Augen geführt, dass ihr Herr seine königliche Kompetenz verloren hatte. Italienische Söldnerheere benahmen sich indes nicht besser. Auch sie unterhielten eigene Spezialisten, sogenannte *guastatori*, die auf Brandschatzung, Raub und Zerstörung aus waren. Der Söldnerführer Federigo von Brescia ließ 1371 einmal in einer einzigen Vernichtungsaktion 2000 Häuser in Flammen aufgehen, ohne sich auch nur einen Moment um die Obdachlosen zu kümmern. Der kriegserfahrene Heerführer John Hawkwood erbeutete 1385 auf einem Feldzug in Italien 1200 Ochsen und 15000 Schweine und Schafe als lukrative Beute. Welches Schicksal die beraubten Bauern erwartete, interessierte ihn dagegen nicht.

Selbst der ritterlichste Ritter dachte sich bei dieser Kriegsführung auf Kosten der einfachen Bevölkerung nichts. „Krieg ohne Feuer ist wie Würste ohne Senf", meinte der englische König Heinrich V. trocken zu diesem Thema. Und auch der französische Rechtsgelehrte Honoré Bouvet sah darin kein Unrecht: „Wer es nicht versteht, Feuer zu legen, der ist nicht in der Lage, Krieg zu führen", meinte er. Der gezielte Terror gegen die schutzlosen Bewohner eines Landes gehörte zum Kriegsalltag.

Der Gewalt einer wütenden Kämpferhorde waren in besonderem Maße die Frauen ausgesetzt. Immer wieder berichten die Quellen von Vergewaltigungen infolge von Kriegszügen. Missbilligend schildert der Chronist Bruno das Verhalten der Truppen König Heinrichs IV. nach ihrem Sieg an der Unstrut über die aufständischen Sachsen (1075): „Es half den Frauen nicht, dass sie sich in die Kirchen geflüchtet und ihre Habe dorthin getragen hatten; denn die Männer waren in die Wälder geflohen und wo sonst sie in einem Versteck Rettung hoffen konnten. Die Frauen schändeten sie noch in den Kirchen, selbst wenn sie sich zum Altar geflüchtet hatten." Italienische Frauen erlebten die gleiche Qual während des zweiten Italienzugs Friedrich Barbarossas (1158) im Lager der böhmischen Truppen, die sich, wie der Chronist zu versichern weiß, „viele hübsche junge Frauen" gesichert hatten. Jean le Bel berichtet aus dem Hundertjährigen Krieg ebenfalls von Gewalttaten gegen Frauen: „Zahlreiche schöne Bürgerinnen und ihre Töchter wurden vergewaltigt, was eine große Schande war." Auch sozial höher stehenden Frauen blieb dieses Schicksal nicht erspart. Während des Bauernaufstands in Frankreich, der Jacquerie, (1358) kam es nach dem Zeugnis des Chronisten Jean Froissart zu brutalen Übergriffen auf Frauen aus dem Ritterstand: „Sie (die aufständischen Bauern) ergriffen den Ritter und banden ihn an einem Pfosten fest. Mehrere vergewaltigten seine Frau und seine Tochter vor seinen Augen. Dann töteten sie seine Frau, die schwanger war, und auch die Tochter und alle übrigen Kinder."

Abseits der fürstlichen Höfe mit ihrer hoch entwickelten Ritterkultur zeigte auch der Krieg im Mittelalter sein gewohnt hässliches Gesicht. Wüste Kampfszenen, Brandschatzung und Terror gegen die Bevölkerung prägten das Kriegsgeschehen, das so gar nicht zum idealisierten Selbstbild der Ritter passen wollte. Der Krieg hielt für alle Beteiligten Grausamkeiten parat – Ehre, Tugend und Fairness blieben auf der Strecke.

IRRTUM 2:

Ritter konnte jeder werden

Angesichts der Brutalitäten der Kriegsführung könnte man auf die Idee kommen, dass sich vornehme Adelssöhne viel zu schade für dieses blutige Geschäft waren. Warum überließen sie das „Schlachterhandwerk" nicht einfach generell den Männern aus einfachem Stand? An diesem Punkt zeichnen sich die Widersprüche des ritterlichen Selbstverständnisses ab. Denn Tapferkeit auf dem Schlachtfeld galt im mittelalterlichen Verständnis – und bis weit in die Neuzeit hinein – als höchste Tugend. Nur im Krieg konnte man heldenhaften Ruhm ernten, auch wenn der Weg dahin mit Leichen und Grausamkeiten gepflastert war. Die Ritter waren daher stets darauf bedacht, den Kampf zu Pferd, der das höchste gesellschaftliche Ansehen versprach, als soziales Vorrecht für sich selbst zu reservieren und Aufsteiger von unten aus ihren Reihen fernzuhalten. Das Ritterdasein blieb eine elitäre Angelegenheit in enger Verbundenheit mit dem Adelsstand. Das gesamte Mittelalter hindurch war der Adel Träger der Ritterkultur, auch wenn der Leistungsgedanke in diesem Berufsfeld immer eine starke Rolle spielte und auch Männern einfacher Abkunft eine Aufstiegsperspektive versprach. Doch die „rechte" Abkunft war immer noch der beste Garant für den Eintritt in die (Traum-)Welt des höfischen Rittertums. Ritterbürtigkeit vererbte sich von Generation zu Generation, daran war im Normalfall nicht zu rütteln.

Schon im Frühmittelalter konnten aufgrund der teuren Ausrüstung nur reiche Grundbesitzer hoch zu Ross in den Krieg ziehen. An sich war zwar im Reich der Karolinger jeder Freie zum Militärdienst verpflichtet, doch konnten ärmere Zeitgenossen allenfalls zu Fuß und mit einfacher Bewaffnung, die aus Pfeil und Bogen, einer Lanze, vielleicht auch nur aus einem Knüppel bestand, in die Schlacht ziehen. Da ihr Wert militärisch begrenzt war und sich der strategische Schwerpunkt zunehmend auf die Reiterei verlagerte, begann die Kriegsführung ein Vorrecht der wohlhabenden Schichten zu werden. Nur wer genügend Land und Einkommen besaß, um ein wertvolles, hochgezüchtetes Schlachtpferd zu unterhalten (das immerhin pro Tag 15 Pfund Hafer verschlang!), und sich dazu qualitativ hochwertige Waffen und Rüstung leisten konnte, war geeignet, um mit dem König in den Krieg zu ziehen. Die *nobilis*, wie die Quellen sie nannten, die Mächtigen und Wohlhabenden, die den Kriegsdienst leisteten, stiegen so allmählich zur sozialen und politischen Elite des karolingischen Reiches auf. Einfache Freie hatten nur die Möglichkeit mitzuhalten, wenn sie ein genügend großes Lehen als Finanzierungsgrundlage für sich und ihren Waffendienst erhielten. Doch die meisten Freien mussten einen anderen Weg wählen: Sie gaben ihren freien Rechtsstatus auf und übergaben sich und ihre schmalen Felder einem mächtigeren geistlichen oder weltlichen Grundbesitzer, der ihnen dafür den Kriegsdienst abnahm.

So setzte sich bis zum Hochmittelalter allmählich eine neue soziale Ordnung durch: Auf der einen Seite die berittenen Kämpfer, die sich durch Grundbesitz und hohes gesellschaftliches Ansehen auszeichneten, auf der anderen Seite die wehrlosen Bauern, die auf ihren Äckern arbeiteten und auf den Schutz dieser Kriegerelite angewiesen blieben. Die Kleriker, die ihr Leben Gott weihten, bildeten die dritte Säule dieses Gesellschaftsmodells. Von ihrem Selbstverständnis her verstanden sich die Panzerreiter von vornherein als etwas Besseres: Sie schützten mit ihrer Waffengewalt Land und Leute, fochten für die Aufrechterhaltung der Ordnung, nahmen sich der Armen, Waisen und Witwen an und stellten sich in den Dienst der Kirche. „Dreigeteilt ist das Haus Gottes, das ein einziges ist“, beschrieb Bischof Adalbero von Laon um 1025 die neue soziale Wirklichkeit, „die einen beten, die anderen kämpfen, die dritten schließlich arbeiten. Diese drei sind eins, und eine Spaltung ertragen sie nicht. Sie unterstützen sich alle in gegenseitigem Wechsel." Für ihn war aber klar, wer die prestigeträchtigere Aufgabe erfüllte, nämlich die Krieger: „Sie sind die Verteidiger des Volkes, der Großen wie der Kleinen, kurzum aller, so wie sie gleichzeitig für ihre eigene Sicherheit sorgen."

Wohlhabenheit, Waffendienst und Königsnähe machten aus den Rittern schließlich einen bevorrechtigten Stand. Nur für ein kurzes Zeitfenster öffnete sich die soziale Schranke, um Aufsteiger von unten in die Reihen der adligen Reiterkrieger aufzunehmen. Dies war im 11. und 12. Jahrhundert der Fall, als die adligen Familien nicht mehr in der Lage waren, den gestiegenen Bedarf der Könige und Fürsten an geübten Panzerreitern personell zu erfüllen. Gerade in den unruhigen Zeiten des Investiturstreits, als König Heinrich IV. gegen Papsttum und aufständische Sachsen ums politische Überleben kämpfte, waren hohe Truppenzahlen gefragt. Daher betrauten der König, aber auch weltliche und geistliche Große zunehmend unfreie Dienstleute mit militärischen Aufgaben. Ihre Tüchtigkeit und ihre Loyalität zum Dienstherrn zeichneten sie in besonderem Maße aus und machten ihre unfreie Herkunft rasch vergessen. Man nannte sie Ministerialen. Der Salier Heinrich IV. scheute sich nicht, unfreie Dienstleute aus Süddeutschland, die ihm treu ergeben waren, als Burgherren und Besatzungsmannschaft auf sächsische Burgen zu holen, um die aufständische Region zu kontrollieren. Auch die Staufer stützten ein Jahrhundert später ihre Herrschaft ganz wesentlich auf unfreie Ministerialen, die ihnen loyaler ergeben waren als mächtige Adlige. Sie erhielten Lehen, Burgen und Ämter im Dienste der Reichsverwaltung. Manchem Ministerialen gelang ein märchenhafter Aufstieg wie zum Beispiel Markward von Annweiler, der im Dienste Kaiser Heinrichs VI. die Freiheit und dazu das Herzogtum Ravenna mit der Romagna, die Mark Ancona, die Grafschaft Abruzzen und die Grafschaft Molise als Lehen erhielt und damit zu einem der bedeutendsten Männer des Reiches aufstieg.

Die Ministerialen wussten ihre Chancen geschickt zu nutzen und ließen sich ihre Vorrechte in einem eigenen Dienstrecht verbriefen, das ihnen die Vererbbarkeit ihres Rechtsstatus, ihrer Lehen und der damit verbundenen Ämter sicherte. Die zu ritterlichen Ehren aufgestiegenen Emporkömmlinge reagierten danach wie zuvor der privilegierte Adel: Sie grenzten sich sozial nach unten ab. Sie fühlten sich als Teil des Adels und ahmten die ritterliche Lebensart nach, bauten eifrig Burgen, beachteten den ritterlichen Tugendkatalog, mehrten ihren Besitz und suchten günstige Heiratsverbindungen abzuschließen. Viele Hochadlige rümpften über die Neulinge, die sich nach einem herben Urteil aus dem 16. Jahrhundert wie „Mäusedreck unter den Pfeffer" gemischt hätten, die Nasen, doch rückgängig zu machen war die Entwicklung nicht. Die Ritterschaft hatte eine breitere soziale Basis erhalten, wandelte sich aber schnell wieder in einen *closed shop*. Schon Ende des 12. Jahrhunderts zeigten sich Ansätze, den Aufstieg in die Ministerialität zu begrenzen. „Ein Knecht aber solle keinerlei Anspruch auf Ritterschaft besitzen", hieße es in einem Reichslandfrieden Friedrich Barbarossas aus dem Jahr 1186. Söhnen von Priestern, Diakonen und Bauern war es fortan verboten, den Rittergürtel zu erwerben.

Kaiser Friedrich II. schließlich bestimmte für sein Königreich Sizilien in den Konstitutionen von Melfi 1231, dass niemand mehr Ritter sein dürfe, „der nicht aus einem Geschlecht von Rittern stammt". Dieser Grundsatz galt bald auch andernorts, sodass in der Regel die adlige Abkunft Voraussetzung für den Erwerb der Ritterwürde war. Die aus der Ministerialität aufgestiegenen Familien gehörten seitdem zum Niederadel, während die hochrangigen Fürsten und Grafen bis hin zu den Königsfamilien ihre eigene, ziemlich abgehobene Kategorie der Adelswelt bildeten. Die Ritterschaft besaß dadurch zwar eine recht stattliche soziale Bandbreite, die vom landlosen nachgeborenen Kleinadelssohn bis hin zum edlen Fürsten reichte, doch der Standesdünkel war allen gemeinsam. Dass auch reiche Patrizier in italienischen Städten die Ritterwürde erwerben konnten, kommentierte der Florentiner Dichter Franco Sacchetti nur mit Hohn und Spott: „Wenn diese Art Rittertum zählen soll", meinte er, „kann man auch einen Ochsen oder Esel zum Ritter schlagen – oder jedes beliebige Vieh".

Als echter Ritter glänzte man eben nicht nur mit militärischen Heldentaten auf dem Schlachtfeld, sondern auch mit einem standesgemäßen Lebensstil. Neben Tapferkeit und Treue zählten Freigebigkeit, höfische Manieren und Selbstdisziplin zu den höchsten Tugenden des Ritters. Diese Ansprüche an Erziehung und Kultur konnten von vornherein nur bessergestellte Adelsfamilien erfüllen. Allein der Wohnort, die Burg, verschlang für Ausbau und Unterhalt ein Vermögen, dazu kam die Zurschaustellung verschwenderischer Freigebigkeit durch Turniere, Festmähler, Jagden, ohne die die Gefolgschaft nicht zufriedenzustellen war. Die höfische Kultur mit ihren gefeierten Tafelrunden, den Freundschaftsschwüren und Minnediensten, wie sie in den großen Epen der Zeit erscheint, war eine Adelskultur für einen kleinen exklusiven Kreis. Da Rittertum und adliger Lebensstil so eng zusammengingen, wurde die Erhebung eines jungen Mannes in den Ritterstand entsprechend gefeiert und herausgehoben. Zu großen Ereignissen wie Königserhebungen, Hochzeiten, Lehnsinvestituren, Erbeinsetzungen oder hohen kirchlichen Festtagen wurde gerne auch die Schwertleite, die feierliche Übergabe des Schwertes unter Weihegebeten an den fertig ausgebildeten jungen Mann, anberaumt.

Welche Ausmaße solche Festivitäten annehmen konnten, zeigt das rauschende Hoffest in Mainz, das Kaiser Friedrich Barbarossa an Pfingsten 1184 abhielt, um seine beiden Söhne zu Rittern zu schlagen. An den Ufern des Rheins wurde eine riesige Zeltstadt errichtet, um die vielen Gäste, darunter 70 Fürsten und angeblich bis zu 70 000 Ritter, standesgemäß zu bewirten und mit Kampfspielen zu unterhalten. Das Fest fiel so verschwenderisch aus, dass es der französische Dichter Guiot de Provins mit den glänzenden Gelagen eines Alexanders des Großen oder Königs Artus verglich. Im Aeneas-Roman Heinrich von Veldekes wird es gebührend gerühmt: „Ich habe von keinem Fest je erzählen hören, das ebenso groß gewesen wäre wie das, das Eneas veranstaltete – außer dem, das zu Mainz stattfand, das wir selbst gesehen.“ Die Hürde für eine standesgemäße Rittererhebung lag folglich hoch. Auch Herzog Leopold von Österreich ließ sich 1222 seine Ritterpromotionen etwas kosten. Als er 250 Knappen am gleichen Tag in die Ritterschaft aufnahm, übernahm er ganz selbstverständlich die Kosten für die Bewirtung und die standesgemäße Beschenkung der Gäste. „Fünftausend Ritter oder mehr aßen dort das Brot des Fürsten", berichtet ein Chronist. Auch der König von England geizte nicht, als er 1306 seinen Sohn, den späteren König Edward II., mitsamt 300 weiteren Männern zu Rittern schlug. Jeder der Ritteranwärter bekam verschiedenfarbige Tuche und edle Pelze sowie Goldstoffe und Bettleinen als Ausstattung zugewiesen. Für das Festessen waren 5000 Aale, 287 Kabeljaue, 136 Hechte und 102 Lachse eingeplant.

Etwas schlichter fielen die Ritterschläge vor oder nach Feldschlachten aus. Es war üblich, vor großen kriegerischen Ereignissen wie Schlachten oder Belagerungen noch rasch Hunderte Knappen zu Rittern zu erheben, um ihre Motivation im Kampf zu erhöhen. So wurden 1382 vor der Schlacht bei Roosebeke 467 junge Männer zu Rittern gemacht. Vor der entscheidenden Schlacht von Azincourt 1415 erhielten allein im französischen Heer 500 Männer den Ritterschlag, während es vor der Schlacht von Ouedenaarde 1452 immerhin noch rund 200 waren. Selbst der berühmte „Schwarze Prinz" wurde im Vorfeld der Schlacht von Crécy 1346 von seinem Vater Edward III. zusammen mit einer Reihe von Weggefährten ohne größere Formalitäten zum Ritter geschlagen. Wer sich noch als Knappe im Kampf bewährt hatte, konnte auch nachträglich zur Belohnung die Ritterwürde erhalten, sofern er adliger Abkunft war. Doch jeder Neu-Ritter, egal, wie er zu seiner Würde gekommen war, verpflichtete sich mit deren Annahme zur Einhaltung eines bestimmten Ehrenkodex, zu dem unter anderem ein gehobener Lebensstil und Großzügigkeit gegenüber den Gefolgsleuten zählte. Für ärmere Zeitgenossen konnte sich daher die Ritterwürde schnell in eine schwer erträgliche Bürde verwandeln.

Je stärker sich der Ritterstand sozial nach unten abschloss, umso weniger begehrenswert erschien daher im Laufe der Zeit der Erwerb dieser Würde. Die soziale Stellung als Teil des Adels war für die Ritterfamilien, auch für jene, die aus der Unfreiheit aufgestiegen waren, gesichert – weshalb sollte man da die mit besonderen Kosten verbundene Erhebung eines einzelnen Familienmitglieds zum Ritter anstreben? Schleichend verringerte sich der Anteil der Ritter am Adel. Führten um 1300 in Frankreich noch etwa 30 Prozent aller Adligen den Rittertitel, waren es um 1500 nur noch etwa fünf Prozent. Die stolze Ritterschar von etwa 5000 bis 10 000 Mann, die noch um 1300 für

Frankreichs Ehre in die Schlacht galoppiert war, schmolz so binnen zwei Jahrhunderten auf kärgliche 1000 Ritter zusammen. Andernorts sah es nicht besser aus. In England gab es zu Beginn des 13. Jahrhunderts etwa 4000 Ritter, ein gutes Jahrhundert später nur noch knapp die Hälfte. Zum Konstanzer Konzil reisten 1414 gerade einmal 1500 deutsche Ritter an, während die Zahl der anwesenden Edelknechte 20 000 betrug.

Angesichts dieser Entwicklung verwundert es nicht, dass auch in den Reiterkontingenten der Heere der Anteil der Ritter stetig sank. Konnte man im Jahr 1340 im französischen Heer 16 Prozent Ritter ausmachen, fiel ihr Anteil 50 Jahre später auf 11 Prozent. Auch in den Truppen Herzog Johanns von Burgund stellten die Ritter 1417 nur noch einen verschwindend geringen Anteil von 1,6 Prozent. Im englischen Heer gehörten um 1415 nur noch etwa acht Prozent der Panzerreiter dem Ritterstand an. Gerade mittlere Adelsfamilien ließen nicht mehr alle ihre Söhne in den Genuss der Ritterwürde kommen. Vor allem nachgeborene Söhne begnügten sich mit dem Status eines Edelknechts. Adlig blieben sie und ihre Nachkommen ohnehin, auch das Recht der Wappenführung stand ihnen zu, nur sparten sie sich den Aufwand für einen ritterlichen Lebensstil. „Nun, lass dir ruhig Ritters Namen verleihen!“, spottet in einem Lehrgedicht von etwa 1300 ein Knappe über seinen ambitionierteren Gesprächspartner. „Das wird dich sehr viel Geld kosten. Du sollst es damit genug sein lassen, dass wir Knappen es besser haben als die ernannten Ritter. (…) Wenn es die Ritter je irgendwo besser haben, dann kostet es sie so viel, dass sie diese Ehre viel teurer kaufen, als sie wert ist.“

Bei dieser Einstellung wundert es nicht, dass die Ritterkultur vorwiegend zu einer Sache der großen Königs- und Fürstenhöfe wurde und dort ihre schönsten Blüten feierte. Das Ritterdasein mutierte zu einem exklusiven Vergnügen für nur wenige Auserwählte. Für die Könige und aufstrebenden Landesfürsten war die Zelebration einer vollendeten und elitären Ritterkultur auch eine Möglichkeit, wichtige Adelsfamilien an den Hof zu holen, sie zu kontrollieren und in die eigenen Machtstrukturen einzubinden. Diesem Zweck dienten die zahlreichen weltlichen Ritterorden, die Könige und Fürsten ins Leben riefen. Eine der bekanntesten Stiftungen machte der englische König Edward III. 1348 mit der Gründung des Hosenbandordens, in den er 24 Ritter berief, die sich in der Schlacht von Crécy ausgezeichnet hatten. Seitdem galt es als höchste Ehre, dem exklusiven Zirkel mit dem geheimnisvollen Motto „Ein Schelm, der schlecht darüber denkt" (vermutlich eine Anspielung auf Edwards Ansprüche auf den französischen Thron) anzugehören. Der bis heute existierende Orden mit der englischen Königin Elizabeth II. an der Spitze hatte sein Hauptquartier auf Schloss Windsor und der dortigen St.-Georgs-Kapelle, bewegte sich also auch räumlich in unmittelbarer Nähe zum englischen Königtum. Als Antwort auf diese prestigeträchtige Vereinigung jenseits des Ärmelkanals gründete König Johann von Frankreich 1352 seinen Sternenorden, der immerhin 300 Mitglieder zählte, wegen der Gefangennahme des Königs in der Schlacht von Poitiers aber nicht lange überdauerte.

Auch in Ungarn, Kastilien, Aragon, Sizilien, Savoyen und Neapel sprossen solche Ritterorden unter königlicher oder fürstlicher Patronage aus dem Boden. In ihnen galt ein besonders strenger Ehrenkodex, der das Prestige ihrer Stifter und Mitglieder in besonderem Maße erhöhen sollte. Eine spanische Chronik berichtet über Sinn und Zweck des 1330 in Kastilien gegründeten Ordens vom Bande Folgendes: „Sie hatten unter sich eine Festsetzung vieler guter Dinge, die allesamt Taten der Ritterlichkeit waren. Und wenn sie einem Ritter ein Band gaben, so ließen sie ihn schwören und geloben, dass er für sich alle ritterlichen Dinge einhalten werde, die in dieser Verordnung geschrieben waren." Selbstverständlich gehörte galantes Verhalten den Frauen und Loyalität gegenüber dem König ebenso zum Programm wie Kühnheit im Kampf und eine helfende Hand für Schwächere oder Kranke. „Allen Beherztheit und Kühnheit zu verleihen, um Gutes zu tun und die Guten und Tapferen zu lieben, zu ehren und hoch zu achten und die Schlechten und Feigen zu hassen und gering zu schätzen", hieß das Ziel des Ordens vom Schiff, der 1381 von Karl III. von Neapel ins Leben gerufen wurde. Zu den anerkanntesten Stiftungen gehörte der von Herzog Philipp dem Guten von Burgund 1430 gegründete Orden vom Goldenen Vlies. Welche Schande war es, wenn man wie

Louis de Chalon, Fürst von Orange, oder Jean de Neufchatel, der Herr von Montaigu, den Orden wegen unwürdigen Benehmens – in ihrem Fall die Flucht während der Schlacht von Anthon (1430) – wieder verlassen und die goldene Kette als Ordensabzeichen wieder zurückgeben musste!

Zu den angemessenen Repräsentationsformen des in Ritterträumen schwelgenden Adels zählte neben der Mitgliedschaft in exklusiven Zirkeln vor allem das Turnier. Seit Mitte des 15. Jahrhunderts erfreuten sich die Kampfspiele verstärkter Beliebtheit. Doch wer daran teilnehmen wollte, musste seine adlige Abkunft über vier Generationen hinweg nachweisen. Die immer ausgefeilteren Turnierregeln und die besonders in Szene gesetzten Zweikämpfe machten aus den Veranstaltungen, die ursprünglich der Vorbereitung auf den Krieg dienten, gesellschaftliche Ereignisse ersten Ranges. Unter den Augen der vornehmen Damen trat die in schwere Turnierrüstungen gehüllte Crème de la Crème der Ritterschaft zum Tjost, dem Zweikampf zu Pferd und mit Lanze, an. Herolde kündigten die Teilnehmer an, farbenprächtige Wappen, Banner und Farben zeigten den Zuschauern optisch, welch hoher Herr gerade auftrat. Die spezielle, bis zu 45 Kilogramm wiegende Turnierausrüstung, die außerordentlich teuer war und sich von der normalen Feldausrüstung unterschied, konnten sich selbstverständlich nur die reichsten Adligen leisten. Ihnen gehörte die Bühne, ihnen zollte die Damenwelt höchste Aufmerksamkeit. Da die vornehmen Damen stets im Kreise zahlreicher adliger Hofdamen erschienen, eigneten sich die Feste naturgemäß auch vorzüglich zur Brautwerbung – man sah und wurde gesehen, machte sich bekannt, traf Absprachen.

Der Adel feierte sich selbst und wollte dabei unter sich bleiben. Eine Einladung zu einem fürstlichen Turnier bekam daher nicht jeder ab, schon gar kein Bürgerlicher. Im späten 15. Jahrhundert entstanden erstmals neuartige Turnierbücher, die genau Auskunft gaben über den Verlauf eines Turniers und seiner anschließenden Fest- und Tanzveranstaltungen und die den einladenden Fürsten, die Teilnehmer, Preisrichter und anwesende Damen präzise festhielten. Das von dem Herold Georg Rüxner verfasste, 1530 erschienene „Thurnierbuch" beschreibt so 36 Turniere, die zwischen 938 und 1487 stattgefunden haben sollen. Da die Turniere der frühen Zeit natürlich frei erfunden waren, lagen Sinn und Zweck des Buches auf einem anderen Feld: Es sollte Adelsfamilien den „Beweis" liefern, schon seit langer Zeit an Turnieren teilgenommen zu haben. Denn nur wer auf eine lange Familien- und Turniertradition zurückblickte, durfte hoffen, auch in Zukunft turnierfähig zu bleiben und damit zur obersten Gesellschaftsschicht dazuzugehören. Die Turniere dienten so der sozialen Abgrenzung nach unten. Das Schaulaufen des Hochadels war so beliebt, dass sich das Turnierwesen bis ins 17. Jahrhundert hielt, obwohl die Ritter ihre herausragende militärische Rolle zu diesem Zeitpunkt bereits verloren hatten. Kaiser Maximilian I., der 1519 starb und den man gern den „letzten Ritter" nennt, galt als begeisterter Turnierkämpfer. Er focht leidenschaftlich ohne jede Absprache und ohne Rücksichtnahmen, so wie es seinem Bild von einem ritterlichen Kampf entsprach. Noch als 56-Jähriger trat er gegen den „goldenen Ritter" Kaspar von Winzerer auf einem Turnier in Wien an. Den Traum vom Rittertum hatte der Hochadel noch lange nicht ausgeträumt.

IRRTUM 3:

Ritter kämpften nicht für Geld

Man sollte meinen, ein Ritter ohne Furcht und Tadel wäre nur für die eigene Ehre und für den eigenen Ruhm aufs Schlachtfeld gezogen. Doch weit gefehlt! Ritter kämpften ganz banal auch gegen Bezahlung. Denn in den Krieg zu ziehen, war nicht nur eine Gefahr für Leib und Leben, sondern eine kostspielige Angelegenheit, bei der jeder Teilnehmer verständlicherweise darauf achtete, am Ende eines Feldzuges nicht mit leeren Taschen dazustehen.

An sich wäre ein Lehnsaufgebot eine feine Sache für Könige und Fürsten gewesen: Sie vergaben ein Stück Land zum Unterhalt an einen Gefolgsmann, dieser leistete ihnen dafür Kriegsdienst auf eigene Rechnung. Bei langwierigen oder sehr häufigen Kriegszügen wäre der Vasall auf seinen Mehrkosten sitzen geblieben, während der Lehnsherr bequem auf die Einhaltung der Lehnspflichten hätte pochen können. Doch so einfach lief es schon seit dem Hochmittelalter nicht mehr. Zum einen wurden die Lehen erblich, sodass viele Lehnsinhaber ihren Gutsbesitz als Lohn für bereits geleistete Dienste ansahen und sich für die Zukunft weniger verpflichtet fühlten. Zum anderen kam es im Laufe der Zeit zu einer stärkeren Verrechtlichung der Lehnsbeziehungen, das heißt, die Pflichten des Vasallen wurden genauer definiert, was de facto auf ihre Einschränkung hinauslief. Nicht zu jedem Feldzug musste der Lehnsnehmer antreten und schon gar nicht für einen unbegrenzten Zeitraum. Zunehmend spielte es sich ein, dass der Vasall nur noch 40 bis 60 Tage Militärdienst zu leisten hatte, und zwar in erster Linie für Aktionen im eigenen Land, für Feldzüge in weit außerhalb liegende Gebiete galt dies in der Regel nicht. Für einen cleveren Ritter gab es folglich jede Menge Gründe, sich vor einem Kriegszug zu drücken, wenn ihm Risiko und Kosten zu hoch erschienen – neben umstrittener Lehnspflichten gehörten Alter, Krankheit oder Minderjährigkeit dazu. So konnte es also durchaus vorkommen, dass selbst mächtige Herrscher wie der Stauferkaiser Friedrich II. bei ihrer Ritterschaft auf taube Ohren stießen, wenn sie zu neuen Heldentaten bliesen. Die Kölner Königschronik berichtet, dass Friedrich II. 1236 in Koblenz niederdeutsche Ritter zu einem Feldzug gegen die Lombarden aufrief, „aber nur wenige leisteten diesem Aufruf Folge". Die gleiche Erfahrung machte Simon von Montfort während des Albigenserkreuzzuges 1209, als immer wieder Ritter mit ihrem Gefolge abzogen, weil sie befanden, ihre 40-Tages-Pflichten seien bereits erfüllt.

Könige und hochrangige Fürsten nahmen daher zu einem Argument Zuflucht, dessen Charme zu jeder Zeit unwiderstehlich war: Geld. Militärische Dienstleistungen, die nicht durch die Lehnsbindung gedeckt waren oder über die 40-Tage-Frist hinausgingen, wurden eben bezahlt. Streng genommen wandelte sich der Ritter damit zum Söldner, doch tat dies seinem Selbstverständnis keinen Abbruch. Die Kosten für ein schweres Schlachtross, Waffen, Knappe, Knecht sowie die dazugehörige Verpflegung verschlangen, wenn sich ein Feldzug oder eine Belagerung in die Länge zogen, ein Vermögen. Dazu kamen Verluste infolge der Kriegshandlungen. Ein Pferd konnte getötet, eine Rüstung zerbeult, ein Schwert verloren gehen. Bei Gefangennahme des Ritters drohten zudem saftige Lösegelder. Die landwirtschaftlichen Erträge eines durchschnittlichen Lehnsgutes deckten die Unkosten meist bei Weitem nicht. Für die Zeit Kaiser Friedrichs II. ließ sich die Ausrüstung eines Panzerreiters bestehend aus Helm, Kettenhemd und Streitpferd auf etwa 23 sizilische Goldunzen berechnen, während ein Lehen mittlerer Größe im Jahresmittel gerade einmal 20 Unzen abwarf. Die meisten Ritter waren auf die Zahlungen ihrer Dienstherren daher angewiesen, wollten sie in der nächsten Friedensperiode nicht am Hungertuch nagen. Wie hoch die „Gage“ für die kämpfenden Reiterkrieger ausfiel, war individuell verschieden. Vornehmere Adlige mit besserer Ausrüstung und größerem Gefolge erhielten mehr als einfache Ritter mit Standardausrüstung.

„Einfache“ Ritter gab es im Mittelalter genug. Nicht jeder Reiterkrieger bekam ein Lehen ab, das ihm ein standesgemäßes Leben ermöglichte. Viele Herren mussten sich mit sehr kleinen Rittergütern begnügen oder erhielten erst gar keines, was bei nachgeborenen Söhnen aus dem Niederadel häufig vorkam. Sie waren von vornherein darauf angewiesen, einen Dienstherrn zu finden, in dessen Truppe sie gegen Bezahlung kämpfen konnten. Trat ein Ritter in die Gefolgschaft eines Höherrangigen ein, schloss er dazu einen Dienstvertrag ab, der Umfang, Dauer und Bezahlung des Kampfeinsatzes regelte. Es gab Verträge, die auf Lebenszeit abgeschlossen wurden oder nur für die Dauer eines Feldzuges, zuweilen auch nur für wenige Monate galten. „Vereinbart wird zwischen dem edlen Humfrey de Bohun, Earl von Hereford, auf der einen Seite und Sir Peter de Uvedale, Ritter, andererseits, dass besagter Sir Peter sein Leben lang bei besagtem Earl bleiben wird, wofür er Gewänder und Sättel – wie auch seine übrigen Ritter – und Verpflegung bei Hof empfangen wird, dazu Heu und Hafer für vier Pferde und Lohn für vier Burschen in Friedenszeiten, wenn er auf Geheiß des Earls zu Hofe kommt. Und in Kriegszeiten sowie zu Turnieren Heu und Hafer für acht Pferde und Lohn für acht Burschen. Und Entschädigung für Streitrösser, die er im Krieg in Diensten des Earls verliert“, hieß es beispielsweise in einer englischen Vereinbarung von 1318. Wer nicht auf Lebenszeit abschloss, konnte nach getaner Arbeit den Dienstherrn wechseln und in ein anderes Gefolge eintreten. Die Truppe eines Anführers konnte so von Feldzug zu Feldzug wechseln. In Italien hießen diese Verträge *condotta*, woher der Begriff des *condottiere* (Söldner) stammt.

Auf diese Weise kamen manche Ritter weit herum. Gerade im Spätmittelalter gab es eine Reihe von Kriegsschauplätzen, die Arbeit suchenden Rittern genügend Beschäftigung bot. Da gab es einmal den Hundertjährigen Krieg zwischen England und Frankreich, der über einen langen Zeitraum hinweg (von 1337 bis 1453) Söldnerscharen in Arbeit und Brot hielt, da gab es in Italien und Flandern reiche Handelsstädte, die im Kampf gegen Adel und Könige gutes Geld an jeden tüchtigen Ritter zahlten, der bereit war, für sie zu kämpfen, da gab es das französisch beherrschte Königreich Neapel, das einen langen Krieg mit Sizilien ausfocht, das der König von Aragon für sich beanspruchte, und nicht zuletzt bot auch der römisch-deutsche König mit seinem Vielfrontenkampf gegen Papsttum und lombardischen Städtebund ein reiches Betätigungsfeld.

Für die fürstlichen Auftraggeber war der bezahlte Ritterdienst Fluch und Segen zugleich. Einerseits kämpften die bezahlten Panzerreiter zuverlässig für ihre Dienstherren, und zwar so lange, wie sie Sold erhielten, andererseits trieb der Solddienst die Kriegskosten in exorbitante Höhen. So musste der Stauferkaiser Friedrich II. seine Justitiare im Königreich Sizilien immer wieder dazu anhalten, ihm Geld für die Anwerbung von Rittern zukommen zu lassen. Im September 1238 suchte er um 8000 Solidi nach, um seine Männer während der Belagerung von Brescia finanzieren zu können. Im Jahr 1240 bezahlte er den Rittern in seinem Heer fünf Goldunzen pro Monat. Basierend auf diesen überlieferten Zahlen hat man hochgerechnet, dass der Kaiser für ein Kontingent von 3000 Rittern in sechs Monaten bereits 90 000 Goldunzen aufbringen musste, den Lohn für mehrere Tausend Fußsoldaten und Kriegsknechte noch nicht mitgerechnet. Für eine komplette Truppe hatte der Staufer wohl um die 110 000 Goldunzen auf den Tisch zu legen. Da eine Viertel Unze bzw. eine Goldaugustale das Gewicht von 5,2 bis 5,3 Gramm Gold besaß, belief sich der Gegenwert hochgerechnet auf 2200 Kilogramm Gold – wohlgemerkt nur für einen sechsmonatigen Waffengang.

Friedrich II. zeigte sich in seinem Königreich Sizilien äußerst erfinderisch, diese Beträge aus seinem Land zu ziehen. Eine Vielzahl direkter und indirekter Steuern und eine strikt nach staatlichen Erfordernissen gelenkte Wirtschaft dienten dem Ziel, Gelder für den Krieg zu requirieren. Und doch reichte das Geld hinten und vorne nicht. Pro Jahr flossen ihm direkte Steuern in Höhe von etwa 120 000 bis 130 000 Goldunzen zu, den Rest musste er als Kredit bei italienischen

Bankiers aufnehmen. Unschöne Finanztricks wie das Schlagen schlechter Münzen, die Enteignung von in Ungnade gefallenen Amtsträgern oder das Schröpfen kirchlicher Würdenträger hoben nicht gerade die Stimmung bei den Untertanen und schlossen die Finanzierungslücke nur unzureichend. Ein ums andere Mal beklagte sich der Kaiser in seinen Briefen, wie bitter nötig er das Geld habe. Der Sieg, schrieb er 1247 resigniert, hänge nur vom Aufbringen der nötigen Geldmittel ab. Ein Jahr später musste er gar die eigene Lebensführung einschränken, um „das nötige Geld zum Sieg" zusammenzubekommen. Als Friedrich II. 1250 starb, hinterließ er ein verarmtes und ausgeplündertes Sizilien.

Den englischen und französischen Königen erging es während des Hundertjährigen Krieges nicht besser. Um überhaupt jemanden für den Krieg in „Übersee" zu begeistern, versprach der englische König Edward III. bei Ausbruch der Kriegshandlungen 1337 seinen Kämpfern doppelten Lohn. Doch wenig später zahlte er wieder den bis dahin üblichen Preis von zwei Shilling pro Tag für jeden Ritter und einen Shilling für jeden Knappen. Schon im 12. Jahrhundert waren die englischen Könige dazu übergegangen, die Lehnsverpflichtungen in Geldzahlungen umzuwandeln, was praktisch auf eine Besteuerung der Lehen hinauslief. Jeder Vasall hatte eine bestimmte Geldzahlung, ein Schildgeld, zu entrichten, falls er keine Lust auf eine persönliche Teilnahme am Kriegszug hatte. Dies bescherte der englischen Krone einen regelmäßig hohen Geldeingang, mit dem sie besser motivierte Panzerreiter anwerben konnte, wovon sie im Hundertjährigen Krieg reichlich Gebrauch machte.

Die französischen Könige gingen noch einen Schritt weiter. Sie legten die Kriegskosten über indirekte Steuern auf die gesamte Bevölkerung um. Auslöser für diese Entwicklung war zunächst ein unvorhergesehener Unglücksfall: In der Schlacht von Poitiers (1356) fiel der französische König Johann II., der Gute, in englische Gefangenschaft. Für seine Auslösung musste ein horrendes Lösegeld von drei Millionen Écu aufgebracht werden. Da ein Écu rund 4,2 Gramm Gold enthielt, entsprach der Gesamtwert des Lösegeldes über 12 Tonnen Gold. Diese übermäßig hohe Summe war nur über indirekte Verbrauchssteuern zu finanzieren, die alle Franzosen gleichermaßen bezahlten. Nach Abzahlung des Lösegeldes wurde diese bequeme Einnahmequelle einfach beibehalten: Die Franzosen hatten damit eine erste regelmäßige Besteuerung aufgebrummt bekommen, die Könige eine erquickliche Finanzierungsmöglichkeit erschlossen, mit der sich Söldnerheere über einen längeren Zeitraum hinweg unterhalten ließen. Am Ende des Hundertjährigen Krieges mündete diese Entwicklung in den Aufbau eines stehenden Heeres, das auch in Friedenszeiten vom König bezahlt wurde. Man nannte diese Truppen nach den königlichen Erlassen Ordonnanztruppen. 1450 zählten diese Einheiten 10 800 Mann, 1478 bereits 25 000 Mann.

Einmal mehr war der Krieg zum Vater aller Dinge geworden: Um ein stehendes Heer zu unterhalten, bedurfte es regelmäßiger Steuereinnahmen, die wiederum nur durch eine effektive Steuerverwaltung mithilfe bezahlter Beamten einzutreiben waren. Der Aufbau einer modernen Bürokratie, an deren Spitze als oberster Dienstherr der König stand, war dafür vonnöten. Während Frankreich und England durch ein so gestärktes Königtum den Weg in einen frühneuzeitlichen Staat beschritten, zeichneten sich innerhalb des Kriegswesens ebenfalls folgenreiche Veränderungen ab. Aus dem mittelalterlichen Ritter ging der bezahlte Reitersoldat hervor, der unabhängig von Lehnsdiensten langfristig in einem stehenden Heer diente und weniger als Einzelkämpfer denn als Anführer einer größeren Truppeneinheit hervortrat. Der Ritter wandelte sich allmählich zum Offizier, eingebunden in ein vom König kontrolliertes, von strenger Disziplin und strikter Hie-rarchie geprägtes Heerwesen.

Für die Ritter hatte das System des bezahlten Dienstes durchaus seine Vorteile. Sie konnten sich über steigende Löhne freuen. Im kriegszerrütteten Italien zahlte man um die Mitte des 14. Jahrhunderts für einen einfachen Ritter mit Beipferd zwischen neun und 11 Gulden im Monat, was ein einträgliches Geschäft war. Gerade die finanzstarken italienischen Kommunen, die im beständigen Streit untereinander lagen, bezahlten ihr militärisches Personal gut, achteten dafür aber auch besonders auf die Qualität der Waffen und Pferde und überprüften diese auch. Trotzdem plagte die Ritter die Angst vor der „Arbeitslosigkeit“. Schließlich konnten bezahlte Truppen genauso schnell entlassen wie angeworben werden. Gerade im Winter, der für Feldzüge eher ungeeigneten Jahreszeit, wurden die Truppenstärken oft drastisch reduziert. So standen während einer französischen Operation von 1339/40 im Winter weniger als 2000 Mann unter Waffen, während im Frühjahr, zu Beginn der Feldzugssaison, 4000 Mann angeworben und diese Zahl bis zum September auf 22 000 Mann erhöht wurde. Ein kurz darauf abgeschlossener Waffenstillstand erbrachte dann die Entlassung fast der kompletten Truppe.

Was tun, wenn man aus heiterem Himmel plötzlich auf der Straße stand? Viele Ritter blieben dann einfach zusammen und suchten sich gemeinsam ein neues Betätigungsfeld. So geschah es nach dem Tod Kaiser Heinrichs VII. 1313 in Italien. Sein Tod zog die sofortige Auflösung seines Heeres nach sich, doch viele seiner Ritter weigerten sich, nach Deutschland zurückzukehren, und sahen sich nach neuen Auftraggebern in Italien um. Weitere Ritter kamen im Gefolge Ludwigs des Bayern 1327 nach Italien und blieben dort, als Ludwig seinen Leuten keinen Sold mehr bezahlen konnte. Die „freischaffenden“ deutschen Ritter bildeten 1339 einen größeren Zusammenschluss, eine Kompanie, die sich nach dem Ritterheiligen St.-Georgs-Kompanie nannte. Sie arbeitete als mobile Söldnerschar sowohl zum eigenen Vorteil wie auch für wechselnde Auftraggeber. Unter dem Oberbefehl des aus Mailand vertriebenen Lodrisio Visconti zog die Kompanie brennend und sengend durch die Lombardei, bis sie von einem Mailänder Heer in der blutigen Schlacht von Parabiago geschlagen wurde.

Unter der tatkräftigen Hand des aus einem schwäbischen Rittergeschlecht aus der Nähe Rottweils stammenden Werner von Urslingen reorganisierte sich die Kompanie nach dieser Niederlage jedoch bald wieder neu. Werner von Urslingen kannte keine Skrupel, wenn es ums Geschäft ging. Provokanterweise nannte er sich „Herzog Werner, Herr der großen Kompanie, Feind Gottes, des Mitleids und des Erbarmens“. Während der Herzogstitel eine leere Anspielung auf die lang zurückliegende Belehnung seiner Familie mit dem Herzogtum Spoleto durch die Staufer ohne realpolitischen Gehalt war, war der Rest des Wappenspruches durchaus ernst gemeint. Im Auftrag diverser italienischer Stadtherren verbreitete Werner von Urslingen gezielten Terror gegen die Bevölkerung der gegnerischen Partei, plünderte Kleinstädte und Dörfer, raubte Kirchen und Klöster aus. Die Gewaltbereitschaft der Kompanie war so gefürchtet, dass schon die Androhung der Brandschatzung genügte, um Städte und Bürger zu saftigen Prämienzahlungen zu bewegen. Die hohen Einnahmen führten der Kompanie immer neue kampfbereite Ritter zu. Zu Spitzenzeiten umfasste sie mehr als 4000 Panzerreiter, wobei viele dieser kriegserfahrenen Herren nur eine oder maximal bis zu drei Feldzugssaisons blieben. Vor allem Ritter aus Schwaben, Bayern, Franken und dem Rheinland fanden ihren Weg über die Alpen, im 14. Jahrhundert insgesamt schätzungsweise mehrere Zehntausend. So herrschte in der Kompagnie ein ständiges Kommen und Gehen, das nur durch ein strenges Reglement in der Truppe zu zügeln war, um keine Streitigkeiten und Eifersüchteleien aufkommen zu lassen. Die einzelnen Fähnleinführer oder Bannerherren besaßen ein hohes Mitspracherecht bei allen Entscheidungen. Sie schlossen gemeinsam mit Werner von Urslingen die Soldverträge ab. Es gab eine gemeinsame Kasse, in der die gesamte Beute wie auch die Lösegeldzahlungen flossen und aus der jeder Teilnehmer seinen geregelten Anteil erhielt. Über die Einnahmen und Ausgaben wurde genau Buch geführt. Für die meisten Ritter lohnte sich der Dienst in der Kompagnie, sie kehrten reich mit Beute beladen in ihre Heimatregionen zurück, so auch Werner von Urslingen selbst, der 1351 schließlich mit einem satten Vermögen in der Tasche zurück nach Schwaben reiste.

Nach Werner von Urslingen führten Montreal d'Albano und nach dessen Hinrichtung in Rom (1354) Konrad von Landau die große Kompanie. Landau, der zu einer Nebenlinie des württembergischen Grafengeschlechts von Grüningen-Landau gehörte, umriss seinen Auftrag ganz im Sinne seines Waffenbruders Werner von Urslingen mit folgenden treffenden Worten: „Es ist unser Brauch, zu rauben, zu plündern und jeden zu töten, der Widerstand leistet. Unser Einkommen speist sich aus dem Vermögen der Provinzen, in die wir einfallen: wem sein Leben lieb ist, der zahlt für Frieden und Ruhe vor uns einen gesalzenen Preis." Zunächst kämpfte er im Auftrag einer gegen die Visconti-Herrschaft gerichteten Liga gegen Mailand, dann trat er in die Dienste Sienas, um gegen Perugia zu kämpfen. Er verdiente so gut, dass er seine verschuldeten Güter auslösen und seine Stammburg zurückkaufen konnte. Seine zügellosen und brutalen Plünderungen provozierten 1358 jedoch einen Aufstand der von ihm gequälten Landleute, die ihm und seinen Gesellen an einem Tal-Engpass eine schwere Schlappe beibrachten.

Zum Verhängnis wurde Konrad von Landau aber nicht der Zorn der Bevölkerung, sondern die zunehmende Konkurrenz auf dem italienischen Kriegsschauplatz. Das lukrative Geschäft mit dem Terror entdeckten nämlich auch andere für sich. Als der Vertrag von Brétigny 1360 die Kampfhandlungen zwischen Frankreich und England vorläufig beendete, bildeten englische und gascognische Ritter eigene Kompanien unter selbst gewählten Anführern und verwüsteten das Land. Eine der Kompanien war so mächtig, dass sie eine ganze Stadt, Pont-Saint-Esprit im Rhonetal, einnehmen konnte und von dort aus verheerende Raubzüge startete. Selbst der Papst sah sich angesichts des allgemeinen Unwesens zum Handeln genötigt und rief 1361 zum Kreuzzug gegen die Kompanien auf, doch vergeblich. Sogar ein königliches französisches Heer unter der Führung Jacques de Bourbons kam den kampferprobten Haudegen in offener Feldschlacht nicht bei und musste sich bei Brignais 1362 geschlagen geben.

Besonders gefürchtet war die Weiße Kompanie – so genannt nach den weiß glänzenden Brustpanzern ihrer kämpfenden Mitglieder –, die anfangs unter der Führung eines Deutschen, Albert Sterz, stand und sich durch eine außerordentlich gute Kommandostruktur auszeichnete. Der Markgraf von Montferrat schätzte ihren Kampfwert so hoch ein, dass er sie nach Italien holte, um sie gegen die Truppen Konrads von Landau einzusetzen. Albert Sterz, dessen Geburtsort unbekannt ist, hatte sein Handwerk in den Kämpfen des Hundertjährigen Krieges von der Pike auf gelernt. Plündernd zog er durch die Lombardei. Konrad von Landau versuchte noch, durch einen Waffenstillstand das drohende Unglück zu verhindern, doch 1363 wurde er von der Weißen Kompanie unter Albert Sterz besiegt und fand in der Schlacht den Tod. Sterz trieb sein Unwesen in Italien noch eine Weile weiter, bis er 1365 in Perugia durch den Henker den Tod fand.

Zum erfolgreichsten Söldnerführer seiner Zeit stieg jedoch John Hawkwood auf, der seit 1361 in der Weißen Kompanie nachweisbar ist. Er stammte aus Essex und war der zweitgeborene Sohn eines Gerbers und Kleinpächters. Angeblich soll er bei einem Schneider in London zur Lehre gegangen sein. Hawkwood gelangte über die Werbungen König Edwards III. auf den Kontinent, wo er sich in den Kämpfen gegen Frankreich bewährte und zum Ritter geschlagen wurde. Als Führer der Weißen Kompanie stand er seit den 1360er-Jahren in Diensten Pisas, Mailands, des Papstes und schließlich von Florenz. Seine militärischen Leistungen brachten ihm so viel Ruhm ein, dass er 1377 sogar die uneheliche Tochter Bernabo Viscontis, des Herrn von Mailand und einer der reichsten Männer Italiens, ehelichen durfte. Bei seinem letzten Arbeitgeber, der Stadt Florenz, genoss er eine außergewöhnliche Popularität. Er erhielt einen fürstlichen Sold von 130 000 Golddukaten im Jahr und bekam den Titel eines *Capitano del popolo* verliehen. Als der Engländer nach einem erfüllten Leben 1394 starb, richtete ihm die dankbare Stadt ein würdevolles Begräbnis aus und verewigte ihn sogar mit einem Fresko in Florentiner Dom, das in der späteren Fassung von Paolo Uccello (1436) den Helden in fürstlicher Pose auf seinem Streitross zeigt. Die Inschrift auf dem Podest des gemalten Reiterdenkmals weiß die Verdienste des Condottieres gebührend herauszustellen: „John Hawkwood, britischer Ritter, galt als bedachtsamster und im Kriegswesen erfahrenster Heerführer seiner Zeit." Sein beispielhafter Aufstieg vom plündernden Söldner zum anerkannten Kriegsunternehmer sollte in der Frühen Neuzeit noch Schule machen.

IRRTUM 4:

Ritter waren nicht eitel

Wer ständig in den Kampf zieht, Schmerzen und Entbehrungen erträgt, klaglos ein monatelanges Zeltlagerleben zwischen Pferdemist und Abfallhaufen verbringt, müsste doch eigentlich – so ließe sich schlussfolgern – ein gänzlich uneitler Mensch gewesen sein, ein Mann von schnörkellosem Charakter und anspruchslosem Lebensstil. Diese Mutmaßung geht im Falle der Ritter jedoch leider in die falsche Richtung. Denn nichts liebten die Herren in der blank geputzten Rüstung mehr als die Selbstdarstellung. Auf ihre Außenwirkung und auf die Überlieferung ihrer Heldentaten waren sie sorgsam bedacht. Schließlich sollte jeder wissen, welche ruhmreichen, tapferen Kämpfe sie bestanden hatten. Schluss mit falscher Bescheidenheit, mochte so mancher Ritter gedacht haben, wenn er zu Tinte und Federkiel greifen ließ, um seine Lebensbeschreibung auf Pergament bannen zu lassen. In Schrift, Bild und Architektur ließen die Rittergeschlechter nichts aus, um sich selbst zu feiern.

127 Pergamentseiten mit 19 914 Versen – ein wahrhaft stattliches Werk, das der Sohn des berühmten Ritters, Turnierkämpfers und englischen Regenten William Marshal in Auftrag gab, um das Andenken seines 1219 verstorbenen Vaters gebührend zu bewahren. Sieben Jahre lang saß ein Berufsdichter mit dem Vornamen Jean an dem großen Werk, befragte Zeitzeugen wie Jean de Early, den langjährigen Weggefährten des Marschalls, wühlte sich durch das Hausarchiv, las Chroniken, um den Werdegang seines Helden vom unbedeutenden nach-

geborenen Sohn eines englischen Landadligen zum einflussreichen englischen Magnaten zu beschreiben. Und die Biografie – unter hohen Kosten vom „guten Sohn" für die nähere und weitere Verwandtschaft in Auftrag gegeben, wie das Vorwort nicht vergisst zu erwähnen – feiert diesen erstaunlichen Aufstieg ganz als das Ergebnis des persönlichen Einsatzes und der außergewöhnlichen Tüchtigkeit des Helden, der durch seinen treuen Königsdienst und seine militärischen Fähigkeiten immer weiter auf der Karriereleiter vorrückt. Nicht die genealogische Abkunft William Marshals, dessen Großvater bereits das Amt eines königlichen Marschalls innehatte, auch nicht das vorteilhafte Erbe seiner Frau Isabella von Clare, die umfangreiche Herrschaftsgebiete in Westengland, Wales, Irland und der Normandie sowie den Grafentitel mit in die Ehe brachte, standen im Vordergrund der Darstellung, sondern allein die Verdienste der Hauptperson. „Der beste aller Ritter", so wird William Marshal, den man in Frankreich Guillaume le Maréchal nannte, immer wieder im Text genannt. Als fahrender Ritter zog er in seiner Jugend von Turnier zu Turnier, um sich Ausrüstung, Pferde und Gagen zu erwerben und die Aufmerksamkeit hochrangiger Adliger zu erregen. Keiner saß so fest im Sattel wie er, keiner brach mehr Lanzen, niemand zeigte sich nach einem Sieg freigebiger als der englische Marschall. William diente nacheinander fünf englischen Königen: Heinrich II., Heinrich dem Jüngeren, Richard Löwenherz, Johann Ohneland und nahm zuletzt noch den unmündigen Heinrich III. unter seine Fittiche. Trotz der schwierigen Lage angesichts der Zerstrittenheit des Königshauses und trotz der prekären Situation, in die ihn seine Lehnsbeziehung zum französischen König aufgrund seiner normannischen Besitzungen brachte, bewies William große Anhänglichkeit an das englische Königshaus. Zuletzt stellte er sich noch im hohen Alter dem in England gelandeten französischen Prinzen Ludwig dem Löwen entgegen, um die Herrschaft für Heinrich III. zu sichern.

Der „beste aller Ritter" tat bis zum letzten Atemzug wirklich sein Bestes, um der Krone zu dienen. Diese Botschaft der Reimbiografie stieß beim adligen Publikum auf tief verwurzelte Ideale: den Glauben an die eigene Leistungskraft, das Vertrauen auf Gott und den Lehnsherrn, die Hoffnung, dass sich Loyalität auch in materieller Hinsicht auszahlte. Die Karriere William Marshals vom nachgeborenen Adelssohn zum reichsten und mächtigsten Baron des englischen Königreiches wurde den Familienangehörigen als erstrebenswertes Vorbild vor Augen gestellt. Denn auch William Marshal, der bei seinem Tod 1219 zehn Kinder hinterließ, musste den jüngsten Sohn Anselm unversorgt zurücklassen. Das reiche Erbe, das an die älteren Söhne ging, sah für diesen keinen Landbesitz mehr vor. „Möge er so lange leben, dass er Ritter wird", wünschte sich der Vater in seinem Testament, „möge er fahren, bis er Ehre erlangt; dann wird er einen finden, der ihn liebt und der ihm große Ehre erweist, mehr als jedem anderen."

So sah sich der Ritterstand am liebsten – tat- und schlagkräftig an den eigenen Aufstieg glaubend, missliche Umstände beharrlich ignorierend. So wurde aus Marshals Biografie nicht nur eine Familiengeschichte, sondern ein Lehrstück für den Ritterstand insgesamt. Die Nachwelt sollte sich so lange wie möglich an die von William verkörperten Ideale erinnern.

Den eigenen Ruhm bewahren – das wollten neben William Marshal noch recht viele Ritter. Auch der weit gereiste französische Marschall Jean II. le Maingre Boucicaut, der an vielen Kriegsschauplätzen in Frankreich, Spanien, dem Baltikum, im Orient und dem Balkan gekämpft hatte, bevor er 1415 nach der Schlacht von Azincourt in englische Gefangenschaft geriet, in der er auch verstarb, ließ seinen bewegten Lebensweg zu Lebzeiten in einer eigenen Biografie festhalten. Verfasser war wahrscheinlich sein Kaplan Honorat Durand, der das Werk 1409 nicht zuletzt deshalb schrieb, um Boucicauts unglückliche Herrschaft über Genua, die dieser im Auftrag Karls VI. von Frankreich ab 1401 ausgeübt hatte, zu rechtfertigen und seine Hauptperson dabei ins rechte Licht zu rücken. Dies gelang ihm, denn er stellte den Marschall als besonders tugendhaften und christlichen Ritter dar. Angeblich hörte er zweimal täglich die Messe, verharrte stundenlang im Gebet und trug freitags nur schwarze Kleidung. Dies entsprach natürlich ganz dem Bild des christlichen Ritters, der nicht aus Eigennutz in den Kampf zog, sondern bei seinem Einsatz stets die gerechten Ziele fest im Blick behielt und dabei auch noch die „richtige" Gesinnung mitbrachte. Genau das wollte das Publikum hören – der Ritter als Tugendheld kam immer an.

Wer als Minnesänger selbst künstlerisch tätig war, sorgte sich verständlicherweise auch um die Überlieferung seines Werkes. Ulrich von Liechtenstein, der Landesministeriale aus der Steiermark, der um 1275 starb, gab seine kunstvoll geschmiedeten Verse daher noch zu Lebzeiten selbst heraus. Sein 14 800 Verse umfassender Roman „Frauendienst" war nicht nur ein fiktiver Lebensbericht, der die Turnierabenteuer und Minnefahrten des Ritters Ulrich von Liechtenstein verherrlichte, sondern auch eine Werkausgabe des Lyrikers. In den epischen Bericht streute Ulrich nämlich 58 Minnelieder, eine Leich genannte Großdichtung, drei kleinere Büchlein mit jeweils etwa 300 Versen sowie mehrere Briefe ein. Inwieweit die in Ich-Form geschriebene und mit vielen komischen Elementen durchsetzte Rahmenhandlung Selbsterlebtes widerspiegelt, mag dahingestellt bleiben. Viele der Turniergegner des Liechtensteiners wie auch viele Ortsnamen sind historisch nachweisbar, was aber nicht beweisen muss, dass die geschilderten Erlebnisse auch in der Realität so stattgefunden haben. Nur eines ist sicher: Ulrich von Liechtenstein machte sich mit diesem Großwerk selbst zur Hauptperson. Er ist der Held der Turniere und der Held des Minnedienstes und ganz nebenbei auch noch der begabte Urheber des enthaltenen Liedgutes. Die Selbststilisierung scheint ihm zuletzt dann doch etwas peinlich gewesen zu sein. Im Epilog gibt er zu, dass es nicht statthaft sei, sich selbst zu rühmen, er habe aber im Auftrag seiner Minneherrin gehandelt und nenne daher sein Werk „Frauendienst". Eitelkeit hin oder her – die Aufnahme der Liechtensteinlieder in den ab 1300 entstandenen *Codex Manesse*, der bedeutenden Heidelberger Liedersammlung, garantierte seinem Werk jedenfalls eine gestiegene Reputation.

Noch ein anderer sorgte sich schmerzenden Herzens um seinen Nachruhm – der Südtiroler Ritter und Dichter Oswald von Wolkenstein. Er packte in seine populären von derber Erotik, Weltschmerz und kluger Selbstironie geprägten Lieder jede Menge biografischer Angaben. 1423/24 ließ er eine erste Sammlung seiner bis dahin entstandenen Werke anlegen. „Mit der Jahreszahl 1425 ist dieses Buch niedergeschrieben und trägt den Titel: Summa des Wolkensteiners", verkündete der Autor voller Stolz. Die 61 Pergamentseiten umfassende, in der Österreichischen Nationalbibliothek Wien liegende Handschrift fällt durch eine sorgfältige Herstellung auf. Gleich vorn ein farbiges Autorenbild: Oswald in Ganzkörperansicht mit einem Notenblatt in der Hand, den repräsentativen Kannenorden um den Hals, zu Füßen die Familienwappen. Ein Ritter adliger Abkunft, freier Autor und Musiker zugleich, stellt sich hier vor. Die Lieder hielt der Schreiber in brauner und schwarzer Tinte fest, die Notenlinien in roter Tinte, die Initialen gestaltete er in Blau und Rot. Mit Nachträgen überliefert die Handschrift insgesamt 108 Lieder. Doch damit nicht genug. 1432 ist die zweite Sammelhandschrift fertig, die 118 Lieder mit Melodien enthält. Auch diesen Band ließ Oswald von Wolkenstein repräsentativ ausschmücken. Das auf dem ersten Blatt gezeigte farbige Brustbild gilt als das erste authentische Porträt eines deutschen Dichters überhaupt. Oswald wird lebensecht mit lockigem Haar, geschlossenem Auge, hermelinbesetzter Purpurmütze und mit Orden geschmückt dargestellt. Ein Mann in seiner ganzen Würde. Wie der Vergleich der Liedtexte der ersten und zweiten Sammelhandschrift zeigt, hat Oswald redigierend eingegriffen, einiges verändert oder weggelassen, sorgfältig darauf bedacht, der Nachwelt sein Œuvre in geeigneter Form zu hinterlassen. Auch bei den biografischen Angaben arbeitete der Ritter rege an seinem Image und überlieferte aus seinem an Familienfehden, Kriegen und Abenteuern reichen Leben nur das, was ihm zur Durchsetzung seiner persönlichen und politischen Ziele sinnvoll erschien. Der Autor schuf sein Bild für die Nachwelt selbst, wollte sich in seinem künstlerischen Anspruch gewürdigt und in seiner ritterlichen Beharrlichkeit in bedrängten Lebenslagen bewundert sehen.

Eine stete Quelle der Selbstdarstellung waren auch die Turniere, die im Spätmittelalter immer üppiger und prächtiger in Szene gesetzt wurden. Der Auftritt der kämpfenden Ritter vor großem Publikum bot die ersehnte Chance, im ganzen Prunk der Farben und Waffen zu erscheinen und dabei *bella figura* zu machen. Um die einzelnen Ritter identifizieren zu können, bürgerte es sich seit dem 12. Jahrhundert ein, bestimmte Zeichen und Symbole auf Schilden, Bannern und Waffenröcken zu verwenden. Die sich daraus entwickelnden Wappen gehörten zu den Erkennungsmerkmalen der Ritter schlechthin, denn sie gaben Auskunft über Familien- und Lehnsbeziehungen, über den Platz eines Geschlechtes in der sozialen Hierarchie, über Haupt- und Nebenlinien einer Sippschaft. Je mehr niederadlige Familien sich im 13. Jahrhundert ein Wappen zulegten, je komplizierter die Familienverknüpfungen durch Erbteilungen und Einheiraten ausfielen, umso fantasievollere Kombinationen von Zeichen und Farben waren natürlich gefragt.

Selbstverständlich war allen Rittern daran gelegen, ein besonders mächtiges Wappentier, einen Löwen, Leoparden, Drachen, Eber oder Adler, im Wappen zu führen oder eine attraktive Farbkombination zu erhalten. Erlaubt waren allerdings nur die Farben Blau, Rot, Grün, Schwarz, Purpur und die beiden Metalle Gold und Silber. Ein kompliziertes System aus Schildteilungen mittels Balken, Pfählen und Quadrierungen ermöglichte viele Kombinationen. Da die Wappen zu einem Machtsymbol ersten Ranges aufstiegen, bemühte sich jede Ritterfamilie, ihren sozialen Aufstieg im Wappen zu dokumentieren. Sie wechselten gegebenenfalls Farben und Symboltiere, um den neuen Stand anzuzeigen. So führte das Reichsministerialengeschlecht von Sulzbürg nach der Belehnung mit der wichtigen Burg Wolfstein kurz vor 1300 einen Wolf in ihr Wappen ein und wechselte auch den Namen hin zu „Wolfstein". Überhaupt waren sprechende Wappentiere beliebt, weil sie die Individualität des Trägers gebührend herausstrichen. So führte das Geschlecht der Affensteiner einen Affen „im Schilde", die Henneberger eine Henne, die Herren von Falkenstein einen Falken, die Schwangauer einen Schwan usw.

Bei großen Ereignissen wie Turnieren prangten die Wappen und ihre Farbkombinationen von Bannern, Pferdedecken, Waffenröcken, die man über der Rüstung trug, und den Wimpeln der geschmückten Lanzen. Welch prachtvoller Eindruck, wenn hohe Herren mit ihrem zahlreichen Gefolge in der gleichen Farbkombination erschienen! Die ranghöchsten Ritter trugen am Ausgang des Mittelalters zudem besonders aufwendig hergestellte Turnierrüstungen mit Ätzritzungen, Riefelungen und Vergoldungen, dazu Prunkschilde und Prunkstreitäxte oder besonders schön verzierte Schwerter. Selbst die Pferde schützte man mit dekorativen Rossharnischen. Zusätzliche Aufmerksamkeit erheischte man noch durch eine aufwendige auf den Kopfschutz angebrachte Helmzier in Form von Menschen- und Tierfiguren, Pflanzen, Geräten, Hörnern oder Flügeln. Der *Codex Manesse* zeigt zu Beginn des 14. Jahrhunderts eine Fülle fantasievoller Möglichkeiten, die man sich auf den Topfhelm stecken konnte und die im Krieg völlig unbrauchbar gewesen wären. Stolz wie die Platzhirsche zogen die Ritter mit Büffelhörnern, Hirschgeweihen, Vogelflügeln, ja ganzen Damenfiguren auf dem Kopf ins Turnier – ein Jahrmarkt der Eitelkeiten. Mit dem Aufkommen des Kolbenturniers in der zweiten Hälfte des 14. Jahrhunderts wurde es üblich, im Kampf nur noch das Zimier abzuschlagen. Daher übertrug man den Aufsatz vom Topfhelm auch auf später benutzte Turnierhelmformen. Um das Gewicht möglichst gering zu halten, fertigte man die Gebinde aus Holz- und Drahtgestellen sowie Textilien oder anderen leichten Materialien an. Die Helmzieren gingen dann auch in die Wappengestaltung ein. Noch im 13. Jahrhundert ergänzte man die Wappenschilde um ein Oberwappen, das den Helm mit seinem Aufsatz zeigte.

Die komplizierte Wappenkunde erforderte die Ausbildung eigener Spezialisten. Herolde tauchten seit Ende des 12. Jahrhunderts am Rande der Turniere auf, um die Wappen zu identifizieren und die teilnehmenden Kämpfer wortgewaltig anzukündigen. Dabei übertrieben sie die Heldentaten der antretenden Ritter gehörig, je nachdem wie hoch die Belohnung durch sie hinterher ausfiel. Diese in der Dichtung der Minnesänger Krogierer genannten Männer stammten aus ganz unterschiedlichen sozialen Gruppen, konnten fahrende Sänger, aber auch adlige Minnesänger sein. In jedem Fall wussten sie über den Turniererfolg der ritterlichen Herren, über deren Herkunft und soziale Stellung Bescheid. Mancher Ritter, so behauptet zumindest die Lebensbeschreibung William Marshals, verdankte seinen Ruf überhaupt nur diesen Marktschreiern, die als gewitzte „Werbefachmänner" dessen Vermarktung übernahmen und damit die Gage in die Höhe trieben. Später übernahmen die Herolde jedoch wichtige Aufgaben: So überbrachten sie die Einladungen zum Turnier, überprüften die Teilnahmeberechtigung der Turnierkämpfer anhand der Wappen und Helme, überwachten die Einhaltung des Reglements, übernahmen gar Aufgaben als Botschafter zwischen den Kriegsfronten. Vor allem die Überprüfung der Turnierteilnahme wurde im Laufe des Mittelalters immer bedeutender, da die Turnierfähigkeit als Privileg des Adels verstanden wurde und der sozialen Abgrenzung gegenüber aufstrebenden bürgerlichen Geschlechtern diente. Wer zur ersten Garde der Ritterschaft zählte, das entschieden nicht zuletzt auch die Herolde über die von ihnen geführten Wappenrollen mit.

Gelegentlich gingen die Wappenkundigen auch zu einer eigenen Geschichtsschreibung über. Über das Anfertigen und Beschreiben von Wappen ließ sich auch leicht die Genealogie einer Familie erklären und die Erinnerung an einen besonders würdigen noch lebenden oder verstorbenen Vertreter der Sippe hervorheben. Die daraus entstehende Heroldsdichtung blühte vor allem im 14. und 15. Jahrhundert. Sie war in erster Linie Gelegenheitsdichtung, die anlässlich eines Turniers oder Kriegszuges verfasst und vorgetragen, aber selten aufgezeichnet wurde. Ein Glücksfall ist daher die Überlieferung des Werks von Peter Suchenwirt, des Hauptvertreters der Gattung. Um 1325 geboren, war er zunächst – wie sein Name „Such den Gönner“ schon andeutet – ein fahrender Spruchdichter und einfacher Bote bürgerlicher Abkunft, bevor er ab 1377 zum angesehenen Herold Herzogs Albrecht III. von Österreich aufstieg. Er schrieb insgesamt 22 Ehrenreden und 19 Klagelieder auf bedeutende Persönlichkeiten wie den Burggrafen Albrecht von Nürnberg, Ludwig I. von Ungarn oder Albrecht III. von Österreich, immer ausgehend von den Beschreibungen der Wappen. Eine Kriegsfahrt Albrechts III. nach Preußen, an der Suchenwirt 1377 teilnahm, wurde zum Anlass für das Gedicht „Von Herzogs Albrechts Ritterschaft“, in dem die Rittertugenden alten Stils gefeiert wurden, obwohl der ungleiche Kampf mit den heidnischen Litauern alles andere als ritterlich war. Doch das Fürstenlob hatte Vorrang, das Plündern, Sengen und Morden im Heidenland musste zur Heldentat verklärt werden und Suchenwirt gab sein Bestes, um seinen Auftraggeber zufriedenzustellen und sich damit auch einen bedeutenden Mäzen zu sichern.

Waren die Turniere und die zu ihnen gehörenden Schaueffekte flüchtige Ereignisse, bot die Architektur dauerhaftere Formen, um die Größe eines Rittergeschlechts zu verherrlichen. Die Burgen sind die bis heute erhaltenen Relikte in Stein gemeißelter Eitelkeiten. Denn die imposanten Wehr- und Wohnbauten dienten nicht allein militärischen Zwecken, sondern auch der Zurschaustellung der Macht ihrer Besitzer. Wie die Burgenforschung der jüngsten Zeit beweisen konnte, boten Zinnen, Schießscharten, Türme und Torzugänge dem Betrachter auch eine Schauseite, die ihm Respekt einflößen sollte. Die Ende des 12. Jahrhunderts auf einem Bergsporn errichtete Burg Wildenberg im Odenwald, die Wolfram von Eschenbach vermutlich als Vorbild für seine literarische Gralsburg des Parzival-Romans vor Augen stand, entfaltete ein Panorama, das ganz auf die Perspektive des vom Torweg Herannahenden ausgerichtet war: Die hohe, 2,5 Meter dicke Schildmauer wurde überragt vom Hauptturm der Burg, dem 25 Meter hohen Bergfried mit Zinnenkranz, der um 45 Grad diagonal zur Bergseite gedreht stand und durch seine mächtige Buckelquadermauerweise bestach. An der Südostseite erhob sich ein Torturm mit einem monumental gestalteten Stufenportal. Der Blick durch das Tor verlängerte die Sichtachse auf den Palas, der mit seiner durch Fensterarkaden strukturierten Fassade einen besonders prächtigen Eindruck vermittelte und an die Kaiserpfalz Gelnhausen erinnerte. Wehrhaftigkeit und Schönheit kündeten so schon von Weitem von der Größe des Erbauers Ruprecht von Dürn, der ein eifriger Parteigänger der Staufer war und seine Urheberschaft über einen Inschriftenstein der Nachwelt überlieferte.

Die Außenwirkung war auch den Erbauern der Burg Münzenberg in der Wetterau besonders wichtig. Das nach der Burg benannte Ministerialengeschlecht, das ebenfalls zu den treuen Stauferanhängern zählte, begann hier auf einem hohen Basaltkegel in der zweiten Hälfte des 12. Jahrhunderts einen Bau, der die umliegende Landschaft markant prägen sollte. Eine die ganze Bergkuppe umfassende Ringmauer aus Sandsteinbuckelquadern sorgte schon von Weitem dafür, dass niemand die „Herren der Wetterau“ übersah. Als die Burg in der zweiten Hälfte des 13. Jahrhunderts an das Geschlecht der Falkensteiner ging, stellten diese dem romanischen Palas und dem romanischen Bergfried jeweils ein eigenes, baulich höchst anspruchsvolles Pedant gegenüber. Seitdem zierten den Münzenberg gleich zwei imposante Bergfriede. Die Zinnen, die nur an der zur Stadt hin gewendeten Ostseite der Mauer errichtet wurden, unterstrichen noch den Eindruck von Wehrhaftigkeit.

Abseits militärischer Notwendigkeiten wurde der mächtige Bergfried als höchster Turm der Burganlage sowie Zinnen, Schießscharten und Toranlagen mit Fallgittern zu zeitlosen Symbolen der Macht, die auch auf Siegeln, Wappen und anderen Abbildungen dargestellt wurden und zu jeder „echten" Burg dazugehörten.

Selbst als sich die Kriegsführung im 15. und 16. Jahrhundert veränderte und sich die Zeit der Ritter und Burgen allmählich dem Ende zuneigte, hielt man an diesen Sinnbildern alter Größe fest. So verwendete man Zinnen bis ins 17. Jahrhundert hinein als reine Dekorationselemente, ebenso die Schießscharten, die zu reinen Schmuckelementen ohne militärischen Nutzen degenerierten, aber nach außen ein weites Schussfeld vortäuschten. Auch Toranlagen mit allzu weiten und daher schlecht zu verteidigenden Portalen blieben lange in Gebrauch. Ein standesgemäßes Entree bestehend aus Tor mit Torturm, Fallgitter und vorgelagertem Graben erfüllte offensichtlich das Bedürfnis der Erbauer nach Repräsentation, denn schon vor Betreten der Innenräume bekam der Gast das Gefühl vermittelt: Hier wohnen keine unbedeutende Leute, sondern mächtige im Reichs- oder Lehnsdienst groß gewordene Herren! Konkurrenz unter den Rittergeschlechter belebte zudem das Geschäft: Die trutzigste Mauer, der höchste Bergfried, der schönste Palas, die massivste Toreinfahrt – danach strebte jeder, der seinen Nachbarn zu überbieten suchte. Letztendlich war das bauliche Engagement eine Frage des Vermögens, sodass der Bauherr auf diesem Felde zeigen konnte, welche wirtschaftliche Bedeutung ihm zukam.

IRRTUM 5:

Ritter waren unschlagbar

Die schwer gepanzerten Ritter auf ihren Pferden bildeten bis zum späten Mittelalter das viel gerühmte Herzstück einer jeden Armee. Als soziale und militärische Elite genossen die kühnen Panzerreiter, die sich mit eingelegter Lanze in den Kampf warfen, höchstes Ansehen, während man im Urteil der Zeit allen anderen zu Fuß kämpfenden Kriegern nur einen sehr eingeschränkten Kampfwert zubilligte. Dies zeigte sich schon an der Bezeichnung der Fußsoldaten, die man seit dem 17. Jahrhundert zusammenfassend Infanterie nannte, abgeleitet vom lateinischen *infans*, Kind. Doch so strahlend schön die Ritter auf ihren Streitrössern auch daherkamen, unverwundbar waren sie nicht. Ganz im Gegenteil zogen sie häufig gegenüber anderen Waffengattungen wie Bogenschützen, Pikenieren oder leicht bewaffneten Reiterhorden den Kürzeren. „Die englischen Bogenschützen (...) schossen ihre Pfeile mit einer solchen Kraft und Schnelligkeit, dass man das Gefühl hatte, es schneie", berichtet der französische Chronist Jean Froissart über die verheerende Wirkung von Pfeilschüssen in der Schlacht von Crécy 1346. „Sie setzten das Schießen so kräftig und schnell fort wie zuvor; manche ihrer Pfeile fielen zwischen die Ritter, die so aufwendig ausgerüstet waren, und töteten und verwundeten viele von ihnen." Gegen Fernwaffen, die schon vor dem ersten Zusammentreffen Mann gegen Mann den Reiter vom Pferd holten, waren die Ritter praktisch chancenlos. Sie waren auf den Kampf zu Pferd und mit Lanze gepolt und besaßen daher taktisch nur begrenzte Möglichkeiten. Clevere Gegner wussten darauf zu reagieren und ließen den schweren Reiterangriff ins Leere laufen. Nur unter günstigen Umständen konnte ein klassisches Ritterheer Aufstellung nehmen und seine volle Schlagkraft unter Beweis stellen, im Übrigen zeigten die eisenstarrenden Ritter trotz ihrer schweren Panzerung Schwächen.

Die große Spezialität der Ritter war der Schockangriff zu Pferde. In dichter Formation reitend rannten sie – die Lanze unter den rechten Arm geklemmt, mit der linken Hand Schild und Zügel haltend – auf die feindlichen Linien zu und versuchten mit einem gewaltigen Lanzenstoß den Gegner vom Pferd zu stoßen oder ihn gleich zu töten. Der gewaltige Aufprall, der durch das hohe Gewicht von Reiter und Pferd und durch die Geschwindigkeit des Anritts maximiert wurde, konnte zur tödlichen Waffe werden, wenn die Lanze den Körper des Gegners frontal traf und ihn durchbohrte. Selbst ein Kettenhemd schützte bei einem Frontaltreffer nur wenig. Dem ersten Angriff durch die schweren Panzerreiter folgte in der Regel eine zweite Stoßwelle durch leichter bewaffnete Reitereinheiten, in deren Rücken schließlich die Fußsoldaten folgten, um die zu Boden gestürzten feindlichen Ritter niederzumachen. Wer im Kampfgetümmel vom Pferd fiel oder wessen Pferd verletzt war, stieg ab, um im Nahkampf mit dem Schwert den Feind zu besiegen. Der Schockangriff zu Pferd, mit dem die Reihen des Gegners in einer ersten Phase der Schlacht wie im Sturm durchbrochen werden sollten, war nur durch eine Reihe von technischen Neuerungen möglich geworden.

Bis in die Zeit um 1100 diente die Lanze sowohl als Wurf- als auch als Stichwaffe, erst ab 1100 setzte sich eine neue Kampfweise durch, bei der die unter die rechte Achselhöhle geklemmte, bis zu vier Meter lange Lanze mit eiserner Spitze ausschließlich als Stoßwaffe diente. Dazu musste der Reiter aber selbst fest im Sattel sitzen. Erst die allmähliche Verbreitung des Steigbügels seit dem 7./8. Jahrhundert machte dies möglich. Hatte der Ritter zuvor das Pferd allein mit dem Druck seiner Schenkel lenken müssen, gaben ihm die Steigbügel nun genügend Halt, um seine ganze Kraft in den Lanzenstoß legen zu können. Diese Wirkung wurde noch verstärkt durch Verbesserungen im Sattelbau, die um 1200 hohe Sattelknöpfe jeweils an den Enden des

Ledersitzes hervorbrachten und die das Stürzen des Reiters nach vorne oder hinten verhinderten sowie gleichzeitig den Unterbauch wirkungsvoller schützten. Die Pferde beschlug man seit Ende des 9. Jahrhunderts mit Hufeisen, um ihren Lauf auf schweren Böden zu verbessern. Spätestens ab 1250 wurde der Schockangriff zu Pferd mit eingelegter Lanze zum Standardmodell des Ritterangriffs.

Allerdings brauchte diese Kampfmethode gewisse Voraussetzungen, um ihre volle Wirkung zu entfalten. Es musste genügend Platz vorhanden sein, um die Ritter Schlachtaufstellung nehmen zu lassen, was nur auf ebenen Flächen möglich war. Die Bodenbeschaffenheit musste für den Ansturm Tausender Pferdehufe geeignet sein und schließlich hatte ein adäquater Gegner die Schlacht auch anzunehmen. Schnell geriet das Kampfgeschehen außer Kontrolle, wenn die Topografie ungünstig war, der Feind mit überraschenden strategischen Finessen aufwartete oder sich der taktische Schwerpunkt der Schlacht auf andere Waffengattungen wie Fußkämpfer oder Bogenschützen verlagerte. Dann war der Erfolg der Ritter schnell infrage gestellt.

Gegen die Unbilden der Natur kam auch der am besten gewappnete Ritter nicht an. Leidvoll bekam dies der englische König Edward II. auf seinem Feldzug gegen die Schotten zu spüren. An sich waren ihm die Schotten unter der Führung ihres gewieften Königs Robert the Bruce an Zahl wie an Ausrüstung weit unterlegen. Doch der Schotte kannte seine Heimat wie seine Westentasche und lockte die etwa 12 000 Fußsoldaten und 2000 Ritter der englischen Armee, die sich im Juni 1314 auf den Weg zur Burg Stirling machten, geschickt in ein Terrain, das man „The Carse“ nannte, ein Sumpfland mit vielen Bächen und Moorseen. Nur wenige Straßen führten trockenen Fußes durch dieses Gebiet, sodass klar war, an welcher Furt die Engländer den Fluss Bannockburn überqueren würden. Hier erwartete Robert seine Gegner, indem er das Gelände mit knietiefen Stolperlöchern präparierte, um das mögliche Schlachtfeld zusätzlich künstlich einzuengen. Nachdem er einen ersten Reiterangriff der englischen Vorhut abgewehrt hatte, wartete Robert the Bruce den Schutz der Nacht ab. Die englischen Truppen waren genötigt, mitten im Sumpf das Nachtlager aufzuschlagen, und mussten sich daher in kleinen Grüppchen zwischen den Moortümpeln verteilen. Die Schotten nutzten die Gelegenheit, um bei der ersten Morgendämmerung die Engländer mit ihren in geschlossenen Blöcken kämpfenden Pikenträgern anzugreifen. Da eine Flucht der englischen Ritter wegen des unwegsamen Geländes unmöglich war, endete die Schlacht von Bannockburn mit einer vernichtenden Niederlage für die Engländer. Sie konnten sich nicht formieren und wurden getrennt geschlagen. Selbst König Edward II. musste um sein Leben fürchten und entkam nur mit knapper Not nach Stirling Castle. Ritterlicher Heldenmut nutzte im Sumpfgebiet nur wenig: Der Earl von Gloucester stürzte sich zwar kühn zwischen die Schotten, doch seine Männer folgten ihm bei dieser selbstmörderischen Aktion nicht. Er wurde schnöde erschlagen.

„Der Bach Bannockburn war zwischen seinen Ufern so voller Männer und Pferde, dass man damals auf ertrunkenen Männern und Pferden trockenen Fußes hinübergehen konnte", berichtet John Barbour über den Triumph der leicht gerüsteten Schotten über die stolze englische Ritterschaft.

Auf eine ungünstige Geländelage trafen auch die französischen Ritter bei der Schlacht von Azincourt (1415). Das durch zwei Dörfchen und dichte Wälder gegliederte Schlachtfeld bot der zahlenmäßig weit überlegenen französischen Armee keine Gelegenheit, ihre Übermacht auszuspielen. Zudem hatte heftiger Oktoberregen das Ackerland in einen Morast verwandelt, sodass die Streitrösser in dem schweren Boden nicht vorankamen und knöcheltief einsanken, während die englischen Bogenschützen mit ihren Fernwaffen leichtes Spiel hatten. Oft genügte schon eine kleine Geländeunebenheit, um den Schockangriff zu Pferd wirkungsvoll auszubremsen. So geschah es in der Schlacht von Crécy (1346), als die englischen Truppen sich am Rande einer kleinen, etwa zwei Meter tief abfallenden Böschung postierten und die französischen Ritter kein Rezept fanden, den Graben zu überwinden. Vieles spricht dafür, dass der englische König Edward III. das Schlachtgebiet, das er schon als junger König als Jagdgebiet kennengelernt hatte, bewusst ausgesucht hatte, um den Franzosen gegenüber einen Vorteil zu haben. Die französischen Ritter, die bereits durch englische Bogenschützen hart bedrängt wurden, konnten den kleinen Graben durch die Sehschlitze ihrer Helme kaum ausmachen und stürzten reihenweise hinein. Hilflos konnten sie dort niedergemacht werden.

Auch in der Schlacht von Kortrijk (1302) war den Rittern ein Graben, hinter dem sich die zu Fuß kämpfenden Flamen verschanzt hatten, zum Verhängnis geworden. „Der Staub war so stark, dass die rückwärtigen Reiter nichts sehen konnten; wegen des Lärms, den die Hiebe verursachten, und wegen des Geschreis konnten sie weder ihre eigenen Fehler bemerken noch den unglücklichen Ausgang ihrer Kameraden wahrnehmen. Sie glaubten, etwas Gutes zu tun, indem sie ihre Pferde noch mehr antrieben und sie geradezu verletzten, mit dem Ergebnis, dass diejenigen, die mittendrin waren, einer über den anderen purzelte, weil ihre Pferde sich zuerst aufbäumten und dann stürzten. Sie erstickten und starben zu einem großen Teil (...) Die Flamen, die sich in dicht geschlossenen Reihen am Ufer des Grabens aufhielten und sahen, wie die Franzosen und ihre Pferde den Graben zum Überlaufen brachten, mussten nur noch die Reiter zusammenschlagen, ihre Pferde aufbrechen und ausweiden, sodass sich innerhalb kurzer Zeit eine große Menge an Aas gesammelt hatte", berichtet der Florentiner Geschichtsschreiber Giovanni Villani über die Tragödie der französischen Ritter.

Nicht weniger glücklos agierte die Ritterschaft, wenn sie auf einen Gegner traf, der ihren Reiterangriff nicht adäquat erwiderte. Die gefürchteten Mongolen verließen sich ganz auf ihre leicht gerüsteten Bogenschützen zu Pferd, um den Angriff der Panzerreiter ins Leere laufen zu lassen. Das wurde den Rittern in der Schlacht bei Liegnitz 1241 zum Verhängnis. Die Mongolen verwickelten die schwer gepanzerten Reiter unter Führung Heinrichs von Schlesien in der ersten Phase der Schlacht nur in ein kurzes Geplänkel, schossen einige Pfeile vom Pferderücken aus ab und zogen sich dann scheinbar zurück. Die schlesischen Truppen verfolgten sie und ritten unversehens mitten ins feindliche Heer hinein. Die mongolischen Bogenschützen machten dann plötzlich kehrt und stürzten sich auf die Flanken des Ritterheeres, gleichzeitig griff die Hauptmacht der Mongolen an.

Die Ritter waren völlig verwirrt über diese Taktik. Geschickterweise entzündeten die Mongolen auch noch Rauchfeuer im Rücken ihrer Gegner, sodass die hinter den Linien wartenden schlesischen Fußsoldaten nicht eingreifen konnten. Die Schlacht endete für die Ritter in der Katastrophe.

Ebenso erfolgreich wie die Mongolen setzten muslimische Feldherren im Nahen Osten leicht gerüstete, wendige Reiterscharen ein, um die Ritterheere in Unordnung zu bringen. Berittene Bogenschützen nahmen die Pferde der Ritter in die Schusslinie, sodass ein massierter Reiterangriff erst gar nicht zustande kam. Ständige Angriffe auf die Vor- und Nachhut der Ritterheere zermürbten die Kampfmoral der fern der Heimat weilenden und mit den örtlichen Gegebenheiten nicht vertrauten Kreuzfahrer. „Die Christen sind schwer gerüstet und die Sarazenen ungerüstet, sie haben nur einen Bogen, eine Keule und ein Schwert oder einen Speer mit Metallspitze oder ein Messer“, klagte der französische Kreuzzugsteilnehmer Ambrosius 1191. „Wenn sie verfolgt werden, haben sie Pferde – es gibt keine besseren auf der ganzen Welt –, die zu fliegen scheinen wie die Schwalben. Wenn der Sarazene verfolgt wird, kann man ihn nicht erreichen. Er ist wie eine stechende Fliege; wenn man ihn jagt, flieht er; wenn man umkehrt, folgt er einem.“

Dass Unterschiede in Bewaffnung und Taktik ganz erheblich das Kriegsglück schmälern konnten, fiel auch Gerald von Wales im hohen Norden auf. Die Iren setzten den englischen Eroberungsgelüsten im 12. Jahrhundert eine Art Guerillataktik entgegen. Sie mieden offene Feldschlachten, boten nur kleinere Gefechte an, unterbanden den Nachschub für die englischen Heere und nutzten das Gelände rigoros zum eigenen Vorteil aus. „Die Kriegsführung in Frankreich unterscheidet sich grundlegend von derjenigen, mit der in Irland, wie auch in Wales, gekämpft wird. Dort (in Frankreich) bevorzugt man ebenes, hier (in Irland) aber unwegsames Gelände; dort die Felder, hier aber die Wälder. Dort kämpft man schwer gerüstet, hier ist eine solche Ausstattung nur hinderlich. Dort hält man die Reihen fest geschlossen, hier kämpft man beweglich; dort nimmt man die Ritter gefangen, hier wird ihnen der Kopf abgeschlagen“, stellte Gerald fest und empfahl den Rittern, sich der irischen Kampfesweise anzupassen. „Mit einer vollständigen Rüstung steigt man aus einem hohen und gekrümmten Sattel nur schwer ab; schwerer noch steigt man wieder auf; am schwersten aber fällt das Marschieren zu Fuß (...). Gegen leicht bewaffnete und auch in schwerem Gelände sehr bewegliche Truppen muss man ebenfalls leicht bewaffnete und an solche Gefechte gewöhnte Verbände einsetzen. Bei Gefechten in Irland ist mit größter Sorgfalt darauf zu achten, dass den Rittern immer Bogenschützen beigegeben werden."

Eine raffinierte und höchst effektive Form der Verteidigung erfanden zwei Jahrhunderte später die böhmischen Hussiten. Ihr genialer Anführer Jan Zizka kam erstmals 1421 auf die Idee, mit Wagenburgen gegnerische Reiterangriffe zum Stoppen zu bringen. An sich hatten die aufständischen Böhmen den durchtrainierten Ritterheeren König Sigismunds wenig entgegenzusetzen. Ihre Truppen rekrutierten sich aus der bäuerlichen und städtischen Bevölkerung ohne größere Kampferfahrung. Daher entwickelte Zizka ein defensives System. Er ließ Kampfwagen, die mit 20 Mann Besatzung und leichten Geschützen besetzt waren, in zwei Halbkreisen aufstellen und füllte die Lücken zwischen den Wagen mit Pfosten, Ketten und auf fahrbaren Lafetten stehenden Kanonen. Die Wagenbesatzung war mit Arkebusen, Handfeuerwaffen, Dreschflegeln, Hellebarden und Piken ausgerüstet und konnte auf, neben und hinter den Wagen kämpfen. Gegen diese waffenstarrenden Bastionen rannten die Ritter mit ihren Lanzen vergeblich an. Sie wurden zunächst mit Armbrustbolzen, Pfeilen und Kanonenkugeln begrüßt, dann rückten ihnen beim Näherkommen die gegnerischen Kämpfer mit ihren Stangenwaffen zu Leibe. Gerieten dadurch die ritterlichen Linien in Verwirrung, öffnete sich die Wagenburg und Reiter strömten zur Verfolgung der Ritter heraus. Es war nahezu unmöglich, eine gut gerüstete Wagenburg im Sturm zu nehmen, denn selbst wer es in die Bastion geschafft hatte, kämpfte auf aussichtslosem Posten, da er sich der Übermacht der Gegner im Innern des Kreises ausgesetzt sah. Nachdem die Ritterschaft eine Reihe leidvoller Erfahrungen mit den Wagenburgen gemacht hatte, stellte sie ihre Angriffe auf sie resigniert ein.

Konsterniert sahen die Ritter auch den Aufstieg neuer Waffengattungen, die ihnen langsam, aber sicher die militärische Bedeutung raubten. Der Langbogen erwies sich im Hundertjährigen Krieg als enorm effektive Fernwaffe und bescherte den Engländern die großen Siege von Crécy (1346), Poitiers (1356) und Azincourt (1415) über eine überforderte französische Ritterschaft. Seit Ende des 13. Jahrhunderts setzten die englischen Truppen vermehrt Bogenschützen ein. Der aus kräftigem Eibenholz bestehende fast zwei Meter lange Bogen besaß eine erstaunliche Durchschlagskraft. Mühelos konnten die bis zu 160 Stundenkilometer schnellen Pfeile die 1,5 Millimeter dicken Stahlringe eines Panzerhemdes auch noch auf 150 bis 200 Meter Entfernung durchschlagen. Darüber hinaus entwickelten die Langbogenschützen eine enorm hohe Schussfolge. Ein geübter Schütze war in der Lage, bis zu 12 Pfeile pro Minute zu verschießen. Man kann sich ausrechnen, welche Wirkung ein solcher Pfeilhagel entfaltete, wenn wie in Crécy 6000 Schützen gleichzeitig zu schießen begannen. Man hat errechnet, dass in vier Minuten fast 144 000 Pfeile auf die französischen Ritter und ihre Pferde einprasselten. Die Verluste waren dementsprechend hoch. Im Pfeilhagel von Crécy starben etwa 1500 französische Ritter, der König wurde verwundet. In der Schlacht von Azincourt blieben etwa 5000 bis 6000 getötete Ritter auf dem Schlachtfeld zurück, was ungefähr 40 Prozent der französischen Ritterschaft entsprach. Wie viele Ritter noch nachträglich an ihren schweren Verwundungen starben, ist ungewiss.

Gegen die Langbogenschützen fanden die Ritter lange Zeit kein Rezept, weil sich diese taktisch geschickt hinter Pfählen, die sie vor sich in den Boden rammten, oder Stolperlöchern verschanzten. Über diese Hindernisse konnten die Ritter nicht hinweggaloppieren, ohne ernsthafte Verletzungen ihrer Pferde zu riskieren. Die Ausgrabung des Schlachtfeldes von Aljubarrota in Südportugal bewies, mit welcher Geschicklichkeit sich die Engländer hier 1385 wappneten. Die Schützen schossen nach dem Zeugnis eines Chronisten „so heftig und rasch, dass die Pferde mit Pfeilen geradezu gespickt wurden und eins über dem anderen zusammenbrachen“. In der Schlacht von Azincourt befahl der englische König Heinrich V. seinen Bogenschützen, einen etwa zwei Meter langen, an den Enden zugespitzten Holzpfahl mitzuführen. Diesen sollten sie vor sich in den Boden rammen, um vor Reiterangriffen geschützt zu sein. Der Pfahlwald erwies sich als so effektiv, dass den Franzosen selbst ihre zahlenmäßig dreifache Überlegenheit nichts nutzte. Sie erlebten eine ihrer größten Niederlagen.

Der Einsatz der Langbogen hatte nur einen Nachteil: Man benötigte eine hohe Anzahl gut geübter Schützen. Das Spannen des Bogens erforderte sehr viel Kraft und die Zielgenauigkeit war nur über ständiges Üben zu erreichen. Der englische König Edward III. verordnete 1363 daher allen waffenfähigen Männern regelmäßige Schießübungen. Die Schützen, die aus einfachen sozialen Verhältnissen kamen, wurden dann je nach Bedarf für den nächsten Feldzug angeworben und bezahlt. Diese teure und spezialisierte Methode bot sich nicht für jede kriegsführende Macht an. Eine gute Alternative zum Langbogen stellte die Armbrust dar, die es bereits seit dem 10. Jahrhundert in Europa gab und die bis zum 13. Jahrhundert eine Reihe von Verbesserungen erfuhr.

Die Armbrust war ein schweres Gerät bestehend aus einem starken Holzschaft und einem quer dazu montierten Bogen zum Abschuss von Pfeilen und Bolzen. Ein Haken am Ende des Schaftes diente dazu, die Bogensehne zu spannen und zu arretieren. Später ersetzte man den vormals aus Holz bestehenden Bogen durch Verbundstoffe (Ziegenhörner, Sehnen, Holz), die die Spannkraft der Armbrust auf bis zu 150 Kilogramm erhöhten. Im 14. Jahrhundert baute man auch Armbrüste mit stählernen Bögen, deren Spannkraft bis zu 500 Kilogramm erreichte. Die verbesserten Armbrüste waren nur noch schwer zu spannen. Man musste sie dazu auf den Boden stellen und mit dem Fuß in eine Art Steigbügel steigen, um die Sehne nach oben zu ziehen. Für die schwersten Modelle waren zum Spannen sogar Seilwinden vonnöten. Die Armbrüste besaßen eine enorme Durchschlagskraft auf bis zu 200 Meter und konnten eine leichte Panzerung mühelos durchschlagen. Doch das Spannen benötigte viel Zeit, sodass lediglich zwei Schüsse pro Minute abgegeben werden konnten. Allerdings ließ sich der Ladevorgang auch von ungeübten Kräften leicht erlernen. Außerdem ermöglichte es die Arretiervorrichtung, die Sehne lange gespannt zu halten, wodurch selbst unerfahrene Schützen bequem auf ein geeignetes Ziel warten und dadurch ihre Trefferquote erhöhen konnten. Die Armbrüste wurden daher gern von den weniger professionellen städtischen Truppen genutzt und zur Verteidigung von Städten oder Bastionen eingesetzt.

Nicht weniger respektlos benahmen sich die Schweizer Bauern in ihrem Kampf gegen hochwohlgeborene habsburgische und burgundische Ritter. Die im 13. und 14. Jahrhundert entwickelten Hellebarden – eine Mischung aus Spieß und Beil – verwandelten sich unter ihren Händen in gefürchtete Mordwaffen. Reihenweise holten die Schweizer mit diesen Stangenwaffen die Reiter vom Pferd und machten sie nieder. Denn die Hellebarden konnten sowohl zum Stoß als auch zum Hieb eingesetzt werden. Da der Schaft der Waffe sehr lang war, ließen sich mit den Beilklingen Hiebe von großer Kraft austeilen, die selbst Rüstungen durchschlagen konnten. Die Ritter dagegen rannten gegen die in dichten Blocks kämpfenden Schweizer Fußsoldaten, die selbst nur leicht gerüstet waren, vergeblich an. Den Hellebardenträgern folgten in der Regel Einheiten von Fußkämpfern mit Schwertern, Äxten und Schlagwaffen, bereit, die zu Boden gefallenen noch lebenden Ritter zu töten.

In den Schlachten von Morgarten (1315), Laupen (1339) und Sempach (1386) erzielten die Schweizer mit ihren Fußtruppen gefeierte Erfolge. „Die Eidgenossen griffen mit großer Wucht an, schossen, hieben und stachen auf die österreichischen Ritter ein. Der Feind erlitt große Verlust durch die Männer aus den Waldkantonen, besonders die Adligen, die nicht weichen wollten und sich wünschten, sie hätten Fußsoldaten dabei“, beschrieb Gebhard Dacher in der Konstanzer Chronik die Schlacht bei Sempach. Nicht zuletzt weil die Schweizer um ihre eigene Freiheit kämpften, fielen diese Kämpfe so erbittert aus. Selbst eine hochgerüstete Armee, wie sie der reiche Herzog Karl der Kühne im 15. Jahrhundert besaß, biss sich an den widerstandsfähigen Schweizer Bauern die Zähne aus. Karl, dessen Expansionsgelüste ein umfassendes Widerstandsbündnis hervorriefen, dem die Eidgenossen beitraten, setzte neben Pikenträgern, Langbogen- und Armbrustschützen und schwer gepanzerten Reitern auch Geschütze und Handfeuerwaffen ein. Allerdings fiel es ihm schwer, die einzelnen Truppenteile wirkungsvoll zu koordinieren. In den Schlachten von Grandson (1476), Murten (1476) und Nancy (1477) brachten die entschlossen mit einfacher Strategie kämpfenden Schweizer dem Burgunder daher verheerende Niederlagen bei. Während Karl der Kühne sein Leben vor Nancy verlor, stiegen die Schweizer Bauernsöhne zu den gefragtesten Söldnern Europas auf. Die Ritter mussten endgültig einsehen, dass sie nicht mehr die uneingeschränkten Herren der Schlachtfelder waren.

IRRTUM 6:

Ritter waren furchtlos

Wenn es nach Bertran de Born ginge, dem berühmten Troubadour, Ritter und Kampfgefährten des englischen Königs Richard Löwenherz, dann wäre jeder Auszug zu einer Schlacht ein regelrechtes Freudenfest gewesen: „Mir hüpft das Herz im Leibe, wenn ich auf den Feldern gewappnete Ritter und Pferde zur Schlacht aufgereiht erblicke. Welche Augenweide sind doch belagerte Burgen, wenn die Palisaden zerborsten und niedergerissen sind. Ich sage euch, weder Speis noch Trank noch Schlummer können sich mit dem Vergnügen messen, den in beiden Lagern erschallenden Schlachtruf ‚Zu mir!' zu vernehmen, das Wiehern der reiterlosen Pferde und die Hilferufe zu hören, die Streiter zu sehen, die auf beiden Seiten ins Gras sinken, und die Gefallenen, die eine zerborstene Lanze mit ihren kleinen Wimpeln in die Seite bekommen haben." Bertran war zweifelsohne ein begabter Dichter, der es verstand, die ritterlichen Tugenden gebührend zu überhöhen. Aber stürzten sich die kühnen Recken wirklich stets begeistert und heldenhaft ins Schlachtgetümmel?

Unversehens mischen sich anstelle der vor allem in der Heldenepik üblichen Glorifizierungen auch ganz andere Töne unter die Quellen. Sie berichten von zitternden und bibbernden Rittern, die nur ungern in den Kampf zogen und die kurz vor der Schlacht unter enormem Stress standen. So die Schilderung des nervlichen Zusammenbruchs Herzogs Aelfric von Mercia, der 1003 ein Aufgebot der Angelsachsen gegen die gefürchteten Wikinger ins Feld führen sollte. Die Angelsächsische Chronik berichtet: „Dann sollte der Herzog Aelfric die Truppen anführen; aber er verfiel auf einen seiner alten Tricks; sobald die Armeen sich so nahe gegenüberstanden, dass sie sich sehen konnten, heuchelte er, er sei krank, und begann zu würgen und sich zu erbrechen und so enttäuschte er die Leute, die er eigentlich hätte anführen sollen." Doch viel eher ist anzunehmen, dass den Herzog angesichts der kampferprobten Wikinger einfach der Mut verließ. Auch die im 11. Jahrhundert entstandene Heldendichtung *Guillaume d'Orange* berichtet empört von einem Ritter, der angesichts des bevorstehenden Kampfes „seine rumorenden Eingeweide" nicht in den Griff bekam und dabei „die Decke seines Sattels beschmutzte". Die Angst ist eigentlich ein logischer Begleiter des Ritters, denn natürlich wusste jeder Kriegsteilnehmer um die Gefahren eines Feldzugs für Leib und Leben und rechnete zu jedem Atemzug mit seinem plötzlichen Tod in der Fremde. Der dänische Mediävist Thomas Heeboll-Holm schreckte daher 2012 seine Kollegen mit der These auf, schon die Krieger des Mittelalters hätten unter posttraumatischen Belastungsstörungen und Depressionen gelitten. Er erntete dafür von seinen Fachkollegen heftige Kritik. Die Ritter als „Burn-out-Patienten"? Nicht bewiesen, aber auch nicht unmöglich. Das Kriegerleben war hart und begann früh – wie hätten sich da nicht auch bei einem geübten Ritter Angstgefühle und Selbstzweifel einschleichen sollen.

Dass Erschöpfungszustände gepaart mit Gewissensbissen über eine rüde Lebensweise zur Weltflucht führen konnten, deuten bereits die hochmittelalterlichen Epiker an: So endet der strahlende Ritter Lanzelot als frommer Einsiedler im Wald und Wolfdietrich, der Held des gleichnamigen aus der ersten Hälfte des 13. Jahrhunderts stammenden Heldenliedes, geht ins Kloster, wobei ihm während einer in der Kirche verbrachten Nacht sämtliche im Kampf erschlagenen Ritter erscheinen. Der Südtiroler Ritter und Minnesänger Oswald von Wolkenstein dichtete eine Reihe von geistlichen Liedern und Altersklagen, in denen er seiner Reue über ein gewalttätiges Leben sowie seiner Furcht, die Sünden im Jenseits abbüßen zu müssen, Ausdruck verleiht. „In Rauben, Stehlen, Töten bin ich groß, will Leben, Ehre und Besitz von anderen, beachte nie die Fast- und Feiertage, falsch

Zeugnis geben fällt mir leicht. (…) Den Nackten hab ich ignoriert, dem Armen Durst und Hunger nicht gestillt. Wer krank, gefangen, sterbend, heimatlos – ich hab ihm Erbarmen nie gezeigt!", klagte er sich in einem seiner Beichtlieder selbst an.

Grund zur Furcht hatten die Ritter allemal. Allein das entbehrungsreiche Leben während der Feldzüge, das hohe Verletzungsrisiko und der niedrige Stand der Medizin konnten ihnen schon den Schrecken in die Glieder fahren lassen; der psychische Druck, nach dem Tod wegen allzu vieler Schandtaten im Fegefeuer zu landen, tat sein Übriges. Der französische Ritter und Kriegsheld des Hundertjährigen Krieges Geoffroy de Charny stimmte im seinem berühmten Standardwerk, dem „Buch vom Rittertum", im 14. Jahrhundert seine Kampfgenossen denn auch fern jeder Romantik auf ein hartes Schicksal ein, in dem Hunger und Schlafmangel keine Seltenheit seien. „Ein Ritter möchte weglaufen, wenn Pfeile und Lanzen auf ihn herabregnen", beschrieb er die allgegenwärtige Angst während der Schlacht. „Es ist ein großes Martyrium, seine Freunde tot auf dem Schlachtfeld liegen zu sehen."

Doch ein Ritter war zum Kämpfen da und Flucht wegen des drohenden Ehrverlustes keine Option, gleichwohl viele Heerführer ihre Truppen erst mit aufrüttelnden Reden in die Schlacht schicken mussten, weil sonst die Motivation gefehlt hätte. Die Anführer erinnerten dann an die besonders gerechte Sache, für die sie eintraten, und verhöhnten jene, die lieber zu Hause geblieben wären. „Wer keine Lust hat, soll sich mit Tändeleien, wie sie die Frauen betreiben, begnügen und seine freie Zeit genießen", provozierte der böhmische Herzog und König Wladislaw II. 1158 seine kampfmüden Adligen. Häufig wurden vor der Schlacht Messen gelesen oder mehrtägige Fastenzeiten eingehalten, um göttlichen Beistand herabzubeschwören. Viele Quellen erwähnen das laute Kriegsgeschrei, mit dem die Ritter die Schlacht begannen. Es diente der Stärkung des Zusammenhalts und übertönte die eigene Furcht.

Insbesondere für die noch sehr jungen Knappen und Schildknechte mochte der Anblick beispiellosen Blutvergießens traumatische Wirkung gehabt haben. Oswald von Wolkenstein zog um 1386 schon mit zehn Jahren als Knappe in den Krieg. „Als ich zehn Jahre alt war, fügte es sich, dass ich sehen wollte, wie die Welt beschaffen war. Drei Pfennig in dem Beutel und ein Stücklein Brot, das war meine Wegzehrung von daheim, als ich loszog in Kampf und Not“, beschrieb er seinen frühen Weggang von zu Hause in einem seiner Lieder. So wie ihm erging es vielen aus seiner Generation. Edward III. nahm 1327 schon mit 14 Jahren an einem Kriegszug gegen die Schotten teil; Johann von Gent begleitete 1350 im Alter von zehn Jahren seinen Bruder, den berühmten „Schwarzen Prinzen“, in den Krieg; der französische Marschall Boucicaut geriet 1378 mit 12 Jahren bei Kämpfen in der Normandie in Gefangenschaft. Auf die halben Kinder dürften die ersten Kriegserfahrungen wohl sehr dramatisch eingewirkt haben. Gerade wenn sie nicht aus vornehmen Familien stammten, stand ihnen ein hartes Los bevor. Der geistliche Mahner Hugo von Trimberg schilderte um 1300 in seinem Werk „Der Renner“ das Leben dieser verwahrlosten Jugendlichen, die man heute eher als „Kindersoldaten“ bezeichnen würde: „Man sieht sie rauben, morden, ein lockeres Leben führen, fechten und kämpfen. Ohne je zur Ruhe zu kommen, führen sie ein Leben in Angst.“ Selten widerfahre ihnen Gutes und ihr Seelenheil sei in höchster Gefahr. Da sie selbst kein Pferd besaßen, mussten die jungen Schildknappen hinter den Pferden ihrer Ritter herlaufen. Oswald von Wolkenstein berichtete darüber: „Ich lief zu Fuß (ein Weg der Buße!), bis mein Vater starb. Ich war schon vierzehn – noch kein eignes Pferd. Nur eins geraubt, halbwegs gestohlen – es war falb. Auf gleiche Weise ward ich's leider wieder los!“

Der Dichter Heinrich der Teichner zeichnet in seinen um 1350 entstandenen Reimgedichten ein äußerst düsteres Bild dieser Kriegsjugend. Dauernd werde er gehauen, gestoßen und geschlagen, lässt er einen seiner fiktiven Schildknechte sagen, „dass ich sterben möchte davon“. Schimpfworte und Drohungen seien die Regel: „feiger Bub, man soll dich henken“. Nach den ermüdenden Märschen müsse er, so klagt der Protagonist, erst den Herrn entkleiden und die Pferde versorgen, bevor er sich selbst hungernd auf die Bank legen dürfe, um ein wenig zu schlafen, doch beim ersten Sonnenstrahl würde er schon wieder geweckt. Oswald von Wolkenstein umschreibt seinen Aufgabenbereich ebenfalls vielfältig als „Laufbursch, Koch und Pferdeknecht“. Er kenne keine Lebensweise, die so hart sei, resümiert Heinrich der Teichner. Über ständigen „Hunger, Durst, Hitze und Frost“ beklagte sich auch Ludwig von Diesbach, der mit 14 Jahren als Knappe einem Ritter übergeben wurde, an der Wende zum 16. Jahrhundert. Zahlenmäßig lässt sich kaum erfassen, wie viele traumatisierte Jugendliche diese harte Schule des Lebens hinterließ.

Schweißperlen müssen den Rittern auch nach der Schlacht auf die Stirn getreten sein, wenn die zahlreichen Verwundungen zu behandeln waren. Der Stand der Medizin war noch nicht so hoch, um innere Verletzungen, Wundbrand oder die sehr häufigen schweren Kopfverletzungen erfolgreich behandeln zu können. Da Möglichkeiten zur Desinfizierung und Anästhesie weitgehend fehlten, kann man sich das Geschäft eines mittelalterlichen Chirurgen gar nicht brutal genug vorstellen. Verschiedene Messer, Schädelbohrer, Nadeln, Wundhaken, Skalpelle, Sägen und Zangen standen den Medizinern für ihr blutiges Geschäft zur Verfügung. Galt es nur Knochenbrüche zu heilen, ließ sich die Sache noch gut an. Arm- und Beinladen und starre Verbände, die man mithilfe von Eiweiß und Harzen herstellte, versprachen eine baldige und erfolgreiche Genesung.

Schlimmeres stand zu befürchten, wenn eine Pfeilspitze im Fleisch stecken geblieben war und die Wunde sich zu entzünden drohte. Der Wundarzt Roger Frugardi aus Salerno, eine Kapazität seines Faches, empfahl im 12. Jahrhundert das rigorose Entfernen der Pfeilspitze. Dazu spannte er das Ende des Geschossteils in eine Armbrust und feuerte sie ab. Dadurch war zwar der Fremdkörper aus der Wunde entfernt. Da es aber üblich war, Wunden mit dem bloßen Finger zu „erkunden“ und unsterilisierte Zangen und Pinzetten zu benutzen, war die Überlebenschance durch die große Infektionsgefahr deutlich gemindert. Da Eiter als Zeichen einer erfolgreichen Wundheilung galt und nicht rechtzeitig entfernt wurde, konnte der Patient noch Wochen nach seiner Verletzung seinem Leiden erliegen. Besonders schwer zu behandeln waren naturgemäß die komplizierten Schädelverletzungen, die sich die Ritter im Laufe einer Schlacht gegenseitig zufügten.

Die mittelalterlichen Ärzte scheuten vor schwierigen Eingriffen nicht zurück, wie ein auf dem Friedhof der dänischen Zisterzienserabtei Om geborgener Schädel eines Verwundeten beweist. Eine tiefe, von einem Schwerthieb herrührende 58 Millimeter lange offene Stelle im Kopf hatten die Mönche in diesem Fall mit einem speziellen Meißel von Knochenstücken befreit und anschließend sorgfältig wieder geschlossen. Der 40 bis 50 Jahre alte Mann überlebte. Schädelöffnungen zu therapeutischen Zwecken – nicht nur aufgrund von Kriegsverletzungen – sind aus dem Mittelalter mehrfach belegt. Ein aus dem 14. Jahrhundert stammender Traktat, *Düdesche Arstedie* („Deutsche Medizin"), aus dem Emsland schildert eine Operationstechnik zur Entfernung von Gehirntumoren. Dazu wurde ein Teil der Schädeldecke mittels eines einfachen Bohrers perforiert und die Knochenfläche zwischen den Löchern mit einer kleinen Zange entfernt. Die Knochenplatte wurde dann zur Seite geklappt und der Tumor mit einem Skalpell entfernt. Eine französische Übersetzung von Frugardis chirurgischem Standardwerk *Practica chirurgiae* mit Buchmalereien aus der Zeit um 1300 zeigt in sechs Szenen die verschiedenen Stadien einer solchen Schädeloperation. Auch die Anhebung eingedrückter Schädelpartien mithilfe von Schraubzwingen und Elevatoren war den frühen Chirurgen nicht unbekannt, wenngleich die Qualen für die Patienten ungeheuerlich waren. Zwar konnte man in pharmazeutischen Werken wie dem *Antidotarium Nicolai* des Nicolaus von Salerno (Mitte des 12. Jahrhunderts), das Rezepte zum Mischen von Heilkräutern festhielt, auch Betäubungsmittel für Operationen finden, doch fehlte es an Möglichkeiten zur genauen Dosierung. Die auf Schlafschwämme geträufelten Tinkturen, Extrakte der Schierlingspflanze, der Alraune oder anderer narkotisch wirkender Pflanzen konnten dann gefährliche „Nebenwirkungen" entfalten. Die Patienten wachten womöglich während der Operation auf oder im Extremfall auch gar nicht mehr. So nahmen die meisten Mediziner schmerzhafte Behandlungen wie Amputationen ohne narkotische Mittel vor. Allenfalls füllte man den Patienten mit Alkohol ab, bevor man zur Tat schritt.

Extrem scharfe Sägen und Amputationsmesser sorgten dafür, dass man einen Unterschenkel innerhalb von 15 Sekunden abtrennen konnte. Die stark blutende Wunde zu stillen und zu versorgen, fiel jedoch wiederum sehr schwer. Man wandte dazu die Methode der Kauterisation an. Es wurde ein glühendes Brenneisen auf die Wunde gelegt, um das Gewebe zu zerstören und damit die Blutung zu stoppen. Danach umschloss man den Stumpf mit einer Schweinsblase. Die so Behandelten waren zeit ihres Lebens gezeichnet, falls sie die Prozedur überhaupt überlebten. Die verlorenen Gliedmaßen konnte man durch Prothesen nur notdürftig ersetzen. Stelzen und Haken waren die einfachsten Formen des Ersatzes. Erst ab dem späten 15. Jahrhundert fertigte man die ersten beweglichen Handprothesen an. Der berühmteste Träger einer solchen war Götz von Berlichingen, der 1504 in der Schlacht von Landshut seine rechte Hand verloren hatte. Die Finger und der Daumen der Prothesen ließen sich mithilfe der gesunden Hand verstellen, sodass ein grober Gegenstand gehalten werden konnte. Zum Öffnen der Prothese betätigte man einen Federmechanismus, der die Fingergruppe wieder in die gestreckte Haltung brachte. Die Konstruktion war einfach und bot keinesfalls einen adäquaten Ersatz für ein verlorenes Körperglied. Kein Wunder, wenn es jedem Ritter graute, an die Folgen eines Schlachteinsatzes zu denken.

Viele Ritter verließen sich daher nicht auf die Kunst der Doktoren, sondern auf höheren Beistand. Reiche Stiftungen an die Kirche sollten Schutz und Heil herabflehen. Wohlhabende Adelsfamilien gründeten eigene Hausklöster und statteten sie mit reichem Grundbesitz aus. Im Gegenzug übernahmen die Klosterinsassen das Totengedenken für die Familienmitglieder und beteten für ihr Seelenheil. Wer sich die Ausstattung eines kompletten Klosters nicht leisten konnte, beschenkte bereits bestehende Abteien, stiftete Altäre, Wachs oder Kunstgegenstände oder hinterlegte eine bestimmte Geldsumme, von der Messen gelesen wurden. Zuweilen nahmen diese Schenkungen so erhebliche Ausmaße an, dass das Familienvermögen der Ritterfamilien zusammenschmolz.

Der hochgelobte Militärführer des Hundertjährigen Krieges Jean de Graillys schenkte allein dem Franziskanerkloster in Bordeaux die hohe Summe von 1000 Écus und bestimmte in seinem Testament, dass im Jahr nach seinem Tod 50 000 Messen gelesen werden sollten.

Der deutsche Söldner Albert Bylandt gründete 1364 in Vicenza das Kloster San Antonio, in dem er und seine Frau ihre Grablege fanden. Der englische Lord Ralph Basset schenkte dem Priorat Canwell so viel Geld, dass davon weitere fünf Mönche unterhalten werden konnten, und stiftete außerdem noch weitere vier Kapellen samt Geistlichen. Der urkundlich überaus gut belegte Oswald von Wolkenstein übertrug 1407, nachdem er endlich erfolgreich seinen Erbteil von seinen Brüdern eingeklagt hatte, über die Hälfte des erhaltenen Besitzes sogleich an die Kirche. Er finanzierte Umbauarbeiten an den Türmen des Brixener Doms und ließ zu Ehren seines Namenspatrons Oswald dort auch eine eigene Kapelle errichten. Er stellte zwei Priester nebst eigenem Wohnsitz fest an, die jeden Tag für ihn die Messe lasen. Wie ein (heute verschollenes) Votivbild im Brixener Dom anzeigte, veranlasste ein Schiffbruch im Mittelmeer ihn zu einer solchen Schenkung. Viele Jahre später stiftete der Wolkensteiner noch eine Christophorus-Kapelle am Kreuzgang des Brixener Domes und bestimmte Einkünfte, um jede Nacht dort ein ewiges Licht zu entzünden. Diesmal war eine schwere Erkrankung der Anlass zu der Stiftung.

Von vielen Rittern ist bekannt, dass sie ihren Lebensabend als Pfründner direkt im Kloster verbrachten. Dazu kauften sie sich in ein Kloster ein mit dem Anrecht, im Alter dort versorgt zu werden. Auch Oswald erwarb bereits im Alter von etwa 34 Jahren für 150 Mark für sich und zwei Knechte das Wohnrecht im Kloster Neustift bei Brixen. Essen und täglich zwei Maß Wein sowie Holz zum Heizen mit inbegriffen. Der Kreuzritter und Minnesänger Otto von Botenlauben verkaufte 1231 gar seinen gesamten Besitz bei Bad Kissingen an das Bistum Würzburg, um das Zisterzienserinnenkloster Frauenroth am Ostrand der bayerischen Rhön zu gründen, in dem er und seine Frau den letzten Lebensabschnitt verbrachten und nach dem Tod ihr Grab fanden. Auch Bertran de Born, der das Kriegsglück so schön in seinen Liedern beschworen und selbst an vielen Kriegszügen teilgenommen hatte, beschloss um 1215 sein Leben als braver Zisterziensermönch von Dalon.

Den plötzlichen Tod vor Augen, gaben viele Ritter ihre Grabmäler noch zu Lebzeiten in Auftrag. In voller Ritterrüstung, mit Schwert und Schild bewaffnet, blickten die Angehörigen der Kriegerelite mal in Bronze gegossen, mal in Sandstein gemeißelt dem Jüngsten Tag entgegen. Das Gedenken an die Verstorbenen nahm im Mittelalter einen hohen Stellenwert ein. Nichts fürchteten die Ritter daher mehr, als in der Fremde vom Tod überrascht zu werden. Doch genau dies drohte ihnen auf Feld- und Kreuzzügen. In der Regel kümmerte sich der Sieger nur um die eigenen Gefallenen, die in einfachen Massengräbern beigesetzt wurden. Nur die Leichname hochrangiger Adliger überführte man in die Heimat oder setzte sie in nahe gelegenen Kirchen bei. Die Gefallenen der Gegenseite blieben dagegen auf den Schlachtfeldern zurück. Dies betraf sogar die Anführer der Gegenseite, so wie dies beim angelsächsischen König Harald nach der Schlacht bei Hastings 1066 der Fall war. Der siegreiche Normanne Wilhelm der Eroberer ließ den Leichnam seines Gegners zwar suchen, um sicher zu sein, dass er nicht mehr lebte, gab den verstümmelten Toten aber nicht an die bittende Mutter zurück, sondern ließ ihn an einem unbekannten Ort am Strand verscharren, um den Angelsachsen keinen Ansatzpunkt zur „Gefallenenverehrung" zu bieten. Auch der Staufer-spross Manfred lag nach der Schlacht von Benevent 1266 völlig nackt und unkenntlich im Schmutz des Schlachtfeldes. Nur seine Statur und weitere körperliche Merkmale identifizierten ihn, was den Sieger Karl von Anjou veranlasste, dem Papst in einem Siegesbrief den Tod des gefürchteten Widersachers endlich zu verkünden. Selbst der reiche burgundische Herzog Karl der Kühne endete nach der Schlacht von Nancy 1477 ausgeplündert in einem von Schnee und Eis bedeckten Graben und konnte nur noch von seinem Pagen und weiteren Bediensteten erkannt werden.

Das Ausplündern der Gefallenen stand den Siegern quasi als Beute zu. Noch 1415 vermeldet ein englisches Geschichtswerk nach der Schlacht von Azincourt voller Triumph, dass „bei unserem Abmarsch keiner der toten Franzosen, wie vermögend und hervorragend er auch immer gewesen sein mochte, etwas besaß, das seine Schamteile hätte verdecken können. Er besaß ausschließlich das, womit ihn die Natur ausgestattet hatte, als er zum ersten Mal das Licht der Welt erblickte." Wer wollte so schon enden? Die nicht bestatteten Leichen wurden von

Wölfen, Hunden und Vögeln zerrissen, wie es anschaulich die *Continuatio Vindobonensis* über die Schlacht auf dem Marchfeld 1278 zwischen Rudolf von Habsburg und Ottokar von Böhmen berichtet: „Man hätte dort ein grausames Schauspiel sehen können: Unzählige Körper toter Männer, die Kadaver unzähliger Pferde, die sich in ihrem Blut wälzten, die Eingeweide der Helden, die von Hunden und Vögeln hin und her gezerrt wurden. Und es gab keinen, der da war, um die Toten zu begraben." Die Leiche des unterlegenen Ottokar wurde nach Wien gebracht und dort zur Schau gestellt, bevor sie Wochen später an die Witwe nach Znaim ausgeliefert wurde.

Die Nichtbestattung des gefallenen Gegners nahm diesen den letzten Rest Würde, den sie im Tod noch besaßen. Für die Angehörigen bedeutete die Vorstellung, den Mann oder Sohn in der Ferne zu verlieren, ohne ihm ein ehrendes Begräbnis ausrichten zu können, ebenfalls eine schwere Bürde. Leichten Herzens wird wohl kein Ritter Abschied von seiner Familie genommen haben, wenn es auf einen neuen Kriegszug ging. Und so blieb ihm und den Seinen nur eines: Hoffen und Beten für eine wohlbehaltene Rückkehr.

IRRTUM 7:

Ritter kämpften gegen Drachen und retteten Jungfrauen

Konnte schon das „normale" Kriegsgeschehen mit seinen absehbaren Folgen jeden Ritter das Fürchten lehren, so hatte er von Zeit zu Zeit – was zumindest zahlreiche Legenden und Erzählungen behaupten – gegen einen noch viel schrecklicheren, weil voller Magie und dunkler Geheimnisse steckenden Gegner zu kämpfen: Er war groß und stark, konnte fliegen und schwimmen, Feuer speien und seine Opfer mit den Klauen zerfetzen; er besaß einen massigen mit Schuppen geschützten Leib und einen alles hinwegfegenden Schlangenschwanz; er lebte in Erdhöhlen, Seen oder in Sümpfen, bewachte oft märchenhafte Schätze und terrorisierte in jedem Fall Land, Leute und Vieh. Der Drache war des Ritters unbestrittener Lieblingsfeind, allerdings auch ziemlich schwer zu erlegen. Nur Helden und Heiligen gelang dieses Kunststück.

Sooft der Drache auch wutschnaubend und menschenfressend durch Sagen, Legenden und Heiligenviten geistert – er ist und bleibt ein Mythos. Tatsächlich ist kein Ritter leibhaftig einem Drachen begegnet, gleichwohl dieses Motiv in vielen Erzählungen auftaucht. Neben den üblichen Verdächtigen, den weltlichen Sagenhelden wie Siegfried oder Beowulf und den Rittern der Tafelrunde, sind auch etwa 60 Heilige bekannt, die angeblich einem Drachen begegnet sein sollen: Sie heißen unter anderem Hilarius, Mauritius, Olaf, Pirmin, Silvester, Georg, Michael, Theodor, Ignatius von Loyola oder Eleutherius. Auch Frauen standen – allein durch Weihwasser oder das Kreuz geschützt – dem Ungeheuer schon gegenüber, so Martha oder Margaretha. Doch welche Quellen haben den Drachen zum Leben erweckt? Wie kamen tapfere Ritter dazu, zumindest in der Legende gegen ein Fabeltier anzukämpfen, das sie nur unter höchster Gefahr für Leib und Leben besiegen konnten? Um diesem Geheimnis nachzuspüren, muss man tief in die literarische Motivgeschichte hinabtauchen und den mittelalterlichen Zeitrahmen verlassen. Denn Drachen bevölkerten bereits die antike Welt und trieben ihr Unwesen in nahezu allen bekannten Kulturen.

Schon in sumerischen und babylonischen Schöpfungsmythen des 3. und 2. Jahrtausends v. Chr. tauchen „grimmige Drachen" auf, die als Verkörperungen der Unterwelt von „guten" Göttern besiegt werden. Als Bändiger des Chaos ergreifen diese Sieger dann als Weltenbeherrscher die Macht über den Kosmos. So kämpft im babylonischen Weltschöpfungsepos der Gott Marduk gegen die Meeresgöttin Tiamat und die von ihr erschaffenen Ungeheuer und überwältigt dabei auch einen Drachen, den er anschließend als Wächter in seinen Dienst nimmt. Jedes Jahr feierte man in Babylon diesen mythischen Kampf gegen die Chaosmächte im Neujahrsfest zu Frühlingsbeginn in szenischen Bildern – eine Tradition, die Assyrer und Hethiter übernahmen. Auch der ägyptische Sonnengott Re übersteht jede Nacht eine ähnliche Auseinandersetzung, wenn er mit seiner Sonnenbarke die Unterwelt durchfährt und dabei die Riesenschlange Apophis als ein Symbol des alles verschlingenden Urmeeres besiegt, um am nächsten Tag als strahlender Sieger über die Mächte der Finsternis wieder über den Himmel zu fahren. Sein indischer Kollege, der Gott Indra, steht ihm nicht nach, besiegt heldenhaft den Wolken- und Regendrachen Ahi, indem er ihn mit Blitzen spaltet, und leitet dadurch den lebensspendenden Regen zur Erde herab. Selbstverständlich ficht auch der griechische Held Herakles seine Sträuße mit diversen schlangenartigen Ungeheuern aus: So schlägt er der vielköpfigen Hydra die Häupter ab und tötet die Schlange Ladon, um an die goldenen Äpfel der Hesperiden zu kommen und dadurch der Knechtschaft Königs Eurystheus zu entfliehen.

So unterschiedlich und vielschichtig die antiken Mythen aus Ost und West auch ausfallen, einige Aspekte sind gleich: Immer steht der Drache mit seinem schlangenhaften Aussehen in engem Bezug zur Unterwelt und zu den Mächten des Bösen. Er hält den befruchtenden Regen zurück, stellt sich der Sonne in ihrem Lauf entgegen und verursacht mit seiner Urgewalt Naturkatastrophen und Chaos. Erst seine Bändigung oder Tötung bringt Ordnung in den Kosmos. Erkennbar ist der frühe Zusammenhang mit Wasser und Tod, aber auch seine Wächterfunktion im Dienste der Götter. Einzig in China besaß der Drache eine positive Konnotation. Denn er erschien immer dann, wenn sich große Ereignisse wie die Geburt bedeutender Männer ankündigten, und wurde daher auch mit dem Kaiser identifiziert. Positiv auf sein Image wirkte sich überdies seine Aufgabe als Regenmacher aus, denn in chinesischer Vorstellung lebt der Drache im Winter in Seen oder Tümpeln, steigt im Frühjahr zum Himmel auf, kämpft mit Artgenossen in den Wolken, dass es donnert und blitzt, und sorgt damit für den heilsamen Regen. Um den Drachen zum Aufsteigen zu bewegen, feierten die Chinesen eine Reihe von Festen und Ritualen.

Die Wächterrolle des Drachen betonen dagegen die germanischen Sagen und Mythen stärker. Im Beowulf-Epos und in der Lieder-Edda bewachen Drachen sagenhafte Schätze, die demjenigen zufallen sollten, der die unheimlichen Hüter besiegt. Während Beowulf dem Drachen nicht standhält, weil sein Schwert an dessen Schuppenhaut zerspringt, ist dem unerschrockenen Sigurd der Sieg vergönnt. Er nimmt den Drachenschatz an sich. Neben Herrschaft und Reichtum verspricht ein erfolgreicher Drachenkampf auch übernatürliche Kräfte. Das Bad, das der Held Siegfried im Nibelungenlied im Drachenblut nimmt, bewirkt seine Unverwundbarkeit – bis auf jene Stelle, die ein Blatt zwischen seinen Schultern abgedeckt hat, was ihm später zum Verhängnis wird. In einer anderen Erzähltradition verleiht das Blut des Drachen Fafnir die Kenntnis der Vogelsprache, die den Helden vor einem Mordanschlag bewahrt.

Doch der Drache des Mittelalters besitzt nicht nur in heidnischen und antiken Mythen eine seiner Wurzeln. Bedeutsamer waren die biblischen Bilder, in denen es ebenfalls um den Kampf mit dem Bösen und die Herstellung der Ordnung geht. In den alttestamentlichen Psalmen und dem Hiobbuch wird der Drache als Gegenspieler Gottes angedeutet, aber in das große (gute) Schöpfungswerk eingebunden. Sein diabolisches Treiben hat dadurch von vornherein keine Aussicht auf Erfolg. Deutlicher wird dagegen die Rolle des Drachen in der Offenbarung des Johannes im Neuen Testament beschrieben. Hier tritt ein „großer roter Drache mit sieben Häuptern und zehn Hörnern“ auf, um die am Himmel erscheinende, von Sternen bekrönte und gebärende Frau zu vernichten und ihren Nachwuchs zu verschlingen. In diesem Zusammenhang schildert Johannes in seiner Vision den Kampf des Erzengels Michael mit dem Drachen und dessen Helfern. Im Verlaufe des kosmischen Ringens wird der Drache vom Himmel zur Erde gestoßen. Auf der Erde treibt er zunächst sein Unwesen im Bunde mit einem aus dem Meer entstiegenen Untier (Antichrist) und einem falschen Propheten weiter, bis er am Ende der Zeiten endgültig besiegt und ins Feuermeer geworfen wird. Der Bezug zu Christus ist in dieser Vision offensichtlich: Die am Himmel geschauten Zeichen entsprechen der Geburt des Messias, seiner Bedrohung durch den Drachen/das Böse, dem Kreuzestod Christi, seiner Auferstehung und Himmelfahrt. Im Drachen verkörpert sich das Böse, das durch Christus überwunden wird.

Der Kampf Michaels mit dem Drachen schuf ein besonders wirkungsvolles Bild. Der streitbare Engel, der im Auftrag Gottes das Böse besiegt, um das Gottesvolk zu beschützen, versprach Hilfe in Zeiten der Not und Bedrängnis. Schutzsuchend wandten sich die Menschen in Spätantike und Mittelalter an ihn: Plötzlich wurde der Engel an verschiedenen Orten gesichtet und bewirkte Wunder. Eines der berühmtesten und ältesten Michaelsheiligtümer stammt aus dem 5. Jahrhundert und liegt im süditalienischen Apulien. Auf dem Monte Sant’ Angelo im Garganogebirge soll Michael mehrere Wunder vollbracht und eine Höhle geheiligt haben, in der das herabtropfende Wasser Kranke heilte. Seitdem ist die Felsgrotte, in der sogar ein Fußabdruck des himmlischen Besuchers gezeigt wird, eines der beliebtesten Pilgerziele des Abendlandes. Auch in Konstantinopel wurde Michael mehrfach gesichtet, weshalb ihm die byzantinischen Kaiser Konstantin und Justinian mehrere Kirchen weihten. In Rom erschien der Erzengel Papst Gregor I. während einer Bittprozession zur Beendigung der grassierenden Pest (590) über dem Hadriansmausoleum, sodass das Monument fortan den Namen „Engelsburg" erhielt. Michael zeigte sich aber auch im Norden Europas, in der Normandie: Der Bischof von Avranches errichtete nach einer Michaels-Vision 708 auf dem Hügel Mont-Saint-Michel eine imposante, meerumspülte Abtei, die bis heute ein Touristenmagnet geblieben ist.

Allen Michaelsheiligtümern gemein ist ihre herausragende Lage auf Hügeln oder in Höhlen, die Michael als Bezwinger über die erdverbundenen Kräfte des Unheils und des Chaos erscheinen ließen. Später widmete man ihm Kapellen in den Turmgeschossen von Kirchen und Domen oder in Krypten. Der Kult um den Erzengel verbreitete sich rasch über ganz Europa. Als Heerführer und Bannerträger der himmlischen Heerscharen eignete er sich vorzüglich als Patron der Ritter. Er wurde um Beistand vor Schlachten angerufen: „Höre uns Michael, Heerfürst der Engel, steige auch heute, Himmelsherr, nieder, Freiheit uns bringend und lösende Huld", formulierte schon Alkuin, einer der engsten Ratgeber Karls des Großen, in einem Hymnus. Viele Legenden berichten vom Eingreifen Michaels in das Kampfgeschehen, so in der bedeutenden Schlacht auf dem Lechfeld (955), in der Kaiser Otto der Große über die wilden Ungarn siegte. Fortan führte der überglückliche Kaiser das Bild Michaels in seinem Königssiegel und auf seinen Münzen. Mehr und mehr wuchs Michael in die Rolle eines Schutzheiligen des mittelalterlichen deutschen Reiches hinein. Zahlreiche Kirchen und Klöster in Deutschland wurden ihm geweiht, Ritterorden und Bruderschaften unter seinem Patronat gegründet. In der Kunst wurde er häufig im Kampf mit dem Drachen zu seinen Füßen gezeigt.

Wenn sich schon ein Engel nicht zu schade war, gegen einen schnöden Drachen zu kämpfen, dann standen die tapferen Ritter natürlich nicht nach. Wer ein wackerer Recke sein wollte, der zog bedenkenlos mit Lanze und Schwert jedem Ungeheuer entgegen – zumindest im Heldenepos. Lanzelot, der berühmteste der Artusritter, stellt sich in der Stadt Corbin tapfer einem Drachen entgegen, der das Geschöpf einer Zauberin ist und in einer Höhle unter dem Marktplatz haust, von wo aus er in finsteren Nächten die Bevölkerung terrorisiert. Unter größten Mühen und schweren Verwundungen erschlägt Lanzelot das Ungetüm, dessen Feueratem ihm die Besinnung raubt und dessen Zähne und Klauen scharf wie Schwerter sind. Schwer verwundet bringt man ihn zur Burg von König Pelles, wo ihn die schöne Königstochter Elaine gesund pflegt und schließlich sogar heiratet. In Ulrich von Zatzikhovens Bearbeitung des Stoffes hat es der Held etwas einfacher: Er muss hier den schrecklichen Drachen nur küssen – was bei dessen schauerlichem Anblick freilich ebenfalls viel Überwindung kostet –, um die schöne, aber wegen einer unehrenhaften Liebe verzauberte Dame Elidia zu erlösen. Lanzelot, der als Einziger den Drachenkuss wagt, erweist sich auch in dieser Version als „der beste Ritter, der lebt".

Den Held Tristan, der in Irland für seinen Onkel Marke um die Hand der schönen Prinzessin Isolde wirbt, ereilt ein ähnliches Schicksal wie Lanzelot. Er wird bei einem Drachenkampf schwer verwundet, von Isolde gerettet, doch verliebt er sich infolge eines verwechselten Liebestrankes in die „falsche" Frau, da Isolde nicht für ihn bestimmt ist. Die Tragödie einer unglücklichen Liebe nimmt hier ihren Anfang. Ritter Iwein übersteht ebenfalls einen gefährlichen Drachenkampf, als er einem Löwen zu Hilfe eilt. Der gemeinsam erlegte Drache wird zum Ausgangspunkt ihrer künftigen Partnerschaft: Der Löwe dient fortan dem Ritter treu wie ein Hund; Iwein, der zuvor einem Zauber unterlag, erhält als „Löwenritter" eine neue Identität. So erscheint der Drache in den Rittersagen in wechselnden, aber doch ähnlichen Konstellationen als das Böse und Bedrohliche schlechthin. Ihn zu töten, gilt als besonders ehrenhaft. Verbunden mit dem erfolgreich bestandenen Kampf ist die Befreiung einer Jungfrau oder Königstochter. Die Gerettete wendet ihre Gunst selbstverständlich dem Befreier zu.

Als symbolische Figur für das Gottferne taugte der Drache ebenso als Gegenspieler für Heilige. In vielen Legenden bestehen Heilige

Kämpfe aller Art mit dem Fabeltier. Eine der berühmtesten ist die ursprünglich reine Märtyrer-Erzählung des heiligen Georg. Die *Legenda aurea*, eine aus dem 13. Jahrhundert stammende Legendensammlung des Genueser Erzbischofs Jacobus de Voragine, führt die verschiedenen Erzählstränge zusammen. „Georgius der Ritter war geboren von Kappadokischem Geschlecht; der kam einst in das Land Lybia, in die Stadt Silena. Nahe bei der Stadt war ein See, so groß als ein Meer, darin wohnte ein giftiger Drache, der hatte schon oft das ganze Volk in die Flucht getrieben, wenn es gewappnet gegen ihn zog. Dann kam er bis unter die Mauern der Stadt und verpestete alles mit seinem Gifthauch. Also gaben ihm die Bürger täglich zwei Schafe, dass sie seinen Grimm stillten. (…) Als aber der Schafe weniger wurden und man ihrer nimmer genug mochte finden, kam man überein, dass man dem Wurm täglich opfern sollte einen Menschen und ein Schaf", beginnt Jacobus seine schauerliche Geschichte, alle Drachenelemente der alten Mythen aufgreifend. Keiner kann ihn besiegen.

Nachdem fast alle Söhne und Töchter der Stadt dem Ungeheuer zum Opfer gefallen sind, trifft das Los die Königstochter, die der Vater nur nach langem Zögern und schweren Herzens ziehen lässt. Doch da naht unversehens die Rettung in der Person des zufällig vorbeikommenden Ritters Georg. Er fragt die Königstochter auf dem Weg zum See nach ihrer Not. „Da sie noch sprachen, siehe, so hob der Drache sein Haupt aus der See", fährt Jacobus fort. „Aber Georg sprang auf sein Ross, machte das Kreuz vor sich und ritt gegen den Drachen, der auf ihn zukam. Er schwang die Lanze mit großer Macht, befahl sich Gott, und traf den Drachen also schwer, dass er zu Boden stürzte." Den besiegten, aber noch lebenden Drachen bindet die schöne Königstocher an ihren Gürtel und führt ihn in die Stadt. Dort werden der Mut Georgs und seine Glaubensstärke gebührend bewundert. König und Volk beschließen die Annahme des Christentums und lassen sich taufen. Nachdem Sankt Georg den Drachen erschlagen hat, verabschiedet sich der stolze Held von der jungen Gemeinde, legt dem König die Sorge um Kirche und Arme ans Herz und zieht hinweg.

Einen realen Hintergrund hat diese fantastische Geschichte natürlich nicht, doch im zweiten Teil seiner Erzählung schildert der gelehrte Genueser Bischof den Kern der Märtyrerlegenden um den römischen Offizier Georg, der im 4. Jahrhundert während der Christenverfolgung unter Kaiser Diokletian zu Tode gefoltert wurde. In den ältesten, aus dem späten 5. Jahrhundert stammenden Texten ist von einem Drachen noch keine Rede. Die Erzählungen handeln vielmehr vom schweren Martyrium des Heiligen und von der Bekehrung Alexandrias, der Frau des Richters, die sich unter dem Eindruck von Georgs Standhaftigkeit selbst zum Christentum bekennt und von ihrem Mann hingerichtet wird.

Jacobus de Voragine erzählt: „Zu den Zeiten, da Diokletian und Maximianus Kaiser waren, geschah unter dem Richter Dacianus eine so große Verfolgung der Christen, dass in einem Monat ihrer 17 000 die Märtyrerkrone gewannen. Aber in den großen Martern wurden auch viele Christen untreu und opferten den Götzen. Als das Georgius sah, ward er ins innerste Herz getroffen von großen Schmerzen. Und legte sein ritterlich Kleid hin, gab alles, was er hatte, den Armen und zog Christengewand an." Seine Weigerung, seinem Glauben abzuschwören und den römischen Göttern zu huldigen, bringt ihn auf die Folterbank. „Da nun der Richter sah, dass er ihn nicht von seinem Glauben kehren mochte, ließ er ihn auf die Folter bringen, und ließ seinen Leib Glied für Glied mit Nägeln zerreißen. Danach ließ er seine Seiten mit Fackeln brennen, bis man seine Eingeweide durch die Risse des Leibes schauen konnte, und ließ die Wunden mit Salz reiben." Doch Georg hält stand. Sein Verhalten überzeugt auch die Frau des Richters, Alexandria. „Du grausamer Henker und Wüterich", sagt sie zu ihrem Mann. „Ich habe dir oft gesagt, du solltest den Christen nichts Böses tun, denn ihr Gott kämpft für sie. Aber wisse, ich will auch eine Christin werden." Daraufhin lässt ihr Mann sie an den Haaren aufhängen und geißeln. Kurz vor ihrem Tod fragt sie Georg, was nach ihrem Tod mit ihr geschehen würde, da sie die Taufe noch nicht empfangen habe. Doch Georg beruhigt sie: „Die Ausgießung deines Blutes wird deine Taufe sein und deine Krone." Alexandria stirbt und auch Georg wird kurz darauf enthauptet.

Unschwer ist an der Geschichte zu erkennen, wer hier das eigentliche Ungeheuer ist: Diokletian, der mit seiner menschenverachtenden

Politik Tausende in den Tod schickt. Der „grausame Henker und Wüterich“, in anderen Märtyrerlegenden auch „Höllendrache“ und „Drache aus der Tiefe“ genannt, ist niemand anders als der römische Kaiser selbst mit seinen Handlangern. Gegen ihn, der mit seinem „Gifthauch“ das ganze Land verpestet, tritt Georg ohne Waffen, gewappnet nur mit seiner Glaubensstärke, an. Er besiegt den „Drachen“, indem er seinen Forderungen nicht nachgibt.

Die befreite Prinzessin findet in der Gestalt Alexandrias ihre Entsprechung. Georg entreißt sie der Gewalt ihres herrischen Ehemannes und befreit sie aus ihrem Unglauben. Der Weg ins ewige Leben ist durch ihr eigenes Martyrium gewiesen.

Die Parallelen zwischen der Drachenkampf-Geschichte und der Märtyrer-Legende sind offensichtlich – sie erzählen im Kern den gleichen Inhalt nur mit anderen Mitteln. Das Drachenkampf-Motiv scheint erst im 10. Jahrhundert in Konstantinopel in die Georg-Überlieferung eingefügt worden zu sein. In Konstantinopel hielt sich das Erbe der Antike besonders lange, mischten sich östliche und römisch-spätantike Einflüsse, leben viele religiöse Vorstellungen angrenzender Kulturen fort. So geriet auch der Drache, der in mesopotamischen und ägyptischen Mythen immer eine große Rolle gespielt hatte, in die oströmische Bilderwelt. Schon Kaiser Konstantin der Große ließ sich als Drachenkämpfer in seinem Palast abbilden. Im 13. Jahrhundert, als Jacobus de Voragine sein Werk verfasste, war das Motiv des drachentötenden Ritters Georg bereits fester Legenden-Bestandteil auch im westlichen Abendland.

Große „Karriere“ machte der heilige Georg dann in der Kreuzzugszeit. Denn der heldenhafte Ritter brachte nicht nur das Böse im Allgemeinen, sondern den Un- und Irrglauben im Besonderen zu Fall. Die ganze Stadt mit dem Königshof, über 20000 Menschen, sollen die Taufe nach dem Triumph Georgs empfangen haben. Welcher Kreuzritter, der in die Ferne zog, um das Heilige Land aus den Händen der Muslime zu befreien, musste in diesem Heiligen nicht seine Identifikationsfigur finden? Als Sieger über Heidentum und Unglauben mochte sich jeder Kreuzritter gerne sehen. Der berühmteste aller Kreuzfahrer, der englische König Richard Löwenherz, stellte daher seine Armee auf dem Dritten Kreuzzug (1189–92) unter den Schutz des heiligen Georgs. Georg stieg zum Schutzpatron aller Kreuzfahrer auf, das Georgskreuz – rotes Kreuz auf weißem Grund – prangte auf vielen Rüstungen und Bannern. Da der Geburtsort des Heiligen in Kappadokien in Kleinasien lokalisiert wurde, kamen im Verlaufe der Kreuzzüge immer mehr Georgs-Reliquien nach Europa, die den Kult des Heiligen weiter verbreiteten. Mit England blieb Georg in besonderer Weise verbunden. 1222 stieg er zum Schutzpatron des Inselreiches auf, 1348 stellte der König den eben gegründeten Hosenbandorden unter sein Patronat. Sankt Georg wurde immer mehr zum irdischen Pedant des Erzengels Michael. Man schrieb ihm zahlreiche Schlachtensiege zu. Unter seinen Schutz stellten sich Städte und Länder, Fürsten und Ritterorden, Bruderschaften und Zünfte.

Damit drang aber auch das Motiv des Drachenkampfes tief in den Volksbrauch ein. Skulpturen und Gemälde zeigten den dramatischen Moment, in dem Michael bzw. Georg zu Pferde sitzend oder zu Fuß den Drachen mit Lanze oder Schwert töten und ihn von der Erde stoßen. Hans Memling, Albrecht Dürer, Lucas Cranach, Donatello, Raffael oder Tintoretto widmeten dem Thema bedeutende Kunstwerke. In manchen Volksbräuchen lebt der Kult um die Drachentöter bis heute fort. So wird in Furth im Bayerischen Wald jedes Jahr ein historisches Spektakel, der sogenannte Drachenstich, aufgeführt, der einst Bestandteil der Fronleichnamsprozession war (erstmals erwähnt 1590) und seit dem 19. Jahrhundert als selbstständiger Festumzug weitergeführt wurde. Der heute im Festspiel vorgeführte über 15 Meter lange Drache, der Feuer und Rauch bis zu fünf Meter weit speien kann, gilt momentan als der weltgrößte Laufroboter auf vier Beinen, der es sogar ins Guinness-Buch der Rekorde schaffte. Beliebt bei Alt und Jung ist auch das Augsburger Turamichele-Fest. Jedes Jahr am Gedenktag des Erzengels, am 29. September, erscheint aus dem untersten Fenster des Perlachturmes auf dem Rathausplatz eine goldene Michaelsfigur, die mit ihrer Lanze im Takt der von der Turmuhr angegebenen Stundenzahl auf den unter ihr liegenden roten Teufel einsticht. Der 1616 erstmals schriftlich erwähnte Brauch ist bis heute ein Publikumsmagnet geblieben. Besonders viele Kinder kommen um 12 Uhr mittags auf den Platz, da der Engel dann 12 Mal unter dem lauten Mitzählen der Besucher seine Lanzenstiche ausführt. Danach lassen die Kinder Luftballons mit ihren guten Wünschen in den Himmel steigen. So ist der Kampf mit dem Drachen bis heute präsent und wird es auch in Zukunft bleiben – denn der Kampf des Guten gegen das Böse endet bekanntlich nie. Der Ritter hatte zu seinem Attribut gefunden, das fest in der Bildwelt der abendländischen Kultur verankert ist.

IRRTUM 8:

Ritter hatten keinen Sinn für Poesie

„Ich glaube, die Liebe kommt zu mir. Mein Herz will spielen, zur Freude schwingt sich meine Seele auf, wie ein Falke fliegend, wie ein Adler schwebend. Doch ließ ich die Freundin zu Haus. Wohl mir, finde ich sie wohlbehalten, wie ich sie verließ. Es ist so gut, bei ihr zu sein. Herr Gott gewähre mir, sie wieder zu sehen und ihr allen Kummer zu nehmen; wenn sie in Sorgen ist, dass ich ihr die erleichtere und sie mir die meinen. Dann werden wir voller Freude sein. Ach, wie schön wäre dann eine lange Nacht! Wie könnte mir die zu lange werden?“, stimmte der berühmte Dichter Reinmar der Alte Ende des 12. Jahrhunderts das Hohelied der Liebe an. Man sollte es ja kaum für möglich halten: Aber unter dem starren Eisenpanzer so manchen Ritters steckte ein überaus zarter Kern – so zart, dass selbst der an Brutalitäten gewöhnte Profikämpfer zur Leier griff, um Damen anzuschmachten und in den höchsten Tönen zu singen und zu musizieren.

Der Wunsch nach Liebe und nach einem gesittet-zivilisierten Leben brach sich im Hochmittelalter mächtig Bahn. Ausgehend von Frankreich setzte sich an den großen Adelshöfen eine neue Form der Geschlechterbeziehung durch: die höfische Liebe oder Minne.

Der Frauendienst, die schwärmerische, in der Regel unerfüllt bleibende Liebe zu einer edlen Dame, besungen in zahlreichen Gedichten von Liebesfreud und Liebesleid, gehörte fortan zum Pflichtprogramm eines jeden Ritters, der etwas auf sich hielt. Das gepflegte Balzverhalten bei Hofe trug dazu bei, den rauen Alltag zu bewältigen und der Frau eine neue Wertschätzung entgegenzubringen, mit der es in der Realität nicht immer weit her war. Im Grunde stellte die höfische Liebe einen idealen Gegenentwurf zur schnöden Wirklichkeit dar, eine Utopie, der man sich nur annäherte, ohne sie jemals vollständig zu erreichen.

Erstaunlich genug ist allein schon die Tatsache, dass eine hart gesottene Kriegerschicht auf die Idee kam, von Liebe zu säuseln und sich dem Urteil der Damenwelt zu unterstellen. Denn im komplizierten Konstrukt der höfischen Liebe nahm die Frau stets den Part der Herrin ein, während der Mann ihr diente und um ihre Gunst buhlte. Manch bewusst in Kauf genommene Erniedrigung vonseiten der Männer nahm sich regelrecht komisch aus, zum Beispiel, wenn Ulrich von Liechtenstein vorgab, das Wasser, mit dem sich seine Herrin die Hände gewaschen hatte, als Trinkwasser zu benutzen, oder wenn er in Frauenkleidern als Göttin Venus ins Turnier zog, um seiner Herzdame zu imponieren, auch wenn er dafür Hohn und Spott der Gesellschaft erntete. Manche Ritter legten Liebesgelübde ab und verzichteten ein Jahr lang auf standesgemäße Nahrung oder trugen die Ritterrüstung auf bloßer Haut als Zeichen ihrer Bereitschaft zur Entbehrung. Walther von der Vogelweide will sich sogar seinen Rücken gebrochen haben aus Verehrung zu seiner Dame. Und was soll man von den übertriebenen Lobeshymnen halten, die ein Dichter mit dem Künstlernamen „der Stricker“ Anfang des 13. Jahrhunderts zum Besten gab: „Wenn ich die Wahrheit sagen soll, so hat es, nächst der Majestät Gottes, niemals etwas so Begnadetes gegeben wie die Frau und ihre Art. Diesen Ruhm hat Gott ihr verliehen, dass man sie als den höchsten Wert auf Erden ansehen und immer preisen soll.“

Das Bedürfnis nach einem geordneten Zusammenleben bei Hof, zu dem auch das rechte Benehmen gegenüber den Frauen zählte, scheint im 12. Jahrhundert übermächtig groß geworden zu sein. Je stärker sich Königs- und Fürstenhöfe auf einige wenige feste Residenzen zu konzentrieren begannen und je mehr Personen und Dienstpersonal sich an diesen Höfen dauerhaft aufhielten – vermehrt noch um eine hohe Zahl wechselnder Besucher –, umso mehr wurde es notwendig, einen Verhaltenskodex zu etablieren, der Streit und Handgreiflichkeiten unter den Bewohnern verhinderte. „Denn dadurch, dass an den Höfen der Adligen eine sehr große Gesellschaft zu sein pflegte, schickte es sich für sie, höflich und umgänglich zu sein, weil sie ja die meiste Zeit in Gemeinschaft sehr vieler lebten", erläutert ein Zeitgenosse des 13. Jahrhunderts, Ägidius Romanus. Ungezügelte Temperamentsausbrüche, Übergriffe auf Frauen, Ehrverletzungen aller Art verboten sich unter den Augen des hochrangigen Lehnsherrn von selbst. Nun traten neue Werte in den Vordergrund: Mäßigung, Beständigkeit, Treue und gelassene Heiterkeit galten als vorbildliches Verhalten bei Hofe.

Der neue Verhaltenskodex betraf auch das Verhältnis zwischen den Geschlechtern, denn an den größeren Höfen lebten immer auch viele unverheiratete Männer und Frauen, sei es als Pagen oder junge Hofdamen in der Ausbildung, sei es als fahrende Ritter oder als weibliche Verwandtschaft des Burgherrn. Der knisternden erotischen Atmosphäre musste da schon im Vorfeld vorgebeugt werden, darauf achteten schon die zahlreichen Hofgeistlichen und Kapläne, die sich darum bemühten, Sitte und Moral einigermaßen hochzuhalten. „Vom Kleriker ist der Ritter erst zum Minnediener gemacht worden", heißt es in der um 1230 entstandenen Liedersammlung der *Carmina Burana* über den Einfluss der Geistlichkeit auf das Liebeswerben. Die gezügelte, von sexueller Gewalt befreite Liebe galt nun als Inbegriff der standesgemäßen Annäherung an die Frau. Der hohen Dame hoffte man im treuen Dienst, im vorsichtigen Flirt, im ehrenhaften Verhalten nahezukommen. In der ritualisierten Liebe erwies sich damit die höfische Vollkommenheit des Mannes. Eng mit dem Liebesbegriff verbunden war dabei der Dienstgedanke. „Wer kann Liebe ohne Dienst haben?", ließ Wolfram von Eschenbach seinen Parzival fragen. „Der würde sich versündigen, wenn ich euch das sagen darf. Wer auf hohe Minne aus ist, der muss vorher und hinterher dienen."

Die ersten Liedermacher, die die neue Form der Liebe besangen, traten kurz nach 1100 an den kultiviertesten Höfen ihrer Zeit auf, nämlich in Südfrankreich, wo kein Geringerer als Herzog Wilhelm IX.

von Aquitanien selbst als Dichter Berühmtheit genoss. Seine Enkelin Eleonore von Aquitanien sollte später wegen ihres Mäzenatentums als „Königin der Troubadoure" in die Geschichte eingehen. Bis zur Jahrhundertmitte breitete sich diese Form der Lyrik in den Norden Frankreichs aus. Ab etwa 1170 mühten sich dann auch deutsche Dichter mit dem Minnesang ab, ahmten zunächst die französischen Vorbilder nach, um später zunehmend freier und eigenständiger ihre Verse zu schmieden, wobei sie das metrische Schema der Kanzonenstrophe am häufigsten benutzten. Im Zeitraum zwischen 1170 und 1220 traten dann die Besten ihrer Zunft im deutschen Sprachraum auf: Friedrich von Hausen, Reinmar der Alte, Heinrich von Veldeke, Heinrich von Morungen, Hartmann von Aue oder Walther von der Vogelweide. Just zu diesem Zeitpunkt boten die gerade entstehenden Fürstenhöfe Heinrichs des Löwen in Braunschweig, der Babenberger Herzöge von Österreich in Wien oder des Landgrafen Hermann von Thüringen auf der Wartburg, die sich neben dem staufischen Königshof als frühe literarische Zentren etablierten, den Dichtern und Sängern erstmals einen größeren Kreis an Gönnern und Zuhörern für ihre Kunst. So konnte der Minnesang, der immer höfische Adelskunst blieb, zu seiner großen Blütezeit ansetzen.

Wie das Publikum adlig-höfisch war, so waren es auch die Schöpfer und Interpreten der Dichtung. Obwohl so manche Künstlerexistenz des Hochmittelalters biografisch kaum fassbar ist und damit auch deren soziale Herkunft ungeklärt bleiben muss, ist doch eine recht hohe Anzahl unter den Minnesängern dem Adel oder der Ministerialität zuzuordnen. Friedrich von Hausen beispielsweise, mit dem die höfische Lyrik ihren Auftakt in Deutschland nahm, entstammte einem Ministerialengeschlecht, das in der Burg Rheinhausen bei Mannheim seinen Stammsitz hatte. Friedrich von Hausen stand in Diensten Kaiser Friedrich Barbarossas und seines Sohnes Heinrich VI. Zwischen 1171 und 1190 urkundlich bezeugt, gehörte er zum engsten Beraterkreis der staufischen Herrscher und übernahm in ihrem Auftrag diplomatische Missionen. Er begleitete Friedrich 1189 auf seinem Kreuzzug und starb wie sein Mentor ein Jahr später fern der Heimat in Anatolien. Neben seiner politischen Tätigkeit fand er noch Zeit, 17 (überlieferte) Lieder zu dichten, die sich in Versschema und Strophenform, aber auch im Inhalt, ganz an französischen Vorbildern orientierten.

Die hohe Minne als unerfüllte, dem werbenden Dichter Kummer und Schmerz bereitende Liebe war sein großes Thema: „Sie darf mir das nicht vorwerfen, dass ich sie nicht von Herzen lieb hätte. Dafür könnte sie den Beweis an mir sehen, wenn sie es zugeben will. Ich kam dadurch oftmals in so große Bedrängnis, dass ich den Leuten ‚guten Morgen' sagte gegen Abend. Ich war so in Gedanken an sie vertieft, dass ich unterdessen mich selbst vergaß und, wenn mich einer grüßte, es nicht vernahm." Friedrich von Hausen begründete mit seinem neuen Stil eine eigene Schule: Ulrich von Gutenburg, Bligger von Steinach oder Bernger von Horheim, die allesamt im Umkreis des Stauferhofes zu finden sind, waren keine Berufsdichter, sondern trugen ihre Kunst zu passender Gelegenheit bei Hofe vor. Dichten wurde damit zu einem gesellschaftlich akzeptierten Zeitvertreib; wer Zeit und Muße hatte, gab sich der Poesie hin, schwärmte für Frauen, sang das Hohelied auf die Liebe.

Wie Friedrich von Hausen und sein Kreis gehörten auch andere Vertreter der Sängerzunft dem Adel an: so Heinrich von Morungen, der als „altgedienter Ritter" des Markgrafen Dietrich von Meißen in einer Urkunde 1217 genannt wird, Heinrich von Veldeke, der einer limburgischen Ministerialenfamilie im Dienste der Grafen von Loon entstammte, Hartmann von Aue, nach eigenen Angaben „Ritter" und „Ministeriale von Aue", dessen Familie vermutlich den Herzögen von Zähringen diente, oder Ulrich von Liechtenstein, der als Landesministeriale der Steiermark zwischen 1227 und 1274 urkundlich überliefert ist. Weniger gut überliefert ist Reinmar der Alte, für dessen Herkunft aus einer Ministerialenfamilie aus dem Ort Hagenau im Elsass jedoch immerhin einige Indizien sprechen. Sie waren für ihren Stand erstaunlich gut gebildet, kannten sich in der französischen und deutschen Literaturszene aus und verstanden es mit ihrer Kunst, die Erwartungen ihres Publikums zu erfüllen. Denn was die Dichter in komplizierten Reimschemata besangen, war das Idealbild einer höchst verfeinerten Gesellschaft, in deren Mittelpunkt die Frau als Inbegriff der Schönheit und Tugend stand. Bezeichnend ist daher, was die Minnesänger alles nicht thematisierten: die politischen Wirren ihrer Zeit, wie die scharfen Auseinandersetzungen zwischen Welfen und Staufern, die gescheiterten Italienfeldzüge der staufischen Kaiser oder deren gespanntes Verhältnis zum Papsttum, die sozialen und wirtschaftlichen Realitäten. Nur Walther von der Vogelweide ließ sich nach dem Tod Heinrichs VI. und der unglücklichen Doppelwahl Philipps von Schwaben und Ottos IV. zu deutschen Königen 1198 mit politischen Statements vernehmen, wählte dafür aber nicht die Form des Minnesangs, sondern die der Spruchdichtung.

So kann man den Minnesang durchaus als gelungenen Fluchtversuch aus einer Wirklichkeit voller Spannungen lesen, einer Wirklichkeit, die im Werk der Dichter dagegen in eine dicke Wolke von Rosarot getaucht wurde. Was konnte Heinrich von Morungen über seine ferne Angebetete schmachten: „Hätte ich nicht so viel Gutes von ihr gehört und nicht so viel von ihrer Schönheit gesehen, wie hätte ich sie mir dann so zu Herzen nehmen können? Ich muss immer so ausschauen wie der Mond, der seinen Schein vom Schein der Sonne empfängt; so kommt mir oft der Blick ihrer hellen Augen in mein Herz, wenn sie an mir vorübergeht." Reinmar der Alte säuselte: „Meine Augen wurden so voll Freude, als ich die Liebliche zum ersten Mal sah, dass es mir heut und immer wieder wohltut. Da geschah ein Liebeswunder: Sie trat so sanft durch meine Augen ein, dass sie sich in der Enge nirgends stieß. In meinem Herzen ließ sie sich nieder, da hab ich noch die Schöne insgeheim." Und Walther von der Vogelweide, der Profi und Berufsdichter unbekannter Herkunft, der an vielen Höfen sang, widmete sich wortreich den natürlichen Reizen der Frauen: „Gott hat sich ihrer Wangen mit höchstem Eifer angenommen, er malte sie mit so kostbarer Farbe, so reines Rot, so reines Weiß, hier rosenrot, da lilienweiß. Wär's nicht Sünde, wagte ich zu sagen, ich sähe sie viel lieber an als Himmel oder Himmelswagen. Ach, was rühme ich, ich Narr. Erheb ich sie so himmelweit, wie leicht wird da das Lob aus meinem Mund zu meines Herzens Schmerz." Neben der Schönheit der Frauen beschrieben die Dichter mit beredten Worten auch alles, was zu einer gehobenen Festkultur dazugehörte: wertvolle Kleider nach neuestem

Schnitt, glänzende Rüstungen, das Zaumzeug der Pferde, prunkvolle Zelte, erlesene Speisen. So erfährt man durch die Minnedichtung viele Details aus dem gehobenen Adelsleben: Wie verhielt man sich bei Tisch oder beim Turnier, wie liefen Begrüßungs- und Huldigungszeremonien ab, welche Anstandsregeln hatte man gegenüber Höhergestellten zu beachten.

Doch nicht nur die Worte mussten die Minnesänger kunstvoll drehen und wenden, sie mussten ebenso gut Singen und Musizieren können. Da viele Angehörige der Oberschicht des Lesens unkundig waren, brachte man die Minnelieder gesungen zu Gehör. Wie moderne Liedermacher zeichneten dabei die frühen Lyriker für Text, Instrumentalbegleitung und Vortrag selbst verantwortlich. Der Epiker Gottfried von Straßburg nannte seine minnenden Kollegen „Nachtigallen" und rühmte die Melodien Walthers von der Vogelweide. Auch Ulrich von Liechtenstein berichtet in seinem „Frauendienst", dass seine Lieder gesungen, getanzt und gelesen worden seien. Musik und Gesang gehörten zur höfischen Festkultur einfach dazu und die höfische Lyrik wurde dabei vorwiegend als musikalischer Beitrag gewertet. Bekannte Lieder oder zumindest den Refrain dazu sang die Gesellschaft gerne mit, wie man auch sonst zu jeder Gelegenheit, ob bei Empfängen, im Freien, beim Spaziergang oder bei der Handarbeit, gerne seine Stimme erhob. Leider sind die Melodien der Minnelieder überwiegend verloren gegangen. Die in Handschriften überlieferten Gedichte hielten in der Regel nur den Text, nicht die dazugehörende Notation fest. Lediglich die *Carmina Burana*, die im Kloster Benediktbeuren aufbewahrt wurde, bildet hier eine rühmliche Ausnahme, da sie Notationen zu 40 Liedern enthält. So kann man in den meisten Fällen nur darüber spekulieren, wie sich ein gesungenes Liebesgedicht angehört haben mag, auch wenn heute viele Nachkompositionen eine Vorstellung davon vermitteln.

An Begleitinstrumenten standen den Minnesängern Streich- und Zupfinstrumente wie Fiedel, Leier, Harfenzither, Laute zur Verfügung. Spielte eine größere Gruppe zum Tanz auf, konnten Blasinstrumente wie Sackpfeifen, Flöten, Posaunen, Schellen, Becken und Trommeln hinzukommen. Es lohnte sich also als angehender Minnesänger und Frauenheld, musikalische Begabung und eine kräftige für den Vortrag vor großem Publikum geeignete Stimme mitzubringen. Gottfried von Straßburg schildert in seinem „Tristan“, wie es der begabten Hauptfigur gelingt, die Hofgesellschaft mit dem Vortrag seiner Lieder unter dem eigenhändigen Schlagen der Harfe in größte Verzückung zu versetzen. Die Zuhörer hätten angesichts des unvergleichlichen Kunstgenusses ihre eigenen Namen vergessen, berichtet der Autor, und den Sänger genötigt, immer wieder neue Weisen anzustimmen. Nach dem Zeugnis Ulrichs von Liechtenstein waren die Hälfte seiner Minnelieder gleichzeitig Tanzlieder. Auf welche Weise die Minnelyrik getanzt wurde, darüber lässt sich nur wenig aussagen. Offenbar sang ein Vorsänger, der gleichzeitig Vortänzer war, das Lied unter Begleitung seiner Fiedel vor, während sein Publikum ihn im Kreis umstand und seine Schritte nachahmte. So wurden alle Sinne angesprochen – Poetik, Musik und Tanz bildeten eine Einheit. Über sein beliebtes Lied „Wohl her alle, helfet singen“ berichtet Liechtenstein: „Die Strophenmelodie war wahrlich nicht lang. Es eignete sich gut zum Tanzen. Und es wurde sehr viel getanzt.“

Doch wie passte das zusammen: Der minnende, schmachtende, tanzbeinschwingende Ritter, der sich von seiner Liebesherrin vorführen lässt, und der schneidige, kriegserprobte und gewaltbereite Held der Schlachtfelder? In der Tat konnten nicht alle Ritter der feierlaunigen Hofgesellschaft etwas abgewinnen. Sie witterten Verweichlichung und Dekadenz. Die Schmeicheleien bei Hof, die modischen Accessoires, die gekünstelten Rituale, das vergebliche Werben um eine Frau – lief das nicht alles dem Kriegerideal zuwider? „Höfisches Leben ist der Tod der Seele“, glaubte Peter von Blois Ende des 12. Jahrhunderts. „Wer lügen kann, ist voller Freud: Betrügen, das ist Höfischheit“, reimte Wernher von Gaertner Mitte des 13. Jahrhunderts in seiner Versnovelle „Helmbrecht“. Selbst manchen Minnedichter beschlichen angesichts der ermüdenden Werbespiele um eine nicht erreichbare Frau Zweifel an seinem Tun. Hartmann von Aue kritisierte offen: „Ihr Minnesinger, ihr müsst oftmals scheitern. Was euch Schaden bringt, das ist der Hoffnungswahn. Ich will mich rühmen, richtig von Minne singen zu können, da mich die Minne hat und ich sie habe.

Was ich will, seht, das will ebenso gern mich haben. Ihr dagegen macht euch unterdessen viel unnütze Hoffnungen: Ihr müht euch um eine Liebe, die nichts von euch will. Wann werdet ihr Ärmsten eine solche Minne minnen wie ich?“ Auch Walther von der Vogelweide glaubte, dass das Hofleben nur „männliche Frauen, weibische Männer, pfäffische Ritter und verritterte Pfaffen“ hervorbrächte, und erteilte dem übertriebenen Dienstcharakter der hohen Minne eine Absage: „Was mich, Herrin, von der Freude abhält, das seid allein ihr. An euch allein störe ich mich, erbarmungslose Frau. Woher nehmt ihr nur diese Haltung? Ihr seid doch mitleidsvoll; wenn ihr mit mir so mitleidlos umgeht, dann seid ihr nicht gut.“ Dagegen empfahl er die auf Gegenseitigkeit beruhende Liebe: „Eines Menschen Liebe taugt nichts, sie muss gegenseitig sein, so gegenseitig, dass sie durch zwei Herzen geht und durch keines mehr.“

In lockerem Ton pries Walther in seinen sogenannten Mädchenliedern dann die Freuden einer echten Liebesbeziehung, die sich gern im Frühjahr und in ländlicher Idylle anbahnte. Diesen Gedanken führte der Dichter Neidhart in der ersten Hälfte des 13. Jahrhunderts weiter aus, indem er die Freuden des Landlebens und die derben Tanzvergnügen der Bauern schilderte und dabei das Minnegehabe eines fiktiven Ritters aus dem Reuental ordentlich karikierte. Das geckenhafte Gehabe der wohlhabenden Bauernsöhne, die dem ritterlichen Ideal nacheiferten, sowie das peinliche Auftreten des Ritters tragen dabei unverkennbare Züge der Parodie. Die Welt des Hofes erscheint bei Neidhart als hohl und sinnentleert, das höfische Leben wird als Farce geschildert. In der Realität gab es denn auch tatsächlich immer wieder erfolgreiche Ritter, die vom Minnedienst überhaupt nichts hielten. Der Kriegs- und Turnierheld William Marshal schlug weder die Laute noch gab er selbst geschmiedete Verse zum Besten. Er hielt sich an das, was er von Kindesbeinen an gelernt hatte: den Kampf zu Pferd im Krieg wie im Turnier. Der geistliche Autor Hugo von Trimberg warnte um 1300 vor dem in der Artusepik vermittelten höfischen Bild: „Wer daran glaubt, ist dumm. Denn mancher glaubt, er wäre nichts, wenn er nicht ein solcher Ritter würde, wie die vorgenannten Helden.“ Auch der berühmte französische Marschall Boucicaut riet im

14. Jahrhundert davon ab, die Geschichten von Artus und seiner höfischen Tafelrundenwelt zu rezipieren, da sie für den Kriegsalltag nicht zu gebrauchen seien. Als sinnvolle Lektüre empfahl er vielmehr Werke zur griechischen und römischen Geschichte, aus denen man das Kriegshandwerk lernen konnte.

IRRTUM 9:

Ritter gingen selten in die Kirche

Angesichts ihres blutigen „Alltagsgeschäftes“ könnte man annehmen, die Ritter seien allesamt Kirchenmuffel gewesen. Als Berufskrieger mit der Lizenz zum Töten standen sie dem christlichen Friedens- und Liebesgebot ja nicht gerade besonders nahe. Machten die gepanzerten Herren deswegen um jede Kirche einen weiten Bogen? Überraschenderweise nicht! Ganz im Gegenteil fühlten sie sich den christlichen Idealen in besonderem Maße verbunden und glaubten sich im Kampf im Recht, wenn sie dabei eine kirchlich sanktionierte Mission erfüllten. So entstand die paradoxe Situation, dass die Ritter sich zwar selbst als „gute Christen“ betrachteten, persönliche Frömmigkeit übten, die Kirche mit Stiftungen und Schenkungen bedachten, in ihren Burgen Kapellen einbauten und eigene Ritterheilige als Schutzpatrone verehrten, aber dennoch regelmäßig gegen eine Grundregel des Glaubens, nämlich gegen die der Friedfertigkeit, verstießen. Dass dies ein Widerspruch war, wussten sie selbst: „Der Herr hat doch befohlen, dass, wenn man auf die eine Wange geschlagen werde, man auch die andere hinhalten solle. Aber das ritterliche Leben in der Welt gestattete nicht einmal die Schonung des Blutes von Verwandten“, klagte der normannische Ritter Tankred am Ende des 11. Jahrhunderts. „Welchem der beiden Wege soll er folgen: den Evangelien oder der Welt?“

In Anerkennung der Realität war das in der Bibel geforderte Prinzip der Gewaltlosigkeit für die mittelalterliche Gesellschaft mit ihren schwach ausgeprägten staatlichen Institutionen nicht aufrechtzuerhalten, auch wenn das kirchliche Autoren immer wieder forderten. Die Selbsthilfe galt im Allgemeinen als legitimes Mittel der Rechtsfindung. Wer sich in seiner Ehre oder seinen Rechtsansprüchen verletzt sah, kündigte eben eine Fehde an, um seine Ansprüche durchzusetzen. In Zeiten schwacher Könige, denen die Aufrechterhaltung von Frieden und Ordnung als vornehmste Pflicht auferlegt war, war dies jedoch eine große Gefahr für all jene, die unbewaffnet ihren Alltag gestalten mussten: Bauern, Frauen, Kinder, Priester und Mönche. Sie litten unter den Kriegshandlungen, die andere zur Durchsetzung ihrer eigenen Zwecke führten.

In Frankreich geriet die Lage im 10./11. Jahrhundert unter der zerfallenden Herrschaft der letzten Karolingerkönige mehr und mehr außer Kontrolle. Es herrschte das blanke Faustrecht im Land. In dieser Situation mahnten Bischöfe und Mönche vehement zum Frieden: Die kriegs- und fehdeführenden Parteien sollten sich in ihrem Eifer mäßigen und eidlich dazu verpflichten, bestimmte Bevölkerungsgruppen zu schonen und an festgelegten Tagen die Waffen ganz ruhen zu lassen. Unter der Protektion der Kirche und darunter führend unter dem Reformkloster Cluny in Burgund mit seinem kraftvollen Abt Odo fanden sich in der sogenannten Gottesfriedensbewegung auf regionaler Ebene kirchliche und adlige Große zusammen, um gemeinsam eine für alle Beteiligten erträgliche Ordnung zu garantieren. Geistliche, Bauern, Frauen und Kinder wurden unter Androhung der Exkommunikation vor Gewalttaten geschützt, Tiere, Häuser, Klöster, Kirchen sowie Ernteerträge vor Zerstörung geschont und an Sonntagen, hohen Feiertagen und in den Fastenzeiten wurden Gewaltakte verboten. „Fluch denjenigen, die in Kirchen einbrechen (...), Fluch denjenigen, die Eigentum der Armen rauben (...), Fluch denjenigen, die Kleriker angreifen“, hieß es beispielsweise in einem Beschluss der Diözese Poitiers 989. Damit wurden die waffentragenden Kämpfer in die Pflicht genommen, minimale Anforderungen an eine öffentliche Ordnung zu wahren und allzu brutale Übergriffe zu unterlassen – bei Eidbruch drohte der Bann.

Von Aquitanien ausgehend verbreitete sich die Gottesfriedensbewegung über Burgund nach Nordfrankreich, Flandern und nach Deutschland, wo die salischen Könige die Idee aufgriffen und in königliche Landfrieden ummünzten. Damit die gelobten Schwüre nicht bloße Worte blieben, nahmen die Bischöfe eigene kleine Friedenstrupps, die sie unter der lokalen Ritterschaft rekrutierten, in ihren Dienst, die Pax-Milizen. Ihre Aufgabe war es, auf die Einhaltung der Gottesfrieden zu achten und die Bestimmungen notfalls mit Gewalt durchzusetzen. Im Dienste der Kirche kämpften die Ritter nun nicht mehr für ihre eigenen Interessen, sondern für „höhere Ziele" wie der Friedenswahrung und dem Schutz Armer und Schwacher. Diese Idee gab der Ritterschaft endlich ein legitimes, gesellschaftlich anerkanntes Ziel. Das schöne Bild vom Ritter, der für das Gute und Gerechte eintritt, nahm hier erstmals Gestalt an, auch wenn es immer wieder von der schnöden Wirklichkeit eingeholt wurde. Zumindest ideell hatte man einen Ansatzpunkt gefunden, wie man als Krieger Waffendienst und christliche Tugendhaftigkeit zusammenbringen konnte.

In den turbulenten Zeiten des Investiturstreits, als Königtum und Papsttum um den machtpolitischen Vorrang stritten, wurde das Bild des christlichen Ritters, des *miles Christianus*, weiter ausgeformt. Wer in den Dienst der Kirche trat, ihre Werte teilte und ihre Interessen verteidigte, durfte sich ihrer Wertschätzung sicher sein. „Den Rittern ist zu eigen, dass sie ihren Herren ergeben und nicht auf Beute aus sind, dass sie, um das Leben ihrer Herren zu schützen, ihr eigenes Leben nicht verschonen, für das Wohl der Allgemeinheit bis zum Tod fechten, gegen Schismatiker und Häretiker kämpfen, Arme, Witwen und Waisen verteidigen, die gelobte Treue nicht brechen und gegenüber ihren Herren nicht meineidig werden", umschrieb Bischof Bonzio von Sutri, ein Parteigänger Papst Gregors VII., in seinem Buch „Über das christliche Leben" (um 1090) den neuen Auftrag der gezähmten Ritterschaft. Der Kampf gegen die Feinde des Papsttums galt als sinnvolle und legitime Angelegenheit, weswegen Papst Gregor VII. seine Parteigänger in seiner tief greifenden Auseinandersetzung mit König Heinrich IV. auch als *milites Sancti Petri* ansprach. Ab jetzt konnte sich jeder Ritter richtig gut fühlen – vorausgesetzt er kämpfte für die richtigen Ziele und hielt sich beim Beutemachen etwas zurück.

Papst Urban II. ging noch einen Schritt weiter. Nachdem er ein Hilfegesuch des byzantinischen Kaisers Alexios I. Komnenos erhalten hatte, der um westliche Hilfe gegen das Vordringen der muslimischen Seldschuken in Kleinasien gebeten hatte, rief er 1095 in einer bewegenden Rede auf dem Konzil von Clermont die anwesenden Ritter dazu auf, den bedrängten Byzantinern zu Hilfe zu kommen und die Pilgerwege zu den heiligen Stätten in Jerusalem zu schützen. Die Ritter, die sich bislang in blutigen Fehden untereinander zerfleischt hätten, sollten nach dem Willen des Papstes nun ihre Schwerter für einen „heiligen" Zweck einsetzen: „Umgürtet mit dem Gürtel der Ritterschaft prangt ihr in großem Übermut. Ihr reißt eure Brüder in Stücke und zerfleischt euch gegenseitig. Das ist keine Ritterschaft Christi, wenn einer in den Schafstall des Erlösers einbricht!", hielt er seinen Zuhörern vor. „Wenn ihr aber eure Seele retten wollt, so legt schleunigst den Gürtel einer solchen Ritterschaft ab und tretet mutig in die Kriegsdienste Christi und eilt zur Verteidigung der orientalischen Kirche." Geschickt stellte der Papst überirdischen Lohn für diesen Waffendienst in Aussicht. Ein Ablass gewährte jedem Teilnehmer den Erlass der Sündenstrafen, was gerade für eine schon von Berufs wegen belastete Klientel wie die der Ritterschaft eine verlockende Aussicht war. „Die Diebe, Räuber, Brandstifter und Mörder werden das Reich Gottes nicht besitzen. Erkauft euch mit wohlgefälligem Gehorsam die Gnade Gottes, auf dass er euch eure Sünden, mit denen ihr seinen Zorn erweckt habt, um solcher frommen Werke und der vereinigten Fürbitten der Heiligen willen schnell vergebe", lockte der Papst. Die Ritter ließen sich das nicht zweimal sagen. Zu Tausenden erscholl der Ruf *Deus lo vult!*, „Gott will es!" aus ihren Kehlen. Noch in Clermont hefteten sich viele Ritter rote Stoffkreuze auf die Gewänder, um damit ihre Teilnahme am Kreuzzug zu bekunden.

Der Erfolg der urbanschen Kreuzzugspredigt überraschte selbst seine Initiatoren. 1096 machten sich große vor allem von der französischen Ritterschaft getragene Kreuzfahrerheere gen Osten auf, um den bedrängten Christen im Heiligen Land zu Hilfe zu eilen. Es schien, als hätten die Ritter nur darauf gewartet, ihr Aggressionspotenzial nach außen zu richten. 1099 gelang ihnen unter Inkaufnahme schwerer Gräueltaten die Eroberung Jerusalems und die Begründung mehrerer christlicher Fürstentümer im Nahen Osten. Eventuelle Gewissensbisse kamen dabei nicht auf, schließlich hatte man den Segen des Papstes für das Unternehmen und wähnte sich beim Kampf gegen Ungläubige auf der absolut „richtigen“ Seite. Ideell hatte man sich dabei natürlich auf gefährliches Glatteis begeben, denn war es wirklich erlaubt, im Namen Gottes zu töten und Land zu besetzen? Feinfühlige Geister wie der Zisterzienserabt Isaak von Stella meldeten hier ihre grundsätzlichen Zweifel an, die von gut informierten Chronisten wie Fulcher von Chartres noch bestärkt wurden. Sie sprachen offen die zweifelhaften Motive mancher Kreuzfahrer an: „Wer in der Heimat arm war, den hat Gott hier reich gemacht, wer wenig Geld hatte, hat hier zahllose Goldstücke, und wer kein Dorf besaß, dem gehört hier durch die Gabe Gottes eine ganze Stadt.“ Selbst der gefeierte Dichter Wolfram von Eschenbach machte sich im frühen 13. Jahrhundert in seinem „Willehalm“ Gedanken darüber, ob nicht auch Heiden „Geschöpfe Gottes“ seien, und lässt eine seiner literarischen Figuren eine flammende Rede halten, in der ausdrücklich darauf hingewiesen wird, dass Heiden nicht von vornherein für die Hölle bestimmt seien. Seinem christlichen Tugendritter Parzival gab er im gleichnamigen Epos einen heidnischen Halbbruder namens Feirefiz bei, mit dem dieser freundschaftlichen Umgang pflegte. Wolfram brachte damit ein bei seiner Zuhörerschaft offenbar weitverbreitetes Missbehagen zum Ausdruck. Denn wirklich rechtfertigen ließ sich das Töten aus der christlichen Lehre nicht.

Doch ausgerechnet ein Mann der Kirche beruhigte alle aufkeimenden Gewissenszweifel, ein Mann, der als Ordensreformer, Marienverehrer, Mystiker und politischer Berater die größte geistliche Autorität des 12. Jahrhunderts war: Alles halb so schlimm, meinte der hoch angesehene Zisterzienserabt Bernhard von Clairvaux, Hauptsache, der Ritter zeige sich demütig und zöge nicht mit unlauteren Motiven in den Krieg. In seinem „Buch der Ermahnung über das Lob der neuen Ritterschaft“ (um 1130) sang er das Hohelied auf das christlich umformte Ritterbild, das er in den neu entstehenden geistlichen Ritterorden am reinsten verwirklicht sah. Wie schnöde sahen dagegen die rein weltlichen Ritter aus, die nur für ihren eigenen Vorteil kämpften: „Ihr bedeckt die Pferde mit Seide und eure Rüstungen mit herabhängenden Tüchern; ihr bemalt die Lanzen, Schilde und Sättel; Zügel und Steigbügel schmückt ihr mit Gold, Silber und Edelsteinen, und mit solcher Pracht eilt ihr dem Tod entgegen.“ Dagegen hob sich der Ritter neuen Typs wie dem der Templer, der die Gelübde der Armut, der Ehelosigkeit und des Gehorsams abgelegt hatte und wie ein Mönche lebte, wohltuend ab: „Man verachtet Schach und Würfelspiel und verabscheut die Tierhatz. Sie erfreuen sich auch nicht an jener unzüchtigen Jagd mit Vögeln, wie man sie pflegt. Sie verachten und verabscheuen Schauspieler und Zauberer, Geschichtenerzähler, schmutzige Gesänge und das Schauspiel als Eitelkeiten und falsche Tollheit.“ Ernst und streng, ohne Beutegier und unnötige Brutalität kämpften sie für eine gerechte Sache. „Wenn er einen Übeltäter tötet, ist er kein Mörder, sondern, wie ich es nennen möchte, sozusagen ein Übeltöter“, wischte Bernhard jeden Gewissenszweifel vom Tisch. Die Ordensritter erwarteten den eigenen Tod „ohne Furcht“, ersehnten ihn gar „voll Wonne“, um ewige Seligkeit zu erringen. „Unverschämte Worte, ungezügeltes Lachen, leises Murren oder lautes Brummen“ seien ihre Sache nicht. Gerüstet und diszipliniert, gehorsam und Befehle achtend zögen sie in den Kampf. „In der Tat ist ein Ritter unerschrocken und von allen Seiten geschützt, der wie den Körper mit dem Panzer aus Eisen auch den Geist mit dem Panzer des Glaubens umgibt. Mit beiderlei Waffen vortrefflich geschützt, fürchtet er weder den Teufel noch den Menschen“, so Bernhard. Die Werbung des illustren Wortführers führte den Ritterorden viele neue Mitglieder zu.

Der Kreuzzugsgedanke und der Glaube an einen gerechten Krieg prägten das europäische Rittertum nachhaltig. Der Ritter wandelte sich allmählich von einem brutalen, nur dem eigenen Vorteil verpflichteten Kämpfer zu einem den christlichen Werten verbundenen und nach persönlicher Vollkommenheit strebenden Parade-Krieger. Nicht umsonst entstanden unter dem Eindruck der Kreuzzugszeit die schönsten Ritterromane und Heldenlieder, die genau dieses Idealbild feierten und die Ritter der Tafelrunde auf die Suche nach dem Heiligen Gral schickten, der nichts anderes war als ein großes Erlösungsversprechen an den suchenden, irrenden, scheiternden und doch nach Vollkommenheit strebenden Menschen. Fortan war die Ritterschaft ohne christlichen „Überbau" nicht mehr zu denken.

So überrascht es nicht, dass auch Ritter in vielfältigen Formen ihre persönliche Frömmigkeit auslebten. An den gerade seit dem Hochmittelalter boomenden Pilgerfahrten nach Jerusalem, dem zentralen Ort des Lebens und Sterbens Christi, nahm der Adel regen Anteil. Wer nicht als Kreuzfahrer ins Heilige Land reiste, tat es eben als Pilger. Als größte Ehre galt es, am Heiligen Grab zum Ritter geschlagen zu werden und eine der begehrten Reliquien – Wasser aus dem Jordan, Marienmilch aus Bethlehem – in die heimischen Schatzkammern zurückzuführen. Wer etwas erworben hatte, stellte es stolz in den heimischen Gemächern zur Schau, heftete es sich als Pilgerabzeichen an die Gewänder oder schenkte es einem Hauskloster als viel beachtete Stiftung. Oswald von Wolkenstein trug stolz einen langen Pilgerbart, um anzuzeigen, dass er nach Jerusalem gereist war (1409). Wer eine versprochene Pilgerreise nicht einhielt, stiftete zur Sühne in der Heimat den Nachbau eines Heiligen Grabes oder eines wertvollen Reliquiars in derselben Form. Die Sehnsucht nach Jerusalem gehörte zum festen Programm der christlichen Ritterschaft, was auch die überaus reichen Schenkungen an die Ritterorden bewiesen. Zumindest von der Ferne aus wollte man den Kampf im Heiligen Land unterstützen.

Für ihre persönliche Frömmigkeit standen den Rittern aber auch an ihren heimischen Wohnorten, den Burgen, Räumlichkeiten zur Verfügung. Fast jede Burg besaß eine eigene Burgkapelle, deren Raumgestaltung je nach Vermögenslage des Burgbesitzers vom bescheiden ausgestatteten Andachtsraum bis hin zum architektonisch aufwendig gestalteten Kirchenbau reichen konnte. Häufig wählte man für die Burgkapellen repräsentative Lagen auf dem Burgareal. Bevorzugt legte man sie in der Nähe des Haupteingangs an oder integrierte sie sogar ganz in die Torbauten. In der befestigten Pfalz Gelnhausen nahm die direkt über der Torhalle liegende Burgkapelle äußerst prächtige Züge an. Die Ende des 12. Jahrhunderts errichtete, heute nicht mehr erhaltene Kapelle bestand aus einem zweischiffigen und dreijochigen Raum mit Kreuzrippengewölbe und reicher Wandgliederung aus Halb- und Viertelsäulen, Gurtbögen und Gewölberippen. Die aufwendig gestalteten Säulenkapitelle lassen drei Meisterhände erkennen, die man nach ihrem künstlerischen Repertoir „Rankenmeister“, „Palmettenmeister“ und „Elsassmeister“ nannte.

Nicht mehr in Torhäuser integriert waren dagegen die ebenfalls häufig in staufischen Burgen zu findenden Doppelkapellen, bei denen eine Unter- und Oberkirche einen einheitlichen Gottesdienstraum bildeten. Zu deren schönsten Exemplaren zählen die Doppelkapellen von Nürnberg, Eger oder dem Trifels. Bequem ließ sich die Oberetage von den herrschaftlichen Wohnräumen aus erreichen, womit die Oberkirche als privater Andachtsraum der Familie des Burgherrn anzusprechen wäre, während die von außen oder vom Erdgeschoss aus zu betretende Unterkapelle mehr dem „öffentlichen“ Kult diente und dann genutzt wurde, wenn wichtige Amtshandlungen oder größere Feierlichkeiten bevorstanden. Eine Öffnung in der Zwischendecke schuf die Verbindung zwischen den Raumteilen. Die Oberkirche als Schauplatz privater Hofgottesdienste war dabei meist prachtvoller ausgestattet als die Unterkirche. In Nürnberg besaß der Kaiser zu seiner Bequemlichkeit zusätzlich eine eigene Westloge in der oberen Kapelle. In der Burg Neuenburg in Freyburg an der Unstrut besaßen die Gurtbögen der Oberkirche eine besonders aufwendige Gestaltung, die durch viele kleine Rundbögen an arabische Stilelemente, vielleicht vermittelt durch das maurische Spanien, erinnerte, während die Säulen und Kapitelle der Unterkapelle deutlich einfacher ausfielen. Die Kreuzzugszeit hinterließ hier wohl ihre architektonischen Spuren, wie überhaupt die gesamte Bauform der Doppelkapellen vermutlich dem Vorbild des Grabes Christi in der von Kaiser Konstantin erbauten Grabeskirche in Jerusalem entstammte. Da die Burgkapellen keine Pfarrei-Funktionen erfüllten und meist auch nicht als Grablegen dienten, da für diesen Zweck eigene Haus- und Familienklöster zur Verfügung standen, sind die Burgkapellen Beweise der persönlichen Frömmigkeit der Burgbewohner und spiegeln deren Geschmack und Formgefühl wider.

Selbstverständlich besaßen Ritter auch ihre ganz speziellen, auf ihre Bedürfnisse „zurechtgeschnittenen" Heiligen. Besondere Verehrung genossen die Heiligen Georg, Martin, Mauritius, Eustachius oder auch der Erzengel Michael. Vor allem der bereits erwähnte römische Offizier Georg aus Kappadokien erfreute sich unter den schlagkräftigen Rittern besonderer Beliebtheit, seitdem er den Kreuzrittern 1099 in einer Vision auf einem weißen Pferd sitzend erschienen und siegbefördernd zur Seite gestanden hatte. Wegen seiner hohen Popularität stieg er sogar in den Kreis der 14 Nothelfer auf.

Wie man sich als Ritter ordentlich verhielt, hatte auch der römische Reitersoldat Martin im 4. Jahrhundert vorgemacht, als er vor den Toren der Stadt Amiens seinen Mantel mit einem frierenden Bettler teilte und dadurch ein Vorbild für christliche Nächstenliebe abgeliefert hatte. So barmherzig sollte sich schließlich jeder Ritter erweisen! Ein beeindruckendes Beispiel für Standhaftigkeit lieferte der Anführer der sogenannten thebäischen Legion, Mauritius, ab, der als Christ keinen fremden Göttern mehr opfern wollte. Die aus Theben in Ägypten stammende und in der Schweiz stationierte Legion, die ganz aus Christen bestand, weigerte sich, an heidnischen Kulthandlungen teilzunehmen und Glaubensbrüder zu verfolgen, weswegen sie Kaiser Maximianus, der Mitregent Diokletians, komplett liquidieren ließ. Unter den ottonischen und staufischen Kaisern stieg Mauritius, den man in der Kunst gern als dunkelhäutigen Mann darstellte, zum Reichsheiligen auf. Er wurde auch zum Patron des Ritterordens vom Goldenen Vlies.

Der jagdbegeisterte Adel hielt aber auch viel auf das Schicksal des römischen Heermeisters Eustachius, der sein Bekehrungserlebnis auf der Jagd erlebt haben soll, als ihm Christus in Gestalt eines Hirsches erschien. Der unter Kaiser Trajan in Kleinasien dienende Eustachius ließ sich daraufhin mit seiner Familie taufen, musste aber viele Schicksalsschläge hinnehmen, die er in christlicher Demut ertrug. Nach Rom zurückgekehrt, erlitt er unter Kaiser Hadrian den Märtyrertod, da er sich weigerte, an einer heidnischen Opferfeier teilzunehmen. Der gern als Jäger mit Hirsch dargestellte Heilige zählte wie Georg zu den 14 Nothelfern. Die kleine Auswahl an Ritterheiligen zeigt, auf welche Tugenden es den Rittern besonders ankam: Tapferkeit, Standhaftigkeit, christliche Demut und Mäßigung, aber auch auf ein Kämpferherz nach dem Format eines Erzengels Michael. Solle nur ja keiner behaupten, dass sie nicht besonders fromm seien!

IRRTUM 10:

Ritter waren Einzelgänger

Gemeinsamkeit macht stark – dieser Erfahrung huldigten schon die Ritter des Mittelalters. Obwohl das höchste Ansehen nur mit heroischen Einzeltaten – vorzugsweise im Zweikampf Mann gegen Mann – zu erringen war, erzielten die Ritter immer dann ihre besten Erfolge, wenn sie zusammenhielten. Das galt nicht nur für den militärischen, sondern auch für den zivilen Bereich, denn politische und wirtschaftliche Ziele ließen sich am besten gemeinsam durchsetzen. Und gesellschaftliches Prestige stellte man ohnehin am effektivsten in elitären Klubs und Zirkeln zur Schau. Ritterbünde, Ritterorden, Adels- und Turniervereinigungen feierten daher im Mittelalter eine große Blüte.

Auch wenn unser Ritterbild wesentlich von der hochmittelalterlichen Heldenepik geprägt ist, in der die Einzeltaten tugendhafter Recken im Vordergrund stehen, so war der Ritter für gewöhnlich doch Teamplayer. Diese Notwendigkeit ergab sich schon allein aus dem Kampfgeschehen, in dem ein undiszipliniert vorsprengender Haufen von Einzelkämpfern kaum Aussicht auf Erfolg gehabt hätte. Der Ehrgeiz des Einzelnen musste hinter den Bedürfnissen der militärischen Strategie zurückstehen. Denn der Sieg winkte einer Truppe nur, wenn sie in geschlossener Formation gegen den Feind anritt und die Linien nicht durch vorschnelles Lospreschen Einzelner auseinanderzog. Der weise Ratschlag, den König Heinrich I. im 10. Jahrhundert seinen Kriegern im Kampf gegen die Ungarn mit auf den Weg gab, galt das ganze Mittelalter hindurch: „Es suche niemand dem andern vorauszueilen, ganz gleich ob er ein schnelleres Pferd habe; deckt euch vielmehr gegenseitig mit den Schilden und empfangt so die ersten Pfeile des Feindes. Dann stürzt in vollem Laufe und aufs Heftigste anstürmend über ihn her." Geritten wurde in möglichst enger Formation, sodass „nicht einmal ein Apfel" zwischen die Reiter hätte durchfallen können, wie eine zeitgenössische Quelle berichtet. Ein eingespieltes Kampfteam hatte da natürlich seine Vorteile, sodass meist Lehns- oder Verwandtschaftsverbände in der Schlacht zusammenblieben und gemeinsam kämpften. Enge Weggefährten gingen häufig Waffenbrüderschaften ein, um sich gegenseitig zu schützen und um Gewinne und Verluste, die im Laufe des Kriegsgeschehens unwillkürlich auftraten, miteinander zu teilen. Solche Partnerschaften hielten oft über viele Jahre hinweg. Disziplin und Solidarität waren mittelalterlichen Heeren nicht fremd.

Von militärischen Gründen abgesehen, organisierten sich Ritter aber gerne in bisweilen recht exklusiven Vereinigungen, um politische Ziele zu erreichen. So riefen Fürsten und Könige seit dem 14. Jahrhundert reihenweise weltliche Ritterorden ins Leben, um treue Gefolgsleute an sich zu binden und durch die bewusste Beschwörung ritterlicher Ideale eine verschworene Gemeinschaft zu bilden. Zu den berühmtesten und exklusivsten Ritterorden zählten der von König Edward III. von England 1348 gegründete Hosenbandorden und der 1431 von Philipp dem Guten von Burgund ins Leben gerufene Orden vom Goldenen Vlies. Daneben gab es eine Vielzahl kleinerer über ganz Europa verteilter Orden, die weniger elitär ausgerichtet waren und recht fantasievolle Namen trugen wie der Orden vom Hermelin (Bretagne 1381), der Orden vom Schiff (Neapel 1381) oder der Salamander (Österreich 1390). Allen gemeinsam war jedoch, dass sie die Teilnehmer ganz auf die ritterlichen Ideale verpflichteten, Statuten besaßen, in der Regel jährliche Versammlungen abhielten, bestimmte Abzeichen verliehen und die Seelenmessen für die Verstorbenen gemeinsam feierten. Die besonders prächtig zelebrierten Ordensfeste wie das berühmte Fasanenfest von Lille (1453), das Philipp der Gute gab, um seine Ritter vom Goldenen Vlies auf einen neuen Kreuzzug einzuschwören, dienten dazu, die Macht des Gastgebers zu verklären – je aufwendiger die Feste und Zeremonien, umso attraktiver der Hof, an den man sich band. Politische Interessen waren dabei immer mit inbegriffen. König Sigismund nahm den Hosenbandorden 1415 nicht nur der Ehre wegen an, sondern auch, weil er mit dem englischen König einen Bündnispartner gegen Frankreich zu gewinnen hoffte. Er selbst stiftete 1413 den Drachenorden, um Gefolgsleute in seinem Kampf gegen den ungarischen Adel zu gewinnen. Nicht zuletzt verdankte auch der berühmte Orden vom Goldenen Vlies seine Gründung politischem Kalkül: Das reiche Herzogtum Burgund suchte hochrangige Gefolgsleute im Kampf gegen Frankreich und verbot daher jedem seiner Mitglieder, gleichzeitig einem anderen Orden anzugehören. Kameradschaft und Loyalität besaßen in den Ritterorden einen hohen Stellenwert. So war es bei den Hoforden üblich, dem Stifter einen Huldigungs- oder Gefolgschaftseid zu leisten. Die Teilnehmer konnten sich außerdem in dem wohligen Gefühl sonnen, etwas ganz Besonderes zu sein. Man spielte die Tafelrunde des sagenhaften Königs Artus nach und fühlte sich in der Nachfolge der Helden Parzival oder Iwein. Die Mitgliedschaft in einem angesehenen Orden versprach in jedem Fall großen Prestigegewinn und war dem Hochadel vorbehalten.

In Deutschland, wo eine starke königliche Zentralmacht fehlte, schloss sich dagegen der niedere und mittlere Adel in Ritter- und Turniergesellschaften zusammen, um seine Eigenständigkeit zu zelebrieren und sich gegen die Ansprüche von Fürsten und Städten zu schützen. Diese Adelsgesellschaften besaßen eine genossenschaftliche Struktur mit einem gewählten Oberhaupt. Sie veranstalteten jährlich einen Gesellentag, auf dem der Hauptmann gewählt wurde und Neumitglieder Aufnahme fanden, sowie ein festliches Turnier, das den Höhepunkt des Gemeinschaftslebens bildete und das Prestige der niederadligen Geschlechter – fernab der fürstlichen Höfe – gebührend zur Schau stellte.

Jeder Neuling musste seine Ritterbürtigkeit nachweisen, ritterliche Lebensführung sowie die Beachtung des üblichen Standes- und Ehrenkodexes versprechen, den Mitgenossen Hilfe und Unterstützung zusagen und die Wahrung des Landfriedens zusichern. Ungerechtfertigte Fehdeführung führte nämlich zum Ausschluss, was unbedingt zu vermeiden war, denn nur ein turnierfähiger Ritter unterlag der eigenen ritterlichen Schiedsgerichtsbarkeit, die ein wichtiges Instrument im Kampf gegen das landesherrliche Machtmonopol war.

Daher kam den Gesellschaften im 15. Jahrhundert, als die Spannungen zwischen aufstrebenden Landesfürsten und niederem Adel zunahmen, erhöhte politische Bedeutung zu. Sie waren die letzten Bastionen ritterlicher Unabhängigkeit in einer Zeit, in der alles auf die Stärkung der Territorialmacht hinauslief. Daher nimmt es nicht Wunder, dass in Regionen mit zersplitterten Machtverhältnissen, in denen der niedere Adel noch größere Handlungsoptionen besaß, die Rittergesellschaften besonders stark vertreten waren: in Franken, Schwaben und am Oberrhein. Zu den prominentesten Vereinigungen zählten die 1387 in der Pfalz, der Wetterau und im Kraichgau vertretene Gesellschaft mit dem Esel, die um 1392 gegründete Gesellschaft mit dem Fürspang in Franken oder die 1406 ins Leben gerufene schwäbische Gesellschaft mit Sankt Jörgenschild. Häufig gingen die Adelsgesellschaften Bündnisse untereinander ein, sodass ganze Netzwerke entstanden. Könige und Landesfürsten sahen dies mit Unbehagen, wähnten sie doch ihr eigenes Machtmonopol in Gefahr, das in Landfriedensordnungen zum Ausdruck kam. Phasenweise wurden die Adelsgesellschaften daher von den deutschen Königen und Kaisern verboten. Karl IV. untersagte in seiner Goldenen Bulle von 1356 nicht nur Städtebündnisse, sondern analog dazu auch die Gründung von Adelsgesellschaften. Doch sein Nachfolger Sigismund hob das Verbot 1422 auf, da er hoffte, den Niederadel gegen die Fürsten für seine Zwecke einsetzen zu können.

Über die jeweiligen konkreten politischen Zielsetzungen hinaus – Schutz vor Übergriffen von Fürsten und mächtigen Rivalen, Beistand gegen expandierende Städte oder gegen aufständische Untertanen – zelebrierten die Gesellschaften ein opulentes Gemeinschaftsleben. Das Feiern gemeinsamer Messen, das Totengedenken, die Stiftung von Kirchenaltären und Seitenkapellen zur Aufnahme von Totenschilden, aber auch die gemeinsamen Festessen und Turniere dienten der Stärkung des inneren Zusammenhalts. Da keiner der Burgenbesitzer aus dem Niederadel in der Lage war, repräsentative Feste mit Turnieren zu finanzieren, tat man sich eben zusammen und ging in die Städte, wo der Marktplatz die Kulisse für glänzende Auftritte abgab. Allein die Städte besaßen die Infrastruktur, um große Lustbarkeiten abzuhalten. Sie boten genügend Unterkünfte, ein festes Repertoire an Luxuswaren, festliche Räumlichkeiten und Tanzsäle im Rathaus, dazu Archiv und Schreibstuben, um den nötigen Schriftverkehr zu bewältigen. Jede Gesellschaft besaß daher ihre festen Anlaufstellen. Die Mitglieder der Gesellschaft vom Sankt Jörgenschild trafen sich gerne in Augsburg, Ehingen, Konstanz oder Meersburg, die Fürspänger bevorzugten Würzburg, Nürnberg oder Bamberg, die Eselsgesellen Heidelberg und Frankfurt am Main. Um auch ärmeren Standesgenossen die Teilnahme an den Turnieren zu ermöglichen, begrenzten die Turnierordnungen den zu betreibenden Aufwand. Die fränkische Turnierordnung von 1479 schrieb beispielsweise vor, dass ein Ritter nur einen Waffenmeister und zwei Knechte mit sich führen durfte, ein Edelknecht sich aber mit einem Knecht begnügen musste. Die Strafen für bestimmte Vergehen wurden exakt festgelegt und die ruinöse Praxis, nach der der unterlegene Ritter Rüstung, Pferd und ein Lösegeld dem Sieger überlassen musste, wurde zugunsten fester Ablösesummen abgeschafft. In anderen Turnierordnungen waren reichere Turnierteilnehmer dazu verpflichtet, ärmeren Kollegen ein Pferd für den Kampf zu leihen oder verarmte Genossen zu unterstützen. Zu den Pflichten der Teilnehmer zählte in der Regel das Erscheinen mit einer standesgemäßen weiblichen Begleitung, da die Veranstaltungen als gesellschaftliche Ereignisse ersten Ranges galten und nicht zuletzt der Heiratsanbahnung dienten. Wer sich nicht ans Reglement hielt, hatte mit Strafen zu rechnen. Gefürchtet war das „Schrankensetzen", bei dem man dem Täter die Rüstung vom Leib schlug und diese zusammen mit dem Pferd an die Herolde und Turnierknechte übergab. So dienten gerade die Turniere mit ihren strengen Zugangsbedingungen, ihrer Prachtentfaltung und ihrem gemeinsam zelebrierten Gesellschaftsleben der Selbstvergewisserung eines im politischen Bereich längst nicht mehr führenden niederadligen Standes. Die Abgrenzung nach unten sollte zumindest den sozialen Abstand zum Bürgertum hin verdeutlichen – darin war sich die Ritterschaft einig.

Von ganz anderem politischen Kaliber als die Adelsgesellschaften waren dagegen die geistlichen Ritterorden, die zu ernst zu nehmenden Machtfaktoren auf höchster Ebene wurden. Sie verdankten ihre Entstehung der Kreuzzugszeit, als sich immer mehr Europäer mit der Waffe in der Hand auf den Weg in den Nahen Osten machten, um Jerusalem und die heiligen Stätten aus der Hand der Muslime zurückzuerobern. Dabei kam es zu einer einzigartigen Verschmelzung zweier an sich grundsätzlich verschiedener Lebensweisen: der des Rittertums mit dem des Mönchtums. Als sich nach dem ersten Kreuzzug eine Handvoll französischer Ritter unter Führung Hugo von Payens aus dem Hause der Grafen von Troyes zusammentat, um die Pilger nach Jerusalem zu schützen, nahm sich die kleine Schar etwas völlig Neues vor: Sie wollte leben wie die Mönche und kämpfen wie die Ritter. An bewaffneten Männern mangelte es in den jungen Kreuzfahrerstaaten in der Tat. Die meisten Kämpfer waren nach der Eroberung Jerusalems 1099 in ihre Heimatländer zurückgekehrt, doch der Bestand der lateinischen Fürstentümer war von der militärischen Präsenz der Ritter in einem feindlichen Umfeld abhängig. König Balduin II. von Jerusalem erkannte die Chance, die sich aus der Neugründung ergab, und überließ Hugo und seiner kleinen Gemeinschaft auf dem Jerusalemer Tempelberg einen Flügel seines Königspalastes als Standort. Nach diesem nannte man die Männer „Arme Ritter Christi und des Tempels von Salomon zu Jerusalem“ oder schlicht Tempelritter. 1129 fand der neue Orden auf dem Konzil von Troyes seine formale Anerkennung und in der Augustinerregel die Grundlage seines Zusammenlebens. Fortan hielten die Ordensritter die Gelübde von Armut, Keuschheit und Gehorsam ein, ohne dabei das Schwert aus der Hand legen zu müssen. Als Ordenskleidung trugen sie einen weißen Mantel mit rotem Tatzenkreuz. Der von dem Zisterzienserabt Bernhard von Clairvaux protegierte Orden entfaltete rasch seine Attraktivität. Hugo von Payens kehrte vom Konzil von Troyes mit über 300 neuen Rittern nach Jerusalem zurück. Fortan bildete der Templerorden eine feste, militärisch geschulte und durch seine Disziplin besonders erfolgreiche „Elitetruppe“ im Heiligen Land. Schenkungen und Landzuweisungen in Palästina wie in Europa mehrten das Vermögen des Ordens stetig. Anfang des 13. Jahrhunderts besaß er bereits 9000 Niederlassungen.

Die Templer blieben nicht lange allein. Um 1130 begann sich auch der Johanniterorden zu konstituieren, der aus einer älteren, von Kaufleuten aus Amalfi gestifteten Bruderschaft zur Unterhaltung eines Pilgerspitals in Jerusalem hervorging. Eigentlich auf karitative Aufgaben ausgerichtet, nämlich der Pflege kranker Pilger und der Versorgung Armer und Waiser, sah er sich von den kriegerischen Umständen seiner Zeit genötigt, die Waffen zur Verteidigung zu ergreifen. Da viele Spitalbrüder dem Ritterstand entstammten, fiel ihnen dies nicht allzu schwer. Ab 1136 übernahmen die Johanniter im Auftrag des Königreichs Jerusalem immer stärker militärische Aufgaben und besetzten Burgen, zu denen seit 1142 die berühmte und imposante Kreuzfahrerburg Crac des Chevaliers in Syrien zählte. Sie wurden so zum zweiten Ritterorden. Ihre Ordenstracht bestand aus schwarzen Mänteln mit weißen Kreuzen. Als jüngster Orden trat 1198 der ebenfalls aus einer von deutschen Kaufleuten gestifteten Krankenpflegebruderschaft hervorgehende Deutsche Orden ins Leben. Die vor allem aus deutschen Ländern stammenden Ordensritter trugen einen weißen Mantel mit schwarzem Kreuz, konnten sich aber gegen die in Palästina bereits stark vertretenen Templer und Johanniter nur schwer durchsetzen und folgten schließlich 1226 einem Hilferuf Herzogs Konrad von Masowien zur Bekämpfung der heidnischen Pruzzen in den fernen Norden. Dort eroberten sie sich einen geschlossenen Herrschaftskomplex, den Deutschordensstaat, und richteten 1309 ihren Hauptsitz in der Marienburg ein, der größten Ordensburg Europas.

Die Ordensritter trugen mit ihrer überragenden Mannschaftsdisziplin, ihrer hohen Motivation und ihrer schweren Ausrüstung die Hauptlast bei der Verteidigung der Kreuzfahrerstaaten im Heiligen Land, für die sie einen hohen Blutzoll leisteten. Wenn Kreuzfahrerheere ins Land kamen, unterstützten sie diese nach Kräften. Da sie einen Gehorsamseid gegenüber ihren Großmeistern geleistet hatten, war ihre Disziplin wesentlich besser als die der zusammengewürfelten Heere aus Europa. Darüber hinaus entfalteten die Ordensritter aber auch überraschende Fähigkeiten im zivilen Leben. Die Orden besaßen nicht nur Land und Einkünfte in Palästina, sondern verfügten auch über reiche Landschenkungen im jenseits des Meeres gelegenen Westeuropa. Denn die Kreuzzugsbegeisterung der Zeit veranlasste viele Menschen, den Ordensrittern Ländereien, Einkünfte und Herrschaftsrechte zu überlassen. Diese Schenkungen nahmen so große Ausmaße an, dass die Ritterorden dort, wo sich der Landbesitz häufte, sogenannte Komtureien zur Verwaltung ihrer Güter gründeten.

Die Komtureien, auch Kommenden genannt, waren Ordensgemeinschaften im Kleinen, die ein gemeinsames liturgisches Leben führten, gleichzeitig aber die landwirtschaftlichen Betriebe leiteten und die Einnahmen daraus verwalteten, zuweilen auch daran angeschlossene Spitäler betrieben. Mehrere Komtureien bildeten eine Ballei, mehrere Balleien eine Provinz oder ein Großpriorat. Die Komtureien wurden zur unentbehrlichen Ressource für die in Palästina kämpfenden Brüder. Denn aus ihnen stammte der finanzielle und personelle Nachschub. Die logistischen Probleme, die sich daraus ergaben, meisterten die Ordensritter mit größter Perfektion. Um die Gelder gefahrlos über die weite Strecke nach Palästina zu transferieren, entwickelten sie neue Techniken des „bargeldlosen Zahlungsverkehrs". Vor allem die Templer erwiesen sich als gewiefte Finanzjongleure, die mehr und mehr in die Rolle eines Finanzdienstleisters hineinwuchsen, Kredite gewährten, Gelder für Dritte verwalteten und Fernzahlungen vornahmen. Die realen Schätze lagerten dagegen in großen Schatzhäusern in Paris und London. Die Ritter bewiesen auf diesem Feld höchsten Geschäftssinn, der andernorts jedoch nicht gut ankam. Dem französischen König waren die reich begüterten Templerniederlassungen auf seinem Territorium, die allein dem Orden und dem Papst unterstanden, sowie deren Kreditgeschäfte ein Dorn im Auge. Er löste den Templerorden 1307 gewaltsam auf. Viele Templer landeten trotz „erwiesener" Wirtschaftskompetenzen auf dem Scheiterhaufen.

In der Staatsverwaltung zeigten vor allem die Johanniter und die Deutschordensritter besonderes Geschick. Nach dem Verlust des Heiligen Landes durch den Fall Akkons 1291 errichtete der Johanniterorden auf Rhodos eine selbstständige Herrschaft, die nur den Papst als Oberherrn über sich duldete. Die Ritter mühten sich redlich, die Insel zu verwalten und sie als Bastion gegen das weitere Vordringen der Türken im Mittelmeerraum auszubauen. Sie verstärkten die Befestigungen, förderten den Handel und holten Siedler ins Land. Rhodos wurde zu einem wichtigen Handelsstützpunkt für den Warenverkehr zwischen Europa und dem Orient und blühte wirtschaftlich auf. Die großen italienischen Handels- und Bankhäuser eröffneten Niederlassungen auf der Mittelmeerinsel, um im Fadenkreuz des internationalen Handels präsent zu sein.

Ungleich größer nahm sich das Herrschaftsgebiet des Deutschen Ordens im baltischen Raum aus. Geschickt hatte der Ordensmeister Heinrich von Salza im ersten Drittel des 13. Jahrhunderts seine guten Beziehungen zu Kaiser Friedrich II. und Papst Gregor IX. genutzt, um dem Orden die uneingeschränkte Landeshoheit im Kulmer Land und in den von den heidnischen Pruzzen noch zu erobernden Gebieten zu sichern. Der Hochmeister solle dort herrschen „besser als irgendein Landesfürst“, wie es die kaiserliche Bulle ausdrückte. Der im Kampf gegen die heidnischen Völker des Baltikums im Laufe der Zeit entstehende riesige Ordensstaat von etwa 180 000 Quadratkilometern Fläche war ein souveränes Staatsgebilde mit eigenem Rechtssystem und eigener Währung. Der Orden holte Siedler ins Land, die den Boden urbar machten, Sumpfgebiete entwässerten und Hunderte neuer Dörfer gründeten, wodurch der Ordensstaat zu einem führenden Agrarexportland aufstieg. Die Domänen im Umfeld der Ordensburgen erwirtschafteten ordentliche Überschüsse an landwirtschaftlichen Produkten und Nutztieren. Die Häfen Danzig, Königsberg und Elbing, die über weitreichende Handelsbeziehungen im Rahmen der Hanse verfügten, führten die in reichem Maße zur Verfügung stehenden Rohstoffe Getreide und Holz nach Skandinavien, England und Flandern aus. Der Orden profitierte nicht nur vom wirtschaftlichen Aufschwung seiner Städte, sondern betrieb seit Mitte des 14. Jahrhunderts auch Eigenhandel mit seinen landwirtschaftlichen Überschüssen und errichtete für zahlreiche Wirtschaftsaktivitäten Monopole. So blieb die lukrative Bernsteingewinnung ganz in seiner Hand.

Der Einstieg in Kredit- und Finanzgeschäfte füllte die Kassen des Ordens zusätzlich.

In der Verwaltung zeigten sich die Ordensritter ebenfalls auf der Höhe der Zeit. Dem auf Lebenszeit vom Generalkapitel gewählten Hochmeister standen fünf wichtige Amtsträger – Großkomtur, Marschall, Spittler, Trapier und Tressler – zur Seite, die für Wirtschaft, Finanzen, Kriegs- und Gesundheitswesen zuständig waren. Unterhalb des Hochmeisters und seiner Leitungsebene führte eine streng hierarchisch gegliederte Ordnung von weiteren Entscheidungsträgern wie Komturen, Pflegern, Vögten usw. die Anweisungen aus. Jeder Ritter, der ein Amt ausführte, musste jährlich Rechenschaft über seine Arbeit geben. Da er zu Gehorsam, Keuschheit und Armut verpflichtet war und daher nicht in Verlegenheit kam, seinen Familienbesitz zu mehren, war im Ordensstaat ein wesentlich strafferes Durchregieren möglich als andernorts im Reich. So zeigte der Deutsche Orden ein erstaunliches Maß an Modernität hinsichtlich seiner politischen und wirtschaftlichen Strukturen und bildete dadurch eine bedeutende Macht im Ostseeraum.

Wenn Ritter sich zusammenschlossen, so das Fazit, konnten sie überraschend vielfältige Aktivitäten entwickeln. Über den engeren Rahmen des ritterlichen Standesethos hinaus gelang es ihnen, politische Forderungen zu artikulieren und umzusetzen, sogar ganze Staatsgebilde zu begründen. Gemeinsamkeit machte die Ritter in dieser Hinsicht oft tatsächlich unschlagbar.

IRRTUM 11:

König Artus war ein Ritter

Er gilt als der Inbegriff eines idealen Ritters – gerecht, weise, tapfer im Kampf, dabei immer auf der Suche nach dem Wahren und Guten: Artus, der stolze König der Briten, der an seinem Hof die besten und wackersten Mitstreiter an seiner Tafelrunde versammelt, bis er von seinem Sohn (oder Neffen) Mordred in einer mörderischen Schlacht um die Herrschaft tödlich verwundet und auf die sagenhafte Insel Avalon entrückt wird. Die Geschichten von Artus und seinen Tafelrittern, angereichert um eine Menge Abenteuer- und Heldentaten, um Zauberer, Feen und Drachen, gehören zum festen Bestandteil des populären Mittelalterbildes. Schließlich sorgten nicht nur hochmittelalterliche Dichter und Sänger für eine weite Verbreitung des Stoffes, sondern auch moderne Romanschreiber, Comiczeichner und Filmemacher, die aus Artus einen romantisch verklärten Superhelden machten. Seit 1995 der US-amerikanische Streifen *First Knight* in die Kinos kam, trägt das Gesicht Artus' unweigerlich die Züge des bärtigen Sean Connery. Doch so präsent Artus in der modernen Vorstellungswelt auch geblieben ist: Ausgerechnet das, was er zu symbolisieren vorgibt, ist er nie gewesen – nämlich ein Ritter.

Paradoxerweise führt die Spurensuche nach den historischen Vorbildern der Figur tief hinab in Zeiten, in denen noch gar keine eisenstrotzenden Ritter durch die Lande zogen. Englands „dunkles Jahrhundert" zwischen dem Zusammenbruch der römischen Herrschaft und der Landnahme der Jüten, Angeln und Sachsen auf englischem

Boden (5./6. Jahrhundert) gab die Folie ab, vor der sich in Umrissen die Ansatzpunkte zum späteren Artus-Mythos abzeichneten. Zum strahlenden Helden und Anführer der Tafelrunde hat erst die Dichtung des 12. und 13. Jahrhunderts den Kämpen aus grauer Vorzeit gemacht. Auch vom legendären Heiligen Gral, jenem wundertätigen Gefäß, aus dem Jesus beim letzten Abendmahl getrunken haben soll und in dem danach sein Blut bei der Kreuzigung aufgefangen wurde, ist zu dieser Zeit noch nichts zu hören und zu lesen. Auf die Suche nach dem wundersamen Kelch mit seinem Erlösungsversprechen machten sich die edlen Herren der Tafelrunde ebenfalls erst seit dem Hochmittelalter. Wäre die höfische Literatur nicht gewesen, wäre der historisch kaum fassbare Artus vermutlich im Nebel der Geschichte verschwunden, ein Name auf dem Pergament, mehr nicht. Erst die Fantasie der Dichter formte aus ihm das Idealbild eines vorbildlichen Ritters.

Erste schriftliche Nachrichten zu einem Heerführer namens Artus überliefert die *Historia Brittonum* des walisischen Mönchs Nennius, ein Geschichtswerk aus der Zeit um 820. Nennius nennt eine Anzahl von zwölf bedeutenden Schlachten, die ein gewisser Artus als Anführer der britischen Verteidiger gegen die eindringenden germanischen Sachsen ausfocht. „In dieser Zeit wuchs die Macht der Sachsen in Britannien durch ihre Stärke und ihre große Zahl gewaltig. Als Hengist gestorben war, rückte sein Sohn Octha vom nördlichen Britannien in das Königreich Kent ein und von ihm stammen die Könige von Kent ab. In dieser Zeit kämpfte Arthur gegen ihn gemeinsam mit den Königen von Britannien, aber Arthur selbst war der Kriegsherr." Während die Sachsen noch Heiden waren, kämpfte Artus unter christlichen Vorzeichen gegen die Invasoren. Denn das Christentum war mit den Römern nach England gekommen, seitdem diese im ersten nachchristlichen Jahrhundert begonnen hatten, die Insel zu erobern. So soll auf Artus' Schultern ein Marienbild geprangt haben, als er in der achten Schlacht bei der Festung Guinnion die Heiden vernichtend schlug. „Durch die Kraft unseres Herrn Jesus Christus und die Macht der heiligen Jungfrau Maria, seiner Mutter, wurde ein gewaltiges Blutbad unter ihnen angerichtet", weiß Nennius zu berichten. In seiner letzten Schlacht am Berg Badon erfocht der Kriegsherr sogar einen noch triumphaleren Sieg über seine Feinde und erschlug dabei eigenhändig 960 Männer – ebenfalls unter dem Zeichen des Kreuzes, wie eine weitere Quelle, die *Annales Cambriae* aus dem 10. Jahrhundert, bestätigt. Für das Jahr 516 vermeldet nämlich diese walisische Chronik: „Schlacht von Badon, in der Arthur für drei Tage und Nächte das Kreuz Jesu Christi auf seinen Schultern oder seinem Schild trug und in der die Briten Sieger waren." 21 Jahre nach diesem Triumph berichten die Annalen vom Tod des Kriegsherrn, ausgerechnet in einer Schlacht, die später in der Literatur als „Entscheidungskampf" zwischen dem guten König Artus und seinem Rivalen Mordred überhöht wird: „Jahr 537. Schlacht von Camlann, in der Arthur und Medraut fielen. Gleichzeitig wüteten Seuchen in Britannien und Irland." In Wales scheint die Erinnerung an den siegreichen Heerführer, der zwischen den beiden Schlachten eine kurze Epoche des Friedens und der Sicherheit gegen das Vordringen der heidnischen Eindringlinge einleitete, besonders lebendig geblieben zu sein. In walisischen Gedichten und Genealogien sowie in einigen Heiligenviten taucht der Name Artus immer wieder auf. Vage sind hier bereits einige Grundzüge des späteren Helden erkennbar: kriegerisch, freigebig, christlich, Drachen jagend und zeitweise verliebt in schöne Königstöchter, so präsentiert sich der frühe Artus.

Von schweren Kämpfen zwischen christianisierten Briten und heidnischen Eindringlingen berichten auch zwei näher an den kriegerischen Zeiten liegende Quellen: das Geschichtswerk „Von der Eroberung und dem Untergang Britanniens" des Mönchs Gilda (um 540) und die „Kirchengeschichte des englischen Volkes" des Benediktinermönchs Beda Venerabilis (731), allerdings heißt Artus bei ihnen Ambrosius Aurelianus. Dieser siegreiche Feldherr soll an der Wende zum 6. Jahrhundert eine bedeutende Schlacht am Berg Badon (heute meist mit Bath identifiziert) geschlagen haben, der den weiteren Vormarsch der Sachsen für drei Jahrzehnte stoppte. Erst um 540/50 begannen die Angeln und Sachsen erneut, von ihren Siedlungszentren im Osten der Insel aus nach Westen auszugreifen. Doch wer verbirgt sich hinter dem ominösen Ambrosius Aurelianus? War er einer der letzten Parteigänger oder Statthalter in der Tradition der römischen Machthaber, deren Truppen um 410 die von Pikten, Skoten, Angeln und Sachsen bedrängte Provinz verließen? Gelang es ihm, mit der einheimischen romanisierten Bevölkerung den Vormarsch der heidnischen Völker zu stoppen? Der römische Geschlechtername Artorius ist jedenfalls keine Seltenheit, eine historische Persönlichkeit dieses Namens in Britannien nicht auszuschließen.

Anlass zu vielen Spekulationen gab der 1924 in einer kleinen Kirche in Dalmatien entdeckte Sarkophag eines römischen Provinzgouverneurs mit dem auffälligen Namen Lucius Artorius Castus. Nach der Inschrift des Grabmals hatte der verdiente Militär seinen Dienst als Truppenführer im rauen Britannien versehen. Bemerkenswert daran ist die Tatsache, dass er dies nach den Angaben des römischen Geschichtsschreibers Cassius Dio an der Spitze einer 5500 Mann starken Hilfstruppe aus sarmatischen Reitern tat, die um 180 n. Chr. zum Schutze des Hadrianswalls in den hohen Norden abkommandiert worden war. Die hervorragenden Reiterkämpfer der Sarmaten hatten die Römer zuvor in Pannonien kennengelernt, wo das römische Imperium an jenes der Steppenreiter grenzte. Diese waren ursprünglich nördlich des Schwarzen Meeres beheimatet gewesen und erst später in die pannonische Tiefebene eingewandert. 175 n. Chr. kam es zu bewaffneten Auseinandersetzungen. Nach ihrem Sieg rekrutierten die Römer Hilfskontingente unter den Sarmaten und setzten sie andernorts in gefährdeten Grenzregionen ein. Unter der Führung von Lucius Artorius Castus kamen sie offenbar bis an den Hadrianswall, wo die vormaligen Steppenreiter gegen die einfallenden Pikten kämpften, und das mit einigem Erfolg – denn sonst hätte Artorius Castus seine militärisch Laufbahn nicht im Range eines *dux*, eines Heerführers, und eines angesehenen Distriktgouverneurs in Dalmatien beendet.

Obwohl sich der zeitliche Rahmen nicht mit dem des 5./6. Jahrhunderts deckt, in dem die Quellen den Namen Artus erstmals verorten, könnten sich Erinnerungen an diese ferne Episode erhalten und zur Ausbildung der späteren Artusfigur beigetragen haben. Ein wichtiges Indiz dafür wäre das Feldzeichen, mit dem die Sarmaten in den Kampf zogen. Nicht der römische Adler diente ihnen als stolzes Standartentier, sondern der Drache, den sie als heilig verehrten. Der sogenannte *Draco* bestand aus einem an einer Lanze befestigten metallenen Drachenkopf und einem daran angehängten textilen Windsack, der den Bogenschützen die Windrichtung angab. Exemplare des Drachenkopfes konnten archäologisch bereits geborgen werden. In der Artussage nimmt das Drachenmotiv einen breiten Raum ein. Der Drache wird als Wappentier von König Artus genannt und Artus selbst erhält zuweilen sogar den sprechenden Beinamen *Pendragon*, Drachenkopf. Sein Vater führte ebenfalls den Namensbestandteil *Utherpendragon*. Bis heute ziert die Flagge von Wales ein roter Drache.

Auch die besondere Bedeutung des Schwertes im Sagenkreis könnte auf sarmatische Gepflogenheiten zurückgehen. So besaß Artus das magische, siegverheißende Schwert Excalibur, dessen Name an den sarmatischen Stamm der Kalyben erinnern könnte, die für ihre Schmiedekunst berühmt waren. Über die kultische Verehrung des Schwertes bei den Sarmaten berichtet der römische Geschichtsschreiber Ammianus Marcellus: „Bei ihnen sieht man keinen Tempel und kein Heiligtum; nicht einmal eine mit Schilf gedeckte Hütte kann man bei ihnen irgendwo erblicken, vielmehr wird ein entblößtes Schwert nach barbarischer Sitte in den Boden gestoßen, und dies verehren sie gläubig als Kriegsgott und Beschützer der Gebiete, in denen sie wohnen." Unschwer ist hier eine Parallele zum Schwert Excalibur der Artuserzählung zu erkennen, das in einem Stein steckte, bis der rechtmäßige König Britanniens käme, um es herauszuziehen. Nur dem jungen Artus gelang dann dieses Kunststück. Die Erinnerung an sarmatische Sitten und Gebräuche könnte durch die Ansiedlung von Veteranen in Britannien begünstigt worden sein. Denn die Sarmaten kehrten nicht mehr in ihre alte Heimat zwischen Donau und Theiss zurück, sondern ließen sich in der Veteranensiedlung Ribchester nieder, wobei sie sich mit einheimischen Frauen vermischten. Noch im späten 4. Jahrhundert lassen sich in Ribchester sarmatische Abkömmlinge nachweisen. Über sie könnten Drachen- und Schwertkultvorstellungen der Sarmaten die Zeiten überdauert und damit eine der Vorlagen für den Artusstoff geliefert haben.

Doch wie kam der noch unscheinbare Kriegsherr zu seiner stattlichen Tafelrunde und zu seinen spektakulären Abenteuern? Seinen Aufstieg zum König und ritterlichen Helden verdankt Artus ausgerechnet einer zweiten Welle von Invasoren auf der britischen Insel: den Normannen. 1066 besiegten diese den angelsächsischen König Harald II. in der Schlacht von Hastings. Der normannische Sieger Wilhelm der Eroberer ließ sich an Weihnachten zum neuen englischen König krönen und begann mit einer tief greifenden Umgestaltung der Machtverhältnisse. Die alte angelsächsische Führungsschicht verlor Einfluss und Besitz an die nun vom König protegierten Normannen. Dies ging nicht ohne Konflikte mit der alteingesessenen Bevölkerung ab. Die Anknüpfung an eine glorreiche, positiv besetzte Vergangenheit mit Artus als zentraler Führungsfigur bot den Normannen die Chance, ihre Herrschaft zu rechtfertigen und sich in eine Traditionslinie mit den angelsächsischen Königen zu stellen. Der gemeinsame Glaube an eine heldenhafte Lichtgestalt konnte überdies Sieger und Besiegte zusammenschmieden und die düsteren Seiten der Gegenwart vergessen machen, die unter den Nachfolgern Wilhelms des Eroberers von einem hässlichen Thronstreit geprägt war.

In dieser Stunde der Not schrieb ein fantasiebegabter Autor einen wahren Bestseller. Geoffrey von Monmouth, um 1100 im walisischen Monmouth geboren, wirkte als Magister und Erzdiakon in Oxford, bevor er 1152 zum Bischof von Asaph berufen wurde. Er besaß beste Beziehungen zum Königshof und erhielt aus dem Umfeld des neuen Königs Stephan I. 1136 den Auftrag, eine Geschichte der Könige Britanniens zu schreiben. In seiner *Historia regum britanniae* fasste er alle mündlich und schriftlich fixierten Erinnerungsfetzen an den legendären Artus zusammen und baute ihn als zentrale Figur in die englische Geschichte ein. Damit machte er aus einer in der vorwiegend mündlichen Überlieferung nur schemenhaft erkennbaren realen Figur eine historisch gesicherte Persönlichkeit. An Fantasie ließ es Geoffrey dabei nicht missen: Zum Ahnherrn der Briten machte er den Troja-Abkömmling Brutus, nach dem die Insel „Britannien“ (Land des Brutus) angeblich ihren Namen erhalten haben soll. An der Themse begründete Brutus eine neue Stadt, ein neues Troja, nämlich London.

In den folgenden Büchern erzählt Geoffrey die Geschichte der auf Brutus folgenden Könige, die die Insel unter sich aufteilen und schließlich von den Römern abgelöst werden. Aufgrund von Thronwirren werden die rechtmäßigen Thronerben Ambrosius Aurelianus und Utherpendragon vom Ursupator Vortigern in die Bretagne verdrängt, doch gelingt es den Brüdern, auf den Thron zurückzukehren. Utherpendragon verführt gar mithilfe des Zauberers Merlin die schöne Frau des Herzogs von Cornwall, Ygerna, und zeugt mit ihr einen Sohn: Artus, der zur Herrschaft bestimmt ist.

Als junger König unterwirft Artus in siegreichen Schlachten Sachsen, Schotten, Pikten und Iren und heiratet schließlich die schöne Guinevra. Er erweitert sein Reich in zahlreichen Kriegen von Island, Norwegen bis Frankreich und stellt sich zuletzt den Römern entgegen, die Tribut von ihm fordern. In einer äußerst verlustreichen Schlacht in Nordfrankreich besiegt Artus die riesige römische Streitmacht und macht sich dadurch zum mächtigsten Herrscher seiner Zeit. Doch in der Heimat hat sein Stellvertreter, sein Neffe Mordred, die Macht an sich gerissen und Guinevra entführt. Artus setzt eilends über den Ärmelkanal und schlägt seinen Konkurrenten bei Camlann in einer weiteren gewaltigen Schlacht, die Geoffrey auf 542 datiert. Doch der Preis dafür ist hoch: Nahezu alle Helden sterben. Artus erschlägt seinen verräterischen Neffen, wird aber selbst tödlich verwundet und auf die Feen-Insel Avalon entrückt. Danach versinkt Britannien im Chaos – was bleibt, ist die Erinnerung an die heldenhaften Zeiten des Königs Artus.

Mit diesem bunten Geschichtswerk, das wegen seiner Fabulierkunst schon von den Zeitgenossen als „unhistorisch" kritisiert wurde, lieferte Geoffrey von Monmouth den Stoff, aus dem die Träume sind: eine glorreiche Vergangenheit, ein strahlender Held, Zauberkünste und Liebschaften, Betrug, Täuschung, Verrat und ein Schuss keltischer Folklore. Geoffreys *Historia* verbreitete sich in rasender Schnelligkeit, bis heute sind über 200 Handschriften und zahlreiche volkssprachliche Übersetzungen bekannt. Da die Normannen als Händler und Staatengründer weit in der Welt herumkamen, war der Artusstoff bald überall bekannt – von Sizilien und Süditalien bis nach Frankreich, ins Heilige Land und darüber hinaus. Und selbstverständlich fand der Stoff seine willigen Bearbeiter, die mehr und mehr Facetten ausarbeiteten, neue Personen und Erzählmotive einführten und neue Schwerpunkte setzten.

Unter dem Eindruck der erstarkenden Kreuzzugsidee erfuhr Artus seine Umformung zu einem betont christlichen und vollendet höfischen Ritter. Schon der normannische Kleriker Wace machte in seiner 1155 beendeten Bearbeitung der *Historia* aus Artus einen höfischen Edelmann. Der Hof des Königs erscheint in seinem *Roman de Brut* als formvollendet und als Schauplatz illustrer Festlichkeiten. An einer runden Tafel soll Artus die vornehmsten Männer seines Reiches versammelt haben, alle im Rang gleich und von gleicher Vortrefflichkeit: „Ihre Sitze sollten alle gleich hoch sein und die Bedienung dieselbe, und niemand kam vor seinem Kameraden. So konnte sich keiner rühmen, über seinen Kameraden zu stehen, denn alle waren sie in gleicher Weise um die Tafel versammelt“ – die Tafelrunde war geboren! Für das höfische Publikum war diese verschworene Rittergemeinschaft, von der Wace noch gar nicht sagen konnte, wie viele Personen sie umfasste, ein reizvolles Sujet, um noch mehr von fantastischen Abenteuern, dunklen Zaubermächten und hilfreichen Feen zu hören. Gerade am Hofe der hochgebildeten und literarisch interessierten Eleonore von Aquitanien, die nach ihrer Scheidung vom französischen König Ludwig VII. von Frankreich 1152 den jungen Grafen von Anjou, Maine und Touraine und Herzog der Normandie Heinrich Plantagenet heiratete, der 1154 den englischen Königsthron bestieg, feierte Artus eine fröhliche Auferstehung. Eleonore, selbst Enkelin eines berühmten Troubadours, Wilhelms IX. von Aquitanien, besaß am englischen Königshof alle Möglichkeiten, als Literatur-Mäzenin zu wirken. Und sie tat dies in reichlichem Maße. Im Umkreis des angevinischen Hofes entstanden die schönsten Artus-Romane und Heldenepen. Neben Eleonore betätigten sich auch ihre Tochter Marie de Champagne und der um sie werbende Graf Philipp von Flandern als Förderer der Dichtung.

Einer, der am meisten von dieser kulturell anregenden Atmosphäre profitierte, war der französische Dichter Chrétien de Troyes, der zwischen 1165 und 1190 die besten Artus-Romane schuf: *Erec et Enide*, *Lancelot*, *Yvain*, *Perceval* und *Conte du Graal*. Jetzt erst traten die großen Universal-Themen der Ritterschaft – Liebe, Schuld, Erlösung – ohne Anspruch auf einen realen historischen Bezug in den Vordergrund. Mit Chrétien hält die Suche nach dem heilsbringenden Gral Einzug in die Artuserzählung. Der Artushof wird dabei zum idealen Vorbild für jeden königlichen Hof, zu einem Ort, an dem Frieden und Gerechtigkeit herrschen, an dem Frauen beschützt und Gewaltverbrecher in die Schranken gewiesen werden. Für die höfischen Gesellschaften wurden damit Artus und seine Tafelrunde zu wichtigen Bezugspunkten ihres Selbstverständnisses. Ihm und seinen Helden, seiner Gottessuche und seiner Nächstenliebe eiferte man nach. Artus wurde zum Inbegriff des Rittertums. Die Zuhörer rissen den Autoren fasziniert die Pergamente aus den Händen. Zug um Zug entstanden Übersetzungen und Bearbeitungen von Chrétiens Werken. In Deutschland fanden die Dichtungen eines Hartmanns von Aue („Iwein"), eines Ulrichs von Zatzikhoven („Lanzelet") und eines Wolframs von Eschenbach („Parzival") ein begeistertes Publikum. Die unterschiedlichen Erzählstränge führte dann der englische Literat Thomas Malory in einem 21 Bücher umfassenden Monumentalwerk, *Le Morte d'Arthur*, wiederum im Auftrag des englischen Königshauses um 1470 zusammen. Das grandiose Werk erschien 1485 im Druck und ebnete damit Artus den Weg in das neue Zeitalter des Buchdrucks.

Je weiter sich dabei die Artuslegende von ihrem realen Kern löste, umso stärker suchte man nach „Beweisen", dass die Geschichten auch stimmten. Nach einem verheerenden Brand in der Benediktinerabtei Glastonbury gewährte Richard Löwenherz, der Sohn Eleonores, den Mönchen nicht nur jede Unterstützung beim Wiederaufbau ihres Klosters, sondern förderte auch wohlwollend die archäologischen Grabungen zur Auffindung des Artus-Grabes. 1191 entdeckten die suchenden Mönche dann genau das, was sie zu finden hofften: Auf dem alten Friedhof bei der Marienkapelle fand sich die Grabstätte eines Mannes und einer Frau, die durch die Inschrift auf einem beigegebenen Bleikreuz eindeutig zu identifizieren waren: „Hier liegt der berühmte König Artus in seinem Grab auf der Insel Avalon." Artus und

Guinevre – sie hatten also wirklich gelebt! Glastonbury erlebte daraufhin einen für die Wirtschaftskraft des Klosters äußerst günstigen Pilgeransturm, während Richard Löwenherz vom Prestige seines nunmehr faktisch bewiesenen Urahns profitierte. Eine Win-win-Situation für beide Seiten. Artus war so lebendig wie nie zuvor. Seinen angeblich echten Tafelrundentisch zeigte man in der großen Halle von Winchester Castle, der nach dendrochronologischen Untersuchungen aber erst im 13. Jahrhundert unter König Heinrich III. angefertigt worden sein kann. Bemalt und mit den Namen der Tafelritter versehen wurde er gar erst im 16. Jahrhundert. Trotzdem beweist das originelle Stück, wie Artus aus dem engeren Bereich der Literatur immer stärker ins reale Leben der höfischen Gesellschaft hineinwuchs und als konkretes Vorbild begriffen wurde.

Allerorten bemühten sich die gekrönten und ungekrönten Häupter Europas, dem hehren Ideal nachzueifern. Weltliche Ritterorden wie der Hosenbandorden gründeten sich nach dem Vorbild der Tafelrunde, Turniere und Feste wurden nach dem Vorbild des legendären Artushofes ausgerichtet. Berühmtheit erlangten die im 13. und 14. Jahrhundert veranstalteten Artus-Turniere in Lübeck, Goslar, Hildesheim, Braunschweig oder Köln. Besonders prachtvoll fiel das Gralsfest nach dem Zeugnis der Magdeburger Schöppenchronik in Magdeburg 1280 aus. Selbst das bürgerliche Patriziat erging sich in schwärmerischen Träumereien über Artus und seine Genossen: In den selbstbewussten Städten des Ostseeraums entstanden eigene Artushöfe als Versammlungshäuser für ein reiches Patriziat, das sich den höfischen Rummel aneignete, um sich selbst aufzuwerten. In den Artushöfen ging es betont ehrbar zu. „Dort gibt es keinen Streit, auch kein Hauen und Stechen. In Frieden zecht ein jeder. Wenn einer sich vergnügen will, so gibt es ehrbare Spiele wie mit der Armbrust auf den Wall schießen und das Ringbahnspiel, je nach Wunsch. Auf der halben und der ganzen Kugel kann man ein Gläschen Bier hinstellen und die Pelzpelerine auch dabei“, beschreibt der Chronist Johannes Hasentoedter die Funktion eines solchen innen wie außen prächtig ausgestalteten Artushofes im 16. Jahrhundert. Artus war so sehr zur Galionsfigur einer glorreichen Vergangenheit avanciert, dass selbst bürgerliche Stadtväter an ihn anzuknüpfen bemüht waren. Im Kölner und Lübecker Rathaus entstanden zum Beispiel Figurenzyklen, die Artus im Kreise weiterer acht idealer Herrscher wie Alexander dem Großen oder Karl dem Großen darstellten. Diese Neun-Helden-Zyklen beweisen, wie sehr sich Artus in der Zwischenzeit verselbstständigt hatte. Der aus Englands „dunklem Jahrhundert" stammende Heerführer war dank der höfischen Literatur zu einem realen Vorbild geworden. Der Ritter, der gar keiner war, diente der hochmittelalterlichen Ritterschaft als Folie für ihre Sehnsüchte und Wünsche.

IRRTUM 12:

Ritter hatten keinen Sinn für Technik

„Des Cäsars bloßer Anspruch und Kampfesmut wird unzureichend, denn Wissenschaft ist Gold wert, und Wissen bestimmt über Schild und Dolch des Kriegers, bloßes Kämpfen mit konventionellen Waffen richtet nichts mehr aus, man braucht wissenschaftlich begründete Technik", schrieb Konrad Kyeser, der Autor des ältesten illustrierten Buches über Kriegstechnik, *Bellifortis*, 1402 über die veränderte Situation im Militärwesen seiner Zeit. Sich in offener Feldschlacht die Schädel einzuschlagen, genügte längst nicht mehr, um einen Kriegszug zu gewinnen – bei Belagerungen von Burgen und Städten war der Einsatz modernster Technik gefragt. Die zum Teil schon aus der Antike bekannten Belagerungsgeräte wie Steinschleudern, Rammböcke, Belagerungstürme oder Ballisten wurden im Mittelalter stetig weiterentwickelt und verbessert, neue Waffenarten wie Geschütze und Steinbüchsen traten dazu. Jeder Ritter von Rang, der selbst als Kriegsherr in Erscheinung trat, tat gut daran, über ihren Gebrauch und Nutzen Bescheid zu wissen. Dazu stand ihm eine Reihe von militärischen Handbüchern zur Verfügung, zu dem auch der reich bebilderte *Bellifortis*, der „Kampfstarke", des Eichstätters Konrad Kyeser gehörte, der in 173 Bildern einen Überblick über die wichtigsten Kriegsmaschinen seiner Zeit gab. Natürlich lieferte der Autor dabei technische Visionen wie Taucheranzüge, windbetriebene Aufzüge oder nach oben ausfahrbare Belagerungstürme gleich mit. Der 1366 in Eichstätt geborene Mann, der vermutlich selbst an der verlorenen Schlacht von Nikopolis 1396 gegen die Osmanen teilgenommen hatte und ein Anhänger des glücklosen, im Jahr 1400 von den deutschen Kurfürsten abgesetzten Königs Wenzel war, hoffte, mit seinem Buch seinem höfischen Publikum einen Leitfaden für eine erfolgreiche Kriegsführung geben zu können: „Darum beschreibe ich, der im Exil lebende, die Mittel, mit deren Hilfe du dich wehren kannst. Nimm dir daraus, was du brauchst, und so wirst du den Gegnern überlegen sein."

Dass Kriegsführung eine Kunst war, die man erlernen musste, davon war schon der spätantike Autor Vegetius überzeugt, der gegen Ende des 4. Jahrhunderts einen „Abriss des Kriegswesens" geschrieben hatte, um die in Bedrängnis geratene römische Armee zu erneuern. Vegetius, dessen „Bibel" der Kriegsführung nicht nur in Latein, sondern auch in vielen volkssprachlichen Übersetzungen rezipiert wurde, gab eine Menge praktischer Tipps, die Jahrhunderte später noch von großem Nutzen waren: So empfahl er, riskante offene Feldschlachten zu meiden und den Gegner besser durch Abnutzungsstrategien zu schädigen. „Durch Mangel oder Überfälle oder Abschrecken den Feind zu bezwingen, ist besser als durch eine Schlacht, in der gewöhnlich das Glück mehr Macht hat als die Tapferkeit." In seinem vierten Buch listete Vegetius eine Reihe von Geräten auf, mit denen die Mauern einer belagerten Stadt zu überwinden waren: Sturmleitern, Sturmbrücken, Belagerungstürme, Stein- und Pfeilschleudern. „Ein Geschütz ist mit Darmsaiten gespannt und je größere Arme es hat, das heißt je größer es ist, umso weiter sendet es seine Geschosse. Wenn man es nach den Regeln der Technik bedient und mit wohlgeübten Leuten schießt, die zuvor die Maße berechnet haben, durchschlägt sein Geschoss, was immer es trifft", beschrieb er den Nutzen einer Wurfmaschine. Auch das Untergraben der Mauern durch Mineure hielt er für eine Erfolg versprechende Strategie. „Man nimmt also viele Leute zu Hilfe und wie in den Bergwerken (…) gräbt man mit viel Mühe die Erde fort, und durch Aushöhlen eines Hohlraums sucht man einen Weg zum Verderben der Stadt." Entweder dringe man durch den geheimen Stollen in die Stadt ein und öffne den Belagerern die Tore, oder man bringe die Fundamente der Mauer zum Einsturz: „Nachdem dann die Krieger bereitstehen, legt man Feuer daran, und wenn die Holzstützen und Bretter verbrennen, bricht die Mauer plötzlich zusammen, und so wird eine Bresche für den Einbruch eröffnet."

Auch Hrabanus Maurus, der Abt von Fulda und Bischof von Mainz, verfasste um die Mitte des 9. Jahrhunderts aufbauend auf Vegetius' Erkenntnissen ein militärwissenschaftliches Handbuch. Mit der Zunahme handwerklicher Fertigkeiten ab Ende des 14. Jahrhunderts entstanden weitere Schriften, die sich speziell mit Kriegs- und Belagerungsgeräten befassten. Berühmt war das reich bebilderte Opus des Mariano Taccola, der als Künstler, Kriegs- und Waffentechniker in Siena wirkte und den ehrenden Beinamen „Archimedes von Siena" erhielt. Taccola, der als Maler eigentlich dem Handwerkerstand entstammte, sich aber autodidaktisch als „Ingenieur" weiterbildete, fertigte detailgetreue technische Zeichnungen von Zahnradgetrieben, Ziehbrunnen, Schöpfrädern, fahrbaren Leitern und Klappbrücken an. In seinem Werk *De rebus militaribus* beschäftigte er sich mit Geschützen, Bombarden, Kränen und verschiedenen Arten von Schleudermaschinen. Unter anderem der aus Bergamo stammende Condottiere Bartolomeo Colleoni besaß die Schriften Taccolas. Weite Verbreitung fand auch der bebilderte Traktat *De re militari* (1455) von Roberto Valturio, der vor allem die aus der Antike bekannten Belagerungsgeräte wiedergab, die seinem Auftraggeber Sigismondo Malatesta, dem Stadtherrn von Rimini und berühmten Condottiere, als Anschauungsmaterial dienten.

Als „Spezialliteratur" entwickelten sich parallel dazu Feuerwerk- und Büchsenmeisterbücher, die den Umgang, die Zubereitung und Einsatzweise des neuen Schießpulvers beschrieben. Das berühmteste unter ihnen war das „Feuerwerkbuch von 1420", das verschiedene Rezepturen für das Mischen des Schwarzpulvers aus den Bestandteilen Salpeter, Holzkohle und Schwefel sowie Tipps zur Lagerung und zum Transport gab. Da Pulver leicht verdarb, wenn es feucht geworden war, empfahl das Buch die Befeuchtung des Schießpulvers mit Alkohol. Die dadurch entstandenen Knollen ließen sich am Einsatzort leicht wieder zerstoßen und besaßen durch ihre größere Oberfläche, die sie dem Sauerstoff boten, eine höhere Sprengkraft. Für das Laden und Abfeuern der Geschütze und Büchsen gab der unbekannte Autor ebenfalls viele grundsätzliche Anregungen, zum Beispiel wie man festgerostete Kugeln im Kanonenrohr wieder lockerte. Das Buch war selbst über 100 Jahre nach seiner Entstehung noch nicht überholt. Der 1529 in Augsburg angefertigte Nachdruck gilt als das älteste deutsche Druckerzeugnis technischen Inhalts. Das lag nicht zuletzt an dem breiten Zielpublikum des Buches, sprach es doch nicht nur Büchsenmeister an, sondern wie im Vorwort erwähnt „Weliche furste grave herre ritter knechte oder stette", also alle möglichen kriegsführenden Parteien.

Ein Ritter musste zwar die Kriegsgeräte nicht selbst bedienen oder bauen, aber er hatte sie sinnvoll einzusetzen und zu entscheiden, welche Arbeitskräfte er zu ihrer Bedienung anwarb. Die Belagerung einer Stadt oder Burg kostete viel Zeit, Mühe und Geld, sodass dem klugen Einsatz der begrenzten Mittel kriegsentscheidender Wert zukam. Zu den größten und teuersten Stücken der Belagerungstechnik zählte der Tribok, auch Blide genannt, ein Hebelwurfgeschütz, das Steine mit großer Wucht und überraschender Treffsicherheit auf die gegnerischen Mauern werfen konnte und seit Ende des 12. Jahrhunderts verstärkt genutzt wurde. „Hier ist die große Blide, die alle Befestigungen überwindet, Steine schleudert, Türme zerstört, Burgen, Schlösser und Städte zertrümmert", rühmte Konrad Kyeser ihre Durchschlagskraft. Die Blide bestand aus einer hölzernen Rahmenkonstruktion mit einem als Wurfarm eingepassten langen wippenartigen Holzbalken, an dessen kürzerem Ende ein Gegengewicht, meist ein mit Steinen gefüllter Holzkasten, hing. Am entgegengesetzten dünneren Ende des Holzbalkens befand sich das Geschoss in einer Schleuder. Mittels eines Systems aus Seilen und Winden ließ sich der Wurfarm herabziehen und mit der gewünschten Ladung beschweren. Das konnte eine Steinkugel, ein Brandbehälter oder aber auch ein Tierkadaver sein. Löste man die Arretierung, sauste das Gegengewicht herab und der Wurfarm schleuderte mit Wucht die Schlinge nach oben und das Geschoss aus der Lederschlinge.

Da die Reichweite mit der Länge des Wurfarmes und der Masse des Gegengewichtes stieg, wuchsen die Maschinen mancherorts zu regelrechten Ungetümen an. Es gab Bliden, deren Wurfarme 18 bis 20 Meter lang waren. Die größten Exemplare konnten Geschosse von mehr als einer Tonne rund 100 Meter weit schleudern, das Gegengewicht betrug bis zu 12 Tonnen. Um solche Riesenmaschinen zu spannen, waren unter Umständen Treträder an den Seiten der Holzkonstruktion nötig, die von Männern mit ihrer Muskelkraft angetrieben wurden. Beim Einsatz einer Blide mussten vor Ort Größe und Gewicht des Geräts abgeschätzt werden, um die Zielgenauigkeit zu gewährleisten. Dafür verantwortlich zeichnete der Blidemeister, ein Spezialist, der auch auf die Geländebeschaffenheit achten musste, denn Bliden ließen sich nicht überall aufstellen. Sie benötigten ebenen Boden. Wegen des zu schweren Gegengewichts flog bei der Belagerung von Collioure 1344 der abgefeuerte Stein senkrecht in die Luft, stürzte ab und zerstörte dabei die eigene Wurfmaschine.

Nicht weniger aufwendig zu bauen war das aus dem antiken Onager hervorgegangene Mangonel, ebenfalls eine Steinschleuder von gefürchteter Durchschlagskraft. Hier wurde die Torsionskraft als Antriebsquelle genutzt. Der steife Wurfarm mit löffelartiger Mulde zur Aufnahme des Geschosses steckte dabei in einem doppelläufigen Strang aus Tauwerk, das fest zusammengedreht wurde. Dank dieser Spannung schnellte der herabgezogene Wurfarm nach Freigabe der Sperrklinke mit Wucht nach oben, um seine Ladung auf den Weg zum Feind zu schicken. Ein Querbalken mit Polster federte den Stoß des Wurfarms ab. Steinkugeln von 30 Kilogramm Gewicht konnten so bis zu 400 Meter weit geworfen werden. Da diese Maschine von einem Drehmechanismus angetrieben wurde, ließ sich ihre Leistungsfähigkeit nicht durch eine bauliche Vergrößerung erreichen. Hier steckte der Erfolg im Detail. Der Mechanismus erfolgte über Zahnräder, die das Seil möglichst eng spannten und mithilfe eines Sperrklinkwerks bis zum Abfeuern arretiert wurden. Der Onager „wirft Steine wie Blitzschläge", wusste schon Vegetius, „je dicker seine Stränge, desto schwerer die Steine". Der Anbau von zusätzlichen elastischen Holzarmen am Querarm, die über Sehnen mit dem Wurfarm verbunden waren, erhöhte die Schleuderkraft. Einfallsreiche Konstrukteure entwarfen auf dem Papier immer ausgeklügeltere Mangonels: Komplizierte Spannmechanismen mit drei Gegengewichten sollten gleich drei Steinkugel auf einmal abfeuern.

Die größer werdenden technischen Möglichkeiten brachten eine Fülle von Belagerungsmaschinen hervor, die über die zeitgenössischen Bezeichnungen heute kaum mehr zu identifizieren sind. Es lag also viel am Baumeister und seiner Erfahrung, den der Kriegsherr sich verpflichtete. Leonardo da Vinci, das Künstlergenie schlechthin, wusste sich in einem Schreiben an den Herzog von Mailand, Ludovico Maria Sforza, 1482 gebührend herauszustellen: „Dort, wo die Wirkung von Bombarden versagt, werde ich Wurfmaschinen bauen: Bricole, Mangani, Trabucchi und andere außergewöhnliche Geräte mit einer erstaunlichen Wirkung. Kurz gesagt, den Umständen nach werde ich verschiedene Maschinen, die dem Angriff und der Verteidigung dienen, bauen." Nur die reichsten Kriegsherrn konnten sich jedoch Spezialisten vom Format eines da Vinci leisten. Das bekam zum Beispiel der byzantinische Kaiser Konstantin XI. bei der Belagerung von Byzanz durch die Osmanen 1453 zu spüren, als er den gefeierten ungarischen Geschützgießer Urban an den zahlungskräftigeren Sultan Mehmed II. verlor, der dank seines Meistergießers die Stadt schließlich sturmreif schoss. Aber auch unter deutschen Fürsten und Städten entbrannte ein Wettlaufen um die besten Geschützgießer und Büchsenmeister. So verlor Nürnberg, zur Mitte des 15. Jahrhunderts das bedeutendste süddeutsche Zentrum der Geschützgießerei, seinen berühmten Büchsenmeister Hermann Widerstein an den reichen Erzherzog Sigmund von Tirol, der gar mit Handelsboykott drohte, wenn der Spezialist nicht zu ihm käme. Erst nach Zusicherung des doppelten Jahresgehaltes gelang es der Stadt, den begehrten Meister in die eigenen Mauern zurückzuholen. Zu Beginn des 16. Jahrhunderts stiegen die Geschützgießer zu gesuchten Fachkräften auf, die umworben und gut bezahlt wurden.

Aufgeschlossenheit gegenüber technischen Neuerungen zahlte sich in den meisten Fällen für die kriegsführenden Adligen aus. Gute Erfahrungen machte Gottfried V. von Anjou bei der Belagerung der

Burg Montreuil-Bellay 1149 mit einer neuen „Wunderwaffe“. Nach fast dreijähriger Belagerung, in der er der Burg mit konventionellen Mitteln nicht beikam, setzte er erstmals Griechisches Feuer ein, das in Byzanz schon lange bekannt war. Vermutlich gelangte das geheime Wissen über die Rezeptur, zu deren Bestandteilen Schwefel, Salpeter, Erdöl und Kiefernharz zählten, infolge der Kreuzzüge nach Westeuropa. Gottfried ließ Behälter mit der brennbaren Flüssigkeit zunächst erhitzen und dann an eine Wurfmaschine anbringen, um die brodelnden Feuertöpfe über die Burgmauern zu katapultieren. Beim Aufprall strömte die Flüssigkeit aus und entzündete sich. „Feuerbälle flammten auf und die ganze Burg brannte lichterloh“, schrieb Gottfrieds Biograf Johann von Marmoutier über den durchschlagenden Erfolg dieser Maßnahme. Sofort fingen drei Gebäude innerhalb der Burg Feuer, auch ein bereits beschädigter und mit Holzbalken notdürftig reparierter Mauerteil ging in Flammen auf. Griechisches Feuer war durch Wasser so gut wie nicht zu löschen. In der allgemeinen Verwirrung konnten Gottfrieds Truppen durch die Bresche in die Burg strömen und so ihren Gegner zur Kapitulation zwingen.

Seitdem gehörte der Einsatz des Griechischen Feuers zu den beliebten Methoden der Kriegsführung. Der Chronist Jean Froissart berichtet über die Belagerung Breteuils während des Hundertjährigen Krieges: „Dann begannen sie ihre Maschinen abzuschießen und schleuderten Feuer auf die Spitze des Turmes und in sein Inneres. Das Feuer, welches Griechisches Feuer war, setzte das Dach des Turmes in Brand und zwang die Menschen in seinem Innern, ihn eilends zu verlassen, um nicht zu verbrennen. Viele wurden getötet und verwundet, die übrigen waren so verwirrt, dass sie nicht wussten, in welche Richtung sie sich wenden sollten.“

Sinn für Technik musste auch aufbringen, wer die Mauern einer Burg untertunneln wollte. Auch dies erforderte viel Erfahrung und den Einsatz hochqualifizierter Fachkräfte. Meist holte man dazu Bergleute, die im Bau von Stollen Übung besaßen. Als Erzbischof Balduin von Trier bei der Belagerung der Burg Felsberg an der Saar einen raschen Erfolg wünschte, warb er 1341 böhmische Bergknappen an, die ihm befreundete Prager Bürger vermittelten. Die Knappen ließen sich teuer bezahlen und es dauerte geraume Zeit, bis sie an ihrem Einsatzort angekommen waren. Außerdem mussten sie erst eine geeignete Stelle zum Unterminieren finden. Harter und felsiger Untergrund eignete sich nicht für den Tunnelbau. So führte der Herzog von Bourbon 1385 lange Diskussionen mit seinen Adligen, ob die Burg Verteuil an der Charente besser durch Minengänge oder durch Sturmleitern einzunehmen sei. Nach einer Geländeerkundung entschied er sich für die teurere Variante des Unterhöhlens, die erst nach sechs Wochen harter Bergmannsarbeit abgeschlossen war. War eine geeignete Stelle gefunden, die zudem außerhalb der Reichweite feindlicher Geschütze lag, mussten die Bergleute unter Aufbietung all ihrer Kenntnisse in wochenlanger Arbeit einen Gang graben, der mit Holzbalken abgestützt wurde, bis die Fundamente der belagerten Burg erreicht waren. Danach hoben sie eine Kammer aus, die mit brennbarem Material wie Zweigen, trockenem Holz, Fett oder seit dem 15. Jahrhundert auch mit Fässern voll Schießpulver gefüllt und in Brand gesetzt wurde. Für die Bergleute war dann ein kritischer Moment erreicht, denn sie mussten in aller Eile den Tunnel verlassen, bevor die Stützbalken Feuer fingen.

Doch meist war das Unternehmen von Erfolg gekrönt und der unterhöhlte Boden samt Mauerfundamenten stürzte durch die Hitzeentwicklung ein. Geschickte Kriegsherren ließen den betroffenen Mauerabschnitt gleichzeitig mit Wurfmaschinen beschießen, um die Wirkung zu erhöhen. Den englischen König Johann Ohneland führte die Untertunnelung bei der Belagerung der Burg Rochester 1215 zum Erfolg: Zunächst brachten seine Mineure einen Teil der Schildmauer zum Einsturz, anschließend brach ein Teil des Bergfrieds in sich zusammen, in dem sich die Verteidiger verschanzt hatten. Es dauerte nicht mehr lange, bis die Burgbesatzung ausgehungert und ihrer Verteidigungsmöglichkeiten beraubt, schließlich kapitulierte. Auch der französische König Philipp II. August konnte durch Unterminierung des äußeren und inneren Mauerrings der mächtigen Burg Gaillard 1204 Schritt für Schritt den Fall der Burg vorbereiten, der ihm die Herrschaft über die Normandie einbrachte. „Es gab ein großes Donnern, als sie zusammenbrach“, berichtet ein Chronist über den Einsturz der Mauerteile. „Eine Rauchwolke steigt auf, Flammen und Rauch mischen sich und großer Staub erhebt sich von den Ruinen und treibt davon."

Nicht ganz so wirkungsvoll, aber für die Zukunft vielversprechend nahm sich der Einsatz von Kanonen, sogenannten Bombarden, und Hakenbüchsen aus, die die Sprengkraft des Schießpulvers nutzten, um ihre Steingeschosse Richtung Feind zu versenden. Seit etwa 1320 tauchten die ersten Artilleriegeschütze auf dem europäischen Kriegsschauplatz auf, ohne jedoch kriegsentscheidende Wirkung zu haben. Die von Walter de Milimete im Jahr 1326 für den englischen König Edward II. geschriebene Schrift „Über Ruhm, Weisheit und Bildung der Könige" zeigt das erste Exemplar einer vasenförmigen kleinen Kanone mit Zündloch auf einer vierbeinigen Holzlafette, die einen Bolzen verschoss. Die aus Schmiedeeisen oder Bronze hergestellten Waffen ließen sich jedoch nur schwer transportieren, besaßen eine lange Ladezeit und trafen ihre Ziele nicht besonders gut. Der umständliche Ladevorgang ließ höchstens 12 Schuss pro Tag zu. Trotzdem schleppte der englische König Edward III. sowohl in der Schlacht von Crécy als auch für die Belagerung der Stadt Calais Kanonen mit, die den Gegner zumindest gebührend einschüchterten. Sie hätten zumindest großen Lärm verursacht und kleine Steine verschleudert, „um die Pferde zu verschrecken", wie Froissart zu berichten weiß.

Im Laufe des 15. Jahrhunderts wurden die Kanonen stetig verbessert und in höherer Stückzahl produziert. Um sie besser transportieren zu können, setzte man sie auf von Pferden gezogene Karren. Die Hussiten setzten solche „Karrenbüchsen" mit Erfolg in ihren Kämpfen gegen den Kaiser ein. Auch der fortschrittliche Herzog Philipp der Gute von Burgund zögerte nicht beim Einsatz modernster Technik: Er ließ sich 1449 sogar eine Riesenkanone von knapp 7000 Kilo Gewicht gießen, die bis zu 600 Kilo schwere Kugeln verschießen konnte. Allerdings brauchte man eine ganze Pferdeherde, um sie vom Fleck zu bewegen.

Einfachere Handhabung versprachen zwar die Handbüchsen, die seit Ende des 14. Jahrhunderts verstärkt in Rechnungen und Kriegsordnungen deutscher Städte auftauchten. Doch die meterlangen Feuerwaffen mussten erst noch eine lange Entwicklungsphase durchlaufen, bis sie auf einigermaßen handliche Größe geschrumpft schließlich die Schlachtfelder in der Frühen Neuzeit dominierten. Dann allerdings durchschlugen ihre Kugeln jeden Plattenpanzer. Und auch hier galt: Wer auf Veränderungen in der Bewaffnung rechtzeitig reagierte, besaß den größten Vorteil im Kriegsgeschehen. Gespür für Technik war auch unter Rittern gefragt.

IRRTUM 13:

Ritter kämpften nur zu Pferd

„Ein Ritter ist kühn auch wegen seines Pferdes, auf das er vollkommen vertraut", beschrieb der Rechtsgelehrte Honoré Bouvet die ganz besondere Beziehung zwischen Reiter und Pferd. Selbstverständlich war die standesgemäße Kampfweise für einen adligen Ritter jene im Sattel und naturgemäß gehörte der ganze Stolz des Ritters seinem gut ausgebildeten Pferd. Das schwere aus baktrischem oder arabischem Stamm heraus gezüchtete Streitross, in langen Trainingsstunden für den Kampf vorbereitet, zählte zum wertvollsten Teil seiner Ausrüstung. In Pisa taxierte man 1326 den Mindestwert eines Streithengstes auf 25 Goldgulden – eine horrende Summe, die zu Kriegszeiten, wenn die Nachfrage an Pferden stieg, noch übertroffen werden konnte. Kein Wunder, wenn das prächtige Tier zum Statussymbol seines Besitzers avancierte, über das er eifersüchtig wachte. Viele Ritter gaben ihren Pferden besondere Namen und pflegten ein inniges Verhältnis zu ihren vierbeinigen Freunden. Vom spanischen Ritter Pero Nino ist überliefert, dass er „alles über Pferde wusste; er suchte nach ihnen, pflegte sie und hielt große Stücke auf sie. Zu seiner Zeit besaß niemand in ganz Kastilien so viele gute Reittiere; er ritt sie und bildete sie nach seinem Belieben aus." Eine so kostbare Anschaffung musste verständlicherweise so gut es ging geschont werden. Die Streitrösser wurden daher tatsächlich nur im Kampf eingesetzt, während zum normalen

Reisen und zum Transport des Materials einfache Pferde herangezogen wurden, die man Renner oder Zelter nannte und die mit einem Wert von zehn bis 15 Goldgulden deutlich unter dem Preis eines Kampfpferdes lagen. Da der Verlust eines geschulten, kräftigen Streitrosses den Ritter an den Rand des Ruins treiben konnte, verpflichteten sich die Kriegsherren in der Regel zum Ersatz der Tiere bei Verwundung oder Tod und ließen sich die Pferde vor ihrem Schlachteinsatz vorführen, um ihren Wert zu ermitteln. Der Kult ums Pferd war im Mittelalter ähnlich groß wie der im Industriezeitalter ums Automobil.

Doch ausgerechnet des Ritters bester Freund und Helfer konnte ihm zum Verhängnis werden. Denn so gut trainiert die Pferde auch waren, sie scheuten vor Hindernissen oder gingen durch, wenn sie verwundet waren. „Wenn ihr meint, dass die Heftigkeit, mit der Pferde zum Angriff getrieben werden, dafür sorgt, dass sie Piken nicht bedrohlicher finden als Sporen, so antworte ich, dass auch ein angreifendes Pferd langsamer werden wird, wenn es sich den Piken nähert (…) und dann wird es entweder halten oder wegschwenken", schrieb der gewiefte Machttheoretiker Machiavelli 1521 in seiner „Kunst des Krieges" über die Tatsache, dass kein Pferd sich freiwillig in die Gefahrenzone begab. Gräben, Stolperlöcher, in den Boden gerammte Pfähle und insbesondere der Pfeilhagel während der Schlacht bedrohten sie tödlich. „Die Bogenschützen schossen so erbittert, dass die Reiter diese Pfeile mit ihren tödlichen Widerhaken zu spüren bekamen: Hier verweigerte ein Pferd, dort scheute eines und sprang wie verrückt herum, hier buckelte ein anderes, und dort wandte eines das Hinterteil dem Feind zu", berichtet Jean le Bel über die Schlacht von Crécy (1346). In dem dadurch ausgelösten Chaos gingen die Pferde erst recht durch, stürzten zu Boden und begruben ihre Reiter unter sich. Im Schlachtgetümmel halfen keine noch so schön geübten Reiterkunststückchen weiter, selbst schwere Decken und Rosspanzer, mit denen man die Tiere zu schützen hoffte, boten keine vollständige Abhilfe gegen Verletzungen und tödliche Verwundungen. Das Pferd blieb ein Schwachpunkt der ritterlichen Offensivstrategie – diese Tatsache musste man zur Kenntnis nehmen.

Gegen die Logik des Krieges kamen auch die Ritter nicht an und so mussten sie schweren Herzens jenen Ratschlag ihrer militärischen Führer beachten, den sie am wenigsten hören wollten: vom Pferd herabzusteigen und zu Fuß weiterzukämpfen. Das entsprach zwar nicht ihrem Selbstbild, zeigte aber überraschende militärische Erfolge. Die Ersten, die diese Variante der Kriegsführung anwandten, waren die anglo-normannischen Heere des 12. Jahrhunderts. Offenbar hatte sich die Eroberung Englands durch die Normannen (1066) befruchtend auf die Kriegstaktik ausgewirkt, da dadurch unterschiedliche Kampftraditionen – normannische Reiterei, angelsächsische Fußkämpfer – miteinander in Berührung kamen. Die Erfahrungen bei Kämpfen in unwegsamem Gelände wie in Schottland oder Irland, die für große Reiterschlachten ungeeignet waren, taten ihr Übriges, um die englischen Ritter zu überzeugen. Der Erfolg zu Fuß kämpfender Ritter bewies sich in den Schlachten von Tinchebray (1106) und bei Brémule (1119) in der Normandie eindrucksvoll, als der englische König Heinrich I. Beauclerc, der jüngste Sohn Wilhelms des Eroberers, ganz unstandesgemäß die gegnerischen Ritter seines Bruders Robert Kurzhose bzw. des französischen Königs Ludwig VI., des Dicken, auf Schusters Rappen schlug. 400 Ritter in eng geschlossenen Reihen ließen in der Schlacht von Brémule den französischen Reiterangriff abprallen. Vielmehr töteten die englischen Ritter die Pferde der Gegner und überwältigten die gestürzten Kämpfer. Mehr als 150 französische Ritter gerieten so in Gefangenschaft, Ludwig der Dicke hastete geschlagen vom Schlachtfeld.

Eingedenk dieser Erfolge entwickelten die englischen Könige ein gutes Gespür für den flexiblen Einsatz ihrer Truppen. Die Kombination aus Langbogenschützen, abgesessenen Rittern und Reiterkontingenten begründete ihre Überlegenheit im Hundertjährigen Krieg. Da die Invasionsheere der Engländer zahlenmäßig den französischen Truppen meist unterlegen waren, bot sich diese taktische Finesse für sie geradezu an. In der Schlacht von Crécy 1346 befahl der englische König Edward III. selbst seinen vornehmsten Rittern abzusitzen und in dichten Reihen flankiert von Bogenschützen den Angriff der französischen Reiter zu erwarten. In der Mitte der ersten Linie des rechten

Flügels stand unter anderem sein eigener Sohn, der Thronfolger Edward, der berühmte „Schwarze Prinz". Das gute Zusammenspiel bescherte den Engländern einen großen Sieg über die Franzosen, die über 1500 Ritter verloren, darunter den Bruder des Königs und andere hochrangige Adlige.

Der Fußkampf der schwer gepanzerten Ritterschaft barg natürlich auch seine Risiken. Denn in ihren schweren Rüstungen waren sie unbeweglich und ermüdeten schnell. Auf diesen Umstand wiesen die Ritter des Dänenkönigs schon 1260 hin, als sie gemeinsam mit den Deutschordensrittern in den Kampf gegen die Pruzzen zogen und aus strategischen Gründen erwogen, die Pferde zurückzulassen. Sie könnten, so überliefert die Chronik des Peter von Dusburg die Warnung der Ritter, „wegen des Gewichts der Waffen ohne Pferde nicht lange im Kampf aushalten". Dieses Argument war von nicht zu unterschätzender Bedeutung. Die unerfreuliche Erfahrung machten die französischen Ritter in der Schlacht von Poitiers 1356, als sie ausnahmsweise einmal vom Pferde abstiegen, um den Engländern mit gleicher Taktik zu begegnen, dabei aber überstürzt einen so langen Marschweg zurücklegten, dass sie völlig ermüdet am Kampfort eintrafen und ihren Gegnern kräftemäßig unterlegen waren. Selbst König Johann II. der Gute war mit seinem Sohn Philipp vom Pferd gestiegen, um mit gutem Vorbild voranzugehen. „Nachdem er also befohlen hatte abzusitzen, tat er es seinen Männern gleich und stand in vorderster Linie mit einer Streitaxt in der Hand", berichtet der Chronist Jean Froissart über den Kampf. Die Niederlage abwehren konnte er damit jedoch nicht.

Dass Ritterrüstungen sich wenig zum Marschieren eigneten, bemerkten auch die österreichischen Ritter, die 1386 in sengender Julihitze bei Sempach gegen ein Schweizer Bauernheer kämpften. Nicht genug damit, dass ihnen das unebene Gelände und die Hitze in den vom Sonnenlicht aufgeladenen Rüstungen schwer zu schaffen machten, sie stolperten auch noch über ein modisches Accessoire. Die Schuhschnäbel, die die Ritter ganz nach neuester Art an ihre gepanzerten Beinlinge befestigt hatten, erwiesen sich beim Laufen als völlig ungeeignet. Die Ritter stolperten über ihre eigenen Füße und wurden zur leichten Beute der berggängigen Schweizer. Herzog Leopold III.

von Österreich fand wie viele seiner Standesgenossen dabei den Tod. Allmählich setzte sich die Erkenntnis durch, dass es besser war, schwer gepanzert erst gar nicht lange zu marschieren, sondern kompakt stehend eine feste Verteidigungslinie zu bilden. Der erfahrene Kriegsmann Jean de Bueil fasste im 15. Jahrhundert die Erfahrungswerte in dem kurzen Satz zusammen: „Wer angreift, verliert, wer fest steht, gewinnt." Fortschrittliche Kriegsherren wie die Herzöge von Burgund versuchten daher, unterschiedliche Waffengattungen zu kombinieren, Fußkämpfer, Reiterei und Artillerie so aufeinander abzustimmen, dass sie flexibel auf die Erfordernisse des Schlachtverlaufs reagieren konnten, auch wenn es noch lange dauerte, bis dies effektiv gelang.

Der Erfolg, den die zu Fuß kämpfenden Ritter Seite an Seite mit den aus sozial niederen Schichten stammenden Söldnerscharen erfochten, wirkte sich nicht zuletzt positiv auf die Kampfmoral der Truppe aus. Denn wenn sich die vornehmen Ritter unter die Bogenschützen und leicht bewaffneten Fußkämpfer mischten, verzichteten sie auf die Möglichkeit zur Flucht auf ihren schnellen Pferden und teilten damit das Risiko der einfachen Kämpfer. So wird der Sieg der städtisch-bürgerlichen Aufgebote der Flamen über das französische Ritterheer in der sogenannten Goldsporenschlacht von Kortrijk 1302 nicht zuletzt dem Umstand zugeschrieben, dass die Oberbefehlshaber, nämlich die flämischen Fürsten Guy de Namur und Wilhelm von Jülich, vom Pferd stiegen und sich mit ihren Bannern in vorderster Linie unter die kämpfenden Stadtbewohner reihten. Dieser Schulterschluss spornte den Kampfeswillen der einfachen Fußsoldaten an, wie auch die Tatsache, dass Guy de Namur 30 Anführer der städtischen Kontingente vor der Schlacht vor den Augen aller zu Rittern schlug. Die Strategie ging auf: Die Flamen siegten überragend über die französischen Ritter, plünderten deren Lager und erbeuteten zahlreiche goldene Sporen der getöteten Reiter, von denen die Schlacht schließlich ihren Namen erhielt.

Der bewusste Verzicht auf die Flucht zu Pferde bedeutete in letzter Konsequenz Tod oder Gefangennahme des Ritters. Der französische König Johann der Gute bekam das hautnah zu spüren. Nachdem er in der Schlacht von Poitiers mit seinen vornehmsten Getreuen vom Pferd gestiegen war, kam für ihn ein Rückzug nicht mehr infrage, obwohl seine Gefangennahme durch die gegnerische Seite höchst unangenehme Folgen für sein Land haben konnte. Aber seine ritterliche Ehre verbot es ihm, sich in Sicherheit zu bringen, wenn seine eigenen Leute keine Möglichkeit zur Flucht hatten. „Er zeigte sich entschlossen", berichtet Jean Froissart, „sich nie zurückzuziehen, wenn er seinen Männern befohlen hatte, zu Fuß zu kämpfen". Es kam, wie es kommen musste: Johann der Gute fiel den Engländern in die Hände und Frankreich musste ein horrendes Lösegeld aufbringen, um seinen König, der fünf Jahre in England lebte, auszulösen. Auch wenn Johanns Verhalten rein rational betrachtet leichtsinnig war, erntete er bei den Zeitgenossen dafür doch viel Lob. Denn unbedingte Solidarität den Waffenbrüdern gegenüber galt als höchste ritterliche Tugend; ein König, der floh – noch dazu zu Fuß oder in Verkleidung – musste dagegen mit Hohn und Spott rechnen.

Saß der Ritter auf seinem Pferd, benutzte er die Lanze zum Angriff, war er zu Fuß unterwegs, musste er auf ein anderes Waffenrepertoire zurückgreifen. Hätte man einen Ritter bei einem heiteren Berufe-Raten nach seinem typischsten Berufswerkzeug neben der Lanze gefragt, hätte er wohl das Schwert genannt. Denn das Schwert war nicht bloß eine Waffe zum Dreinschlagen, sondern auch ein hervorstechendes Machtsymbol, das bildhafte Zeichen adliger Herrschaft schlechthin, das bei vielen rituellen Anlässen wie Rittererhebungen, Lehnsübertragungen oder Krönungszeremonien zum Einsatz kam. Daher gehörte das Schwert neben dem Pferd zum Statussymbol eines Ritters, das neben seinem materiellen auch einen hohen ideellen Stellenwert besaß. Wer es sich leisten konnte, machte sein Schwert zu einem mit Intarsien verzierten Schmuckstück und gab ihm vielleicht sogar einen Namen. So manches Schwert kam im Heldenepos zu unsterblichem Ruhm, wie das sagenhafte Schwert Excalibur in der Artussage oder das nicht weniger berühmte Siegfried-Schwert Balmung im Nibelungenlied.

Im Laufe des Mittelalters gab es eine Vielzahl unterschiedlicher Schwerttypen, doch blieb die Waffe in ihrem Grundkonzept gleich:

Sie bestand aus einer zweischneidigen Klinge, einer Parierstange zum Schutze der Hand und einem meist runden Knauf. Die Herstellung eines Schwertes war kompliziert und für den Schmied eine Herausforderung. Bis zum Spätmittelalter musste der Schmied mehrere Eisenstäbe so miteinander verdrehen und hämmern, dass daraus eine einzige Klinge entstand, die sowohl hart als auch ein wenig biegsam war. Später wurden die Klingen aus einem einzigen Eisenstück geschmiedet und durch mehrmaliges Erhitzen und Kühlen gehärtet. Die Länge der Schwertklinge änderte sich mit der Weiterentwicklung der Rüstungen. Solange Kettenhemden in Gebrauch waren, setzte man das Schwert als Hiebwaffe ein, wofür eine breitere, aber scharfe Klinge und eine stumpfe Spitze benötigt wurden. Mit dem Aufkommen der ersten Plattenpanzer seit Ende des 13. Jahrhunderts, die einen besseren Schutz vor Hieben boten, wandelte sich das Schwert zur Stoßwaffe. Die Klinge wurde daher schmaler und besaß fortan eine scharfe Spitze. Das Gewicht betrug üblicherweise etwa drei Pfund, damit der Kämpfer nicht allzu schnell ermüdete. Da durch die bessere Panzerung der Gebrauch eines Schildes entfallen konnte, kamen nun auch Zweihandschwerter auf, die mit beiden Händen geführt wurden, um die Schlagkraft zu erhöhen. Zum Gebrauch der Schwerter gab es diverse Lehrbücher, wie das von Johann Liechtenauer im 14. Jahrhundert verfasste, das verschiedene Kampfweisen mit dem Langschwert beschrieb und für viele Jahrhunderte maßgeblich blieb. Günstigerweise beherrschte der Ritter das Hiebe-Austeilen sowohl mit der rechten als auch mit der linken Hand, um sich im Kampf von allen Seiten schützen zu können.

Neben dem Schwert stand dem Ritter die Streitaxt zur Verfügung, die schon vorgeschichtlichen Kulturen bekannt war und deren durchschlagende Wirkung im frühen Mittelalter nochmals von Wikingern und Angelsachsen bewiesen worden war. Wegen ihrer Ähnlichkeit zum bäuerlichen Alltagsgerät und ihrer preiswerten Herstellungskosten galt sie für einen edlen Rittersmann eigentlich als nicht ganz salonfähig. Da man mit ihr nur brutal zuschlagen und nicht fechten oder parieren konnte, stand sie für eine einfache Kampfmethode, die vor allem den „wilden", grausamen Krieger auszeichnete. Den Vorteil gegenüber anderen Waffenarten beschrieb Gerald von Wales, der die Wirkung der Streitaxt bei den „rohen" Iren kennenlernte, im späten 12. Jahrhundert folgendermaßen: „Im Unterschied zum Schwert, das erst mühsam aus der Scheide gezogen, im Unterschied zum Bogen, der erst gespannt, und im Unterschied zur Wurflanze, die erst nach vorne geschleudert werden muss, fügt die Axt, nur ein wenig hochgehoben, ohne großen Aufwand eine tödliche Wunde zu." Leicht konnte ein Schädel selbst mit Helm von einem Axtschlag zertrümmert werden. Funde aus dem Massengrab von Towton (1461) bestätigen die tödliche Wirkung von Axthieben, die vor allem auf den Kopfbereich zielten.

Gerade im späten Mittelalter, als die Rüstungen immer ausgefeilter ausfielen, wussten die Ritter die Multifunktionalität der Waffe zu schätzen, die zum einen mit ihrer Schneide Hiebe austeilen, zum anderen mit ihrer Spitze und ihrem Schlagdorn auch Stiche zufügen konnte. Dass üble Schläge auf den Kopf vielleicht nicht die vornehmste Art des Kampfes darstellten, störte selbst den vornehmsten Ritter nicht mehr. Auch der französische König Johann der Gute trat seinen Feinden in der Schlacht von Poitiers mit einer Axt in der Hand entgegen. Olivier de Clisson, einer der Anführer der Franzosen im Hundertjährigen Krieg, bekam gar den Beinamen „Metzger" verliehen, weil er seine Gegner so gerne mit der Streitaxt „bearbeitete". Der hochrangige Truppenführer und Konnetabel von Frankreich, Bertrand du Guesclin, benutzte ebenfalls ohne Scheu die Streitaxt als Lieblingswaffe. Jean Froissart schildert in seiner Chronik am Schicksal Olivier de Clissons, wie eine Verletzung mit der Axt aussehen konnte: „Er (Olivier de Clisson) traf auf so heftigen Widerstand, dass er quer von vorn von einem Axthieb getroffen wurde, der ihm das Visier seines Helmes durchschlug. Und die spitze Seite der Axt drang ihm in ein Auge und zerstörte es. Aber dessen ungeachtet blieb er noch immer ein guter Ritter." Dabei hatte Olivier noch Glück, nur das Auge verloren zu haben, denn mit den begrenzten medizinischen Möglichkeiten der Zeit endeten Schädel- und Gesichtsverletzungen in der Regel tödlich.

Bodenständige Schlichtheit kennzeichnete auch den Streitkolben, der nichts anderes war als eine metallene Keule, mit der man auf den

Gegner eindrosch. Der Chronist Froissart rühmte einen Ritter mit einem Kolben aus Blei, „mit dem er jeden Helm zerschlug, der in seine Reichweite kam". Mit welch zerbeulter Rüstung ein Ritter dann aus der Schlacht zurückkehrte, kann man sich leicht vorstellen. War die Keule zusätzlich mit Stacheln versehen, um damit die Plattenpanzer zu durchschlagen, sprach man von einem Morgenstern. Ähnlichen Zwecken dienten auch die beliebten Streit- oder Kriegshämmer. Verbogene Rüstungsteile konnten dem Gegner Verwundungen zufügen, ihm die Luft abschnüren oder Knochen- und Rippenbrüche herbeiführen. Mit dem Schlagdorn ließen sich außerdem tödliche Verwundungen zufügen, wenn es gelang, den Plattenpanzer zu durchstoßen. Eine weitere Variante dieser effektiven Nahkampfwaffen bildete der Kriegsflegel, an dessen Stil eine Kette mit Kugel angebracht war, um auf den Gegner mit Schwung einzuschlagen.

Ob zu Pferd oder zu Fuß – der Ritter gab einen in jeder Hinsicht wehrhaften Mann ab. Trotz seiner schweren Rüstung lohnte sich für ihn auch der Fußkampf. Wenn auch die weiterentwickelten Panzerungen ihren Träger immer besser schützten, vollkommene Sicherheit boten sie nicht. Die im späten Mittelalter eingesetzten Hieb-, Stich- und Schlagwaffen brachen selbst Plattenpanzer effektiv auf, sodass der Ritter permanent in Lebensgefahr schwebte. Das Hauen und Stechen auf den Schlachtfeldern ging unbekümmert weiter, auch wenn der Kampf zu Pferd mehr und mehr zum Mythos verblasste. Trotzdem war ein Ritter ohne Pferd nicht zu denken. Es galt als größte Schande, sein Pferd zu verlieren und zu Fuß das Schlachtfeld verlassen zu müssen. „O armselige Österreicher", spottete ein bayerischer Chronist über die Niederlage Friedrichs des Schönen von Österreich gegen Ludwig den Bayern in der Schlacht von Mühldorf 1322, „das soll euer Lohn sein: Zu Pferde kommt ihr, und auf Kähnen kehrt ihr zurück." Wer mit dem Kahn heimwärts schippern musste, hatte Schlacht und Ansehen verloren, so die Botschaft.

IRRTUM 14:

Ritter langweilten sich außerhalb des Krieges

Die Hauptbeschäftigung eines Ritters bestand selbstredend in der Kriegsführung. Nur auf dem Schlachtfeld waren Ehre, Ruhm und heldenhaftes Ansehen zu gewinnen, frei nach der Devise, die der französische Kriegsheld Geoffroy de Charny in seinem „Buch vom Rittertum“ (1350) ausgegeben hatte: „Jeden Mann, der sich in dieser kriegerischen Berufung bewährt, sollte man schätzen und ehren.“ Doch was tun, wenn ausnahmsweise einmal kein Feldzug anstand? Wenn es keine Heldentaten zu erwerben gab? Wenn gar mehrere Friedensjahre hintereinander drohten? Brach auf den Burgen dann die große Langeweile aus? Diese Frage kann man mit einem klaren Nein beantworten. Als Agrarunternehmer, Gerichtsherr, Vermögensverwalter, Turnierteilnehmer, Gastgeber rauschender Feste und begeisterter Jagdsportler hatte ein Ritter in Friedenszeiten alle Hände voll zu tun. Nicht zuletzt ließ sich die Zeit mit Gesellschaftsspielen, Gaukler- und Artistenvorstellungen, Minnesängervorträgen und Festessen ganz nett vertreiben, zumindest wenn man einigermaßen wohlhabend war. „Wer an den Ohren krank durch ein Leiden ist, das ist mein Rat, der lasse den Hof von Thüringen am Wege liegen, denn wenn er dorthin kommt, dann wird er wirklich vollends taub“, schrieb der Minnesänger Walther von der Vogelweide an der Wende zum 13. Jahrhundert über das lärmende Treiben am Hofe des Thüringer Landgrafen, einem der berühmtesten Höfe seiner Zeit. „Ich habe mich ins Gedränge gestürzt, bis ich nicht mehr konnte: Ein Schar zieht hinaus, die andere hinein, Nacht und Tag. Ein großes Wunder ist es, dass da jemand noch etwas versteht."

Den Ritter und Burgherrn erwarteten in Friedenszeiten freilich nicht nur fröhliche Freizeitvergnügungen, sondern ganz ernsthafte Betätigungen wie die Verwaltung der Äcker, Immobilien, Rechte und Liegenschaften, die zu seiner Herrschaft gehörten. Die Burg war nicht nur repräsentativer Wohnort einer Adelsfamilie und funktionaler Wehrbau, sondern gleichzeitig Mittelpunkt einer eigenen je nach Ausstattung kleineren oder größeren Wirtschaftseinheit. War der Burgherr einigermaßen gut gestellt, gehörten Dörfer, Wälder, Felder sowie Erträge aus Wasser- und Fischereirechten, aus Schürf- und Minenrechten, Wege- und Brückenzöllen zu seinem Besitz dazu. Die Burg war damit für das Umland ein zentraler Herrschaftsort. Die Ritterfamilien lebten sowohl von den Einnahmen aus der Agrarwirtschaft wie auch von den Erträgen dieser von Fall zu Fall ganz unterschiedlich gearteten Nutzungsrechte. Den unmittelbar in der Nähe der Burg liegenden Grundbesitz bewirtschafteten die Burgherren meist in Eigenregie mithilfe von Knechten und Mägden. Die Felder der Burghofstätten bildeten dabei einen eigenen, von den Dorfmarken abgegrenzten Sonderbezirk.

Das meiste Land war jedoch an abhängige Bauern vergeben, die dafür ihren ritterlichen Grundherren Abgaben und Frondienste schuldeten. Erst im späteren Mittelalter wurden diese Leistungen durch Geldzahlungen abgelöst. Der Aufwand für den Burgherrn blieb jedoch der gleiche, denn beides musste eingefordert, gezählt und überprüft werden, weshalb schon im hohen Mittelalter die Schriftlichkeit in den Burggemächern einzog. Hier ein Scheffel Weizen, da ein halber Scheffel Bohnen, hier zwei Gänse, dort sechs Hühner – alles musste gesammelt und, falls nicht zur eigenen Versorgung gebraucht, auf den nächstgelegenen Märkten zum Verkauf angeboten werden. Das Güterverzeichnis des Grafen von Neuburg-Falkenstein (um 1166) weist recht akribisch aus, was dem Grundherrn aus seinen verschiedenen Besitzungen zustand: Schweine, Gänse, Hühner, aber auch Eier, Gemüse, Getreide, Käse, Flachs, Eisen oder Salz. Wenn die Ländereien weit verstreut lagen, brachten die Bauern ihre Abgaben nicht direkt zur Burg, sondern übergaben sie an zentralen Orten Verwaltern, sogenannten Meiern, die die Einnahmen mit dem Grundherrn abrechneten.

Da die Burg zunächst einmal auf die Eigenversorgung der Ritterfamilie und ihrer Bediensteten ausgerichtet war, befanden sich nicht nur Wohnräume auf ihrem Areal, sondern auch Stallungen für Pferde und Vieh, Scheunen für die Vorratshaltung, Handwerksstätten wie Schmiede, Brauerei, Bäckerei und andere notwendige Gewerbe. In manchen Burgen wurde auch Glas hergestellt oder Münzen geschlagen. Da im Kriegsfall eine größere Besatzung für einen längeren Zeitraum ernährt werden musste, hatte der Burgherr eine kluge Vorratshaltung zu gewährleisten, die nicht nur Waffen, Pulver und Rüstungen umfasste, sondern auch Lebensmittel und ausreichend Wasser durch die Pflege von Brunnen und Zisternen. Als der Ritter Rudolf Schenke im Jahr 1392 die thüringische Burg Kapellendorf im Auftrag der Stadt Erfurt übernahm, fand er in dieser nicht nur eine reiche militärische Ausstattung von 84 Armbrüsten, kistenweise Pfeilen, Harnischen, Helmen, Eisenhüten und ledernen Brustpanzern vor, sondern auch beträchtliche Vorräte an Bier, Wein, Fleisch und Schmalz. Das Inventar listete überdies reiche Tierbestände auf: Schweine, Lämmer und Schafe, Pferde und Rinder, die auf Weiden in der Nähe gehalten und im Notfall in die Burg getrieben wurden. In größeren Burganlagen gab es daher häufig eine in die Befestigung einbezogene Vorburg, in der die Ställe und Wirtschaftsgebäude genügend Raum fanden. „Man hört das Blöken der Schafe, das Brüllen der Rinder, das Hundegebell, das Rufen der Arbeiter auf dem Felde, das Knarren und Rattern von Fuhrwerken und Karren“, berichtet Ulrich von Hutten über die ländliche Idylle auf seiner Burg noch im frühen 16. Jahrhundert.

Zur Organisation der Selbstversorgung trat noch eine gehörige Portion Verwaltungsarbeit. Dazu gehörte zum Beispiel die Ausübung der niederen Gerichtsbarkeit über die zur Grundherrschaft gehörenden Bauern. Ging es um Nachbarschaftsstreitigkeiten oder Eigentumsdelikte, musste der Burgherr den Parteien Gehör schenken und ein eigenes Urteil fällen, bei Mord und Totschlag jedoch das übergeordnete königliche oder landesherrliche Gericht einschalten. Wenn die Burg, die rechtlich als Privathaus galt, zum Gerichtsort wurde, tagte man unter freiem Himmel vor ihrem Mauerring oder im Burghof bei geöffnetem Tor. Innerhalb der Burg übte der Burgherr die Disziplinar- und Gerichtsgewalt über das gesamte Burgpersonal aus. Da sich in den Burgen mehr und mehr die Herrschaftsausübung über ein bestimmtes Gebiet verdichtete, konzentrierte sich auch die Verwaltungsarbeit zunehmend in ihnen. Bedeutende Rechtsakte, begleitet von entsprechenden Versammlungen, wurden hinter ihren festen Mauern vollzogen, wie sehr viele in Burgen ausgestellte Urkunden beweisen. Für Arbeit sorgte des Weiteren die Wahrnehmung einzelner zur Herrschaft zählender Rechte wie Zoll-, Schutz- und Geleitrechte entlang großer Flüsse und Handelsstraßen, die Durchsetzung des Mühlenzwangs oder die Kontrolle der Einnahmen aus Schürfrechten und Verpachtungen. So darf man sich den Burgherrn als recht umtriebigen Mann vorstellen, der überall nach dem Rechten sah, die Knechte und Mägde anwies, Streit unter seinen Bauern schlichtete und für den baulichen Bestand der Wehranlagen Sorge trug. Heinrich von Mele, der Burggraf und Rentmeister der Burg Kaster im Herzogtum Jülich-Berg, führte nicht nur Aufsicht über eine 30-köpfige Burgbesatzung, zu der auch Bäcker, Jäger, Fischer, Fassbinder und Köche zählten, sondern musste auch seinen herzoglichen Dienstherrn siebenmal standesgemäß auf seiner Burg beherbergen. Außerdem unternahm er im Zeitraum eines Jahres von August 1398 bis August 1399 zahlreiche Dienstreisen: siebenmal nach Aachen, viermal nach Köln, dreimal nach Neuss und zweimal an die Residenz des Herzogs nach Rozendaal und Arnheim. Weitere Fahrten führten ihn nach Düren, Geldern, Zülpich, Jülich und Schönforst. Langweilig kann ihm wohl nicht geworden sein.

Angesichts der vielfältigen Verpflichtungen wird wohl jeder Ritter die raren Stunden eines behaglichen Familienlebens zu schätzen gewusst haben. Das Feiern von Taufen, Hochzeiten, Schwertleiten bot neben den kirchlichen Fest- und Feiertagen genügend Abwechslung in einem gar nicht so eintönigen Alltag. Entgegen der landläufigen

Auffassung ließ es sich auf einer Burg in Friedenszeiten recht behaglich leben. Sicher war die zuweilen recht exponierte Lage so mancher Immobilie auf schwer zugänglichen und von ihrer Umgebung isolierten Höhenrücken und Gipfelspornen ein Nachteil für die Bewohner, auch die räumliche Enge konnte sich nachteilig auf den Wohnkomfort auswirken, doch die jüngste Mittelalterforschung hat das Bild vom unbequemen, weil kalten und dunklen Burgenleben korrigiert. Die beheizten Gemächer einer Burg, nach dem lateinischen Wort für Kamin (*caminata*) Kemenaten genannt, waren meist zusätzlich durch Holzvertäfelungen isoliert und je nach Vermögenslage mit Mobiliar wie Truhen, Tischen, Bänken und Kissen ausgestattet. Für die Beleuchtung sorgten Fenster, Kerzen, Fettlämpchen oder Kienspäne.

Zentrum des geselligen Lebens war die Hofstube, die Arbeits- und Wohnraum zugleich war. Hier wurden Verträge unterzeichnet, Absprachen getroffen, Gäste empfangen, aber auch gegessen und in abendlicher Runde getrunken. An die Hofstube konnten sich weitere Räumlichkeiten wie Schlafkammern, gegebenenfalls sogar mit Aborterker, anschließen. Wie Funde aus Schloss Neuenburg in Freyburg/Unstrut oder aus der Burg Schlössel bei Klingenmünster in Rheinland-Pfalz beweisen, gab es schon im 12. Jahrhundert recht fortschrittliche Heizungsanlagen selbst in kleineren Burgen. Die Neuenburger Heizanlage ließ sich nach neuesten Untersuchungen als indirekte Luftheizung mit Wärmetauscher und Rauchgastrennung identifizieren, ähnlich den Anlagen auf Burg Dreieichenhain oder Schloss Marburg, eingebaut in den Jahren um 1170/75. 90 romanische Ofenkacheln sind aus dieser Zeit noch erhalten. In der schon um die Mitte des 12. Jahrhunderts wieder aufgegebenen Burg Schlössel wurden in den Wohnräumen ebenfalls eine Zimmerheizung und eine bereits recht fortschrittliche Fensterverglasung nachgewiesen. Sogar ein eigenes Badehaus gab es im Schlössel, ein Fachwerkbau auf Steinsockel, der mit einer aufwendigen Fußbodenheizung ausgestattet war. Oberhalb des Feuer- oder Schürraumes lag ein Speicherraum für die erhitzte Luft, die mithilfe eines mit Steinplatten gedeckten Kanals in den Baderaum geleitet wurde, wo die Hofgesellschaft durch Aufgüsse auf die heißen Steinplatten mit einem Dampfbad erfreut wurde. Ein weiterer Kamin diente dem Erhitzen des Badewassers. Dampf- und Wasserbad wurden häufig nebeneinander gepflegt. Wie aus Dichtung und Buchmalereien überliefert, gehörte das Baden zu den durchaus üblichen ritterlichen Vergnügungen. Auch den Helden Parzival schickte der Dichter Wolfram von Eschenbach in seinem Epos mehrmals in den Bottich und der *Codex Manesse* stellte Ritter ohne Scheu in der Wanne bildlich dar. Häufig wurde beim Baden auch ein Mahl eingenommen.

Das Essen besaß überhaupt einen hohen Stellenwert in der ritterlichen Gesellschaft. Das gemeinsam mit den Damen eingenommene Mahl spiegelte schon in der Sitzordnung bei Tisch die soziale Ordnung am Hofe wider und diente dazu, die Würde und den Reichtum des Gastgebers gebührend zur Schau zu stellen. Wer als Einladender etwas auf sich hielt, ließ daher bei einem Festessen eine Vielzahl an Gerichten auftischen, die zudem stark gewürzt sein mussten, denn die verschwenderische Verwendung teuer importierter Gewürze zeugte von der Wohlhabenheit des Hausherrn. Neben Brot, Fisch, Eiergerichten und Obst kam vor allem Fleisch auf die Tafel. Die Köche wetteiferten darin, Fleischgerichte raffiniert zuzubereiten und pompös aufzutragen. Das Tranchieren und Vorlegen des Fleisches galt als hohe Kunst, die von jungen Adligen genauso formvollendet beherrscht werden musste wie das Reiten oder Schwertfechten. Das Vorlegebesteck, bestehend aus mehreren Messern, Gabeln und Tranchiermessern, gehörte meist zum wertvollsten Teil des Tafelgeräts. Geschickt stellte sich an, wer mit wenigen Schnitten das Fleisch zerkleinerte und es, ohne mit den Fingern zu berühren, an die Gäste verteilte, wobei der ranghöchste Gast selbstverständlich die fettesten Happen abbekam. Dabei landete nicht nur das Fleisch der üblichen Nutztiere Schwein, Rind oder Huhn auf den Holz- und Zinntellern der Gäste, sondern auch das zahlreicher Wildtiere, da die Jagd als Privileg des Adels galt. Hirsche, Rehe, Hasen, Wildschweine, Bären, Dachs oder Biber sorgten für kulinarische Abwechslung, wie auch Pfauen, Schwäne und Reiher die Schlemmerfreuden des Adels bereicherten. Besonders reiche Herren ließen aufwendige Schaugerichte wie dekorierte Schweinsköpfe, riesige Pasteten oder gebratene Vögel mit Federteilen auftischen, wobei deren Ankunft mit Musik und Gesang angekündigt wurde, um genügend Aufmerksamkeit bei den Gästen zu erzielen. Der Unterhaltungswert solcher Zwischeneinlagen war meistens garantiert.

Bei großen Festivitäten traten zur Unterhaltung auch Gaukler, Sänger und Musiker auf. „Ohne Fiedel oder Laute pflegen die Mähler bei edlen Leuten nicht gefeiert zu werden", wusste der Mönch Bartholomäus Anglicus zur Mitte des 13. Jahrhunderts zu berichten. Je wohlhabender der Burgherr, umso üppiger fiel das „Rahmenprogramm" aus. Artisten und Spielleute bekleideten zwar im gesellschaftlichen Ranking nur eine untere Stellung, nichtsdestoweniger ließ man sich von ihnen gerne unterhalten – und das nicht nur bei Tisch. Wenn eine Musikgruppe mit Schalmeien, Flöten, Krummhörnern, Fiedel und Drehleiern aufspielte und mit Tamburinen und Zimbeln den Takt angab, kündete sich der Höhepunkt des Abends an. Gerne schritt man dann auch zum Tanz, denn wer ein rechter Ritter sein wollte, der schwang das Tanzbein ebenso elegant wie das Schwert im Kampf.

Das Idealbild des höfischen Ritters sah gefälliges Verhalten vor der Damenwelt geradezu als Pflichtprogramm an. Zuweilen scheint es mit den Lustbarkeiten bei Hof recht weit getrieben worden zu sein, denn immer wieder brach sich Kritik daran Bahn. So geißelte der Kleriker Johannes von Salisbury bereits um die Mitte des 12. Jahrhunderts die „Festgelage, Trinkereien, Mahlzeiten, Lieder und Spiele" bei Hof, die die Ritterschaft nur verderben würden. Sein englischer Standesgenosse Peter von Blois pflichtete ihm bei: „Wenn unsere heutigen Ritter zuweilen einen Feldzug unternehmen müssen, werden die Lasttiere nicht mit Waffen, sondern mit Wein beladen, nicht mit Lanzen, sondern mit Käse, nicht mit Schwertern, sondern mit Schläuchen, nicht mit Wurfspeeren, sondern mit Bratspießen", klagte er über den vermeintlichen Zerfall der Sitten. Ob diese Kritik zutreffend war, muss dahingestellt bleiben.

Die adlige Hofgesellschaft war ganz Auge und Ohr, wenn Gaukler ihre akrobatischen Kunststückchen darboten, Jongleure ihre Fingerfertigkeiten bewiesen oder Minnesänger und Spruchdichter ihre neuesten Werke vortrugen. Gerade die Geschichten um die ritterliche

Helden Artus, Parzival oder Tristan hörte das Publikum gerne, hoch im Kurs standen aber auch die Helden der Antike wie Alexander der Große oder Aeneas. Und nicht nur die Damenwelt schmolz beim Vortrag zarter Liebesgedichte à la Walther von der Vogelweide oder Heinrich von Morungen dahin. Die von Hof zu Hof ziehenden Minnesänger waren die gefeierten Stars der höfischen Gesellschaft. Und nicht zu Unrecht konnte ein berühmter Dichter wie Reinmar der Alte von sich behaupten: „Wahrlich, ich war ein Tröster der ganzen Hofgesellschaft."

Ein so glänzendes Hofleben konnte sich freilich nicht jeder Ritter leisten. Nur die vornehmsten Fürsten waren dazu in der Lage. Vor allem die allseits beliebten Turniere waren kostspielige Vergnügungen, die nur Könige und Landesherren veranstalten konnten. Die großen Schaulaufen des Adels, bei denen die Ritter in Gruppen- und Zweikämpfen ihre Tapferkeit unter Beweis stellten, wurden nur zu großen Anlässen wie Hoftagen, Hochzeiten oder Schwertleiten veranstaltet, doch dann kam eine Vielzahl bedeutender Ritter mit ihrem Gefolge zusammen. Die Teilnehmerzahl konnte in die Tausende gehen. Zu einer der größten Turnierveranstaltungen des Mittelalters in Lagny südlich der Marne reisten 1179 etwa 3000 Ritter an. Sogar ärmere Zeitgenossen, die selbst nie ein Turnier ausrichten konnten, kamen durch die Begleitung reicherer Verwandter oder fürstlicher Lehnsherren so in den Genuss einer Turnierteilnahme. Gerade junge unverheiratete und vermögenslose Ritter nutzten gerne die Gelegenheit, sich einem größeren Publikum zu präsentieren und durch einen vielleicht bestandenen Zweikampf das Herz einer Dame zu gewinnen. Nicht zuletzt winkten Siegespreise, erbeutete Rüstungen und Pferde dem Tüchtigen als Lohn. Mit großer Leidenschaft frönte der Adel bis zur Wende zur Neuzeit diesem gefährlichen Hobby. Denn selbst das hohe Verletzungsrisiko oder kirchliche Verbote hielten die Ritter nicht davon ab, regelmäßig an Kampfspielen teilzunehmen. Die Lebensbeschreibung des berühmten Ritters und Turnierkämpfers William Marshal berichtet, dass man Ende des 12. Jahrhunderts leicht alle 14 Tage an einem Turnier teilnehmen konnte. Sie waren die Bühne ritterlicher Selbstdarstellung.

Eine preiswertere Variante adligen Freizeitvergnügens stellte dagegen die Jagd dar. Wie das Turnier galt auch die Jagd als adäquate Vorbereitung auf den Krieg und daher als standesgemäße Beschäftigung. Gekonnte Beherrschung des Pferdes, sicherer Umgang mit den Waffen, ein geübter Blick und Mut im Angesicht eines wilden Tieres gehörten zu den Voraussetzungen für einen erfolgreichen Jagdausflug. Schon früh reservierte der Adel daher das Jagdprivileg für sich, während den niederen Ständen die Pirsch im Wald in der Regel verboten blieb. Allenfalls auf Kleinwild durften die Bauern Jagd machen. War zunächst die Hatz im Grünen ein königliches Vorrecht, ging es seit dem 13. Jahrhundert immer stärker auf die Landesherren über. Für die Ritter bedeuteten die regelmäßigen Ausflüge in die nahe gelegenen Wälder, die meist von Mai bis September stattfanden, nicht nur eine Aufbesserung ihrer Tafelfreuden, sondern auch ein geselliges Vergnügen im Kreise von Freunden und Verwandten sowie eine nicht unerhebliche Mehrung des Prestiges, wenn Trophäen wie Hirschgeweihe oder Bärenfelle zu ergattern waren.

Die übliche Form der Jagd war die Hetzjagd mit Windhunden, bei der die Hundemeute zusammen mit einer Vielzahl von Treibern das Wild aufscheuchte und bis zur Erschöpfung vor sich her trieb. Waren Bären, Wildschweine oder Hirsche gestellt, wurden sie von den Rittern mit langen Spießen zur Strecke gebracht, wozu schon eine gehörige Portion Mut gehörte. Bis zum späten 15. Jahrhundert benutzte man dafür die Waffen, die man auch im Krieg gebrauchte, danach entstanden spezielle Jagdspieße mit zweischneidigen blattförmigen Klingen und Auflaufknebel, die dafür sorgten, dass die tödlichen Waffen nicht zu tief in das waidwunde Tier eindrangen, das den Jäger in seinem Schmerz gefährden konnte. Gerne verwendeten die ritterlichen Jäger auch die Armbrust, mit der das Wild aus größerer und damit sicherer Distanz getötet werden konnte. Mit großer Begeisterung beschrieb Gaston Phoebus, der Graf von Foix, den Ablauf einer höfischen Parforcejagd auf Rot- und Schwarzwild mit allen daranhängenden Tätigkeiten. Sein zwischen 1387 und 1389 geschriebenes und Herzog Philipp dem Kühnen von Burgund gewidmetes „Buch der Jagd“ bestach vor allem durch seine reiche Illuminierung, die alle

Phasen der Jagd zeigte. Das Werk wurde in vielen Abschriften überliefert und behielt seinen Status als Lehrbuch des Jagdhandwerks bis in die Neuzeit.

Neben der Hetzjagd erfreute sich die Beizjagd mit Falken großer Beliebtheit. Das Abrichten der kostbaren Jagdvögel erforderte jahrelange Zuwendung, die meist von fest angestellten Falknern übernommen wurde. Falken, Habichte und Sperber setzte man zur Jagd auf Geflügel ein, das mit der Armbrust nur schwer zu erlegen war. Von keinem Geringeren als dem Stauferkaiser Friedrich II. stammt das berühmte Falkenbuch „Von der Kunst mit Vögeln zu jagen", entstanden zwischen 1240 und 1248, das viele wichtige Hinweise zu Aufzucht, Pflege, Abrichtung und Einsatz von Jagdvögeln gab und dabei mit einer Fülle von Naturbeobachtungen aufwartete, die das Werk bis in die Neuzeit lesenswert machte und zur Grundlage der Beizjagd werden ließ.

Daneben konnte man auf eine bunte Palette von Gesellschafts- und Würfelspielen zurückgreifen, um die Zeit gut zu überbrücken, wie zahlreiche Funde von Spielsteinen und Spielkästchen in Burggemächern beweisen. Besonders beliebt war Schach, das „königliche" Spiel schlechthin. Bei diesem aus Indien stammenden und über Persien, Byzanz und den arabischen Raum vermittelten Brettspiel konnte der Ritter sein strategisches Geschick, seine Konzentrationsfähigkeit, aber auch seine Regeltreue unter Beweis stellen. Beim Schachspiel war ein kühler Kopf gefragt – genau wie auf dem Schlachtfeld. Anhand der Figuren ließ sich die soziale Ordnung der Gesellschaft ablesen. Wie im wahren Leben begegneten sich auf dem Spielbrett Bauer, Ritter, König und Dame in unterschiedlichen Funktionen und Bedeutungen. Kostbare Ausführungen von Schachfiguren und -brettern zeugen davon, dass das Spiel zum Statussymbol des Adels avancierte, mit dem sich selbst hochrangige Herren den Müßiggang vertrieben. Schließlich brauchte man zum Schachspiel Zeit, Köpfchen und einen adäquaten Partner. Daneben spielte man Dame, Mühle und Backgammon, das in Deutschland Wurfzabel genannt wurde. Im Schlössel bei Klingenmünster fand sich ein Mühlespiel direkt auf einer Fensterbank eingeritzt. Mit Würfeln ließ sich natürlich auch ohne Brett und komplizierte Regeln spielen, dann wandelte sich das Würfelspiel allerdings schnell zum Glücksspiel, das insbesondere von Klerikern als Laster gegeißelt wurde. Denn die dadurch angehäuften Spielschulden konnten das Familienvermögen erheblich schmälern. Als neues „Laster“ zog Ende des 14./Anfang des 15. Jahrhunderts das Kartenspiel nicht nur in Gasthäusern, sondern auch auf Burgen ein.

Weniger gefahrvoll nahmen sich dagegen Gesellschaftsspiele wie Blinde Kuh oder diverse Fangspiele aus. Bei Blinde Kuh stülpte man einem Mitspieler eine kapuzenartige Haube, eine Gugel, über den Kopf und schlug ihn dann mit zusammengeknoteten Tüchern. Der Blinde musste erraten, wer ihn geschlagen hatte. Wie auch immer diverse andere Freizeitvergnügungen ausgesehen haben mögen, langweilig ist es der verehrten Ritterschar wohl kaum geworden. „Die Ritter widmeten sich der Jagd, dem Fischfang, dem Turnier und Lanzenspiel sowie Liebesabenteuern“, fasst eine Schrift aus dem 13. Jahrhundert das Leben der Ritter im Elsass zusammen. Dem bleibt nichts hinzuzufügen.

IRRTUM 15:

„Arme Ritter“ sind nur eine Süßspeise

„Arme Ritter“ schmecken gut – zumindest, wenn man sie als Süßspeise genießt. Mit Zucker und Zimt bestreut, sind die in Eiermilch getauchten und in heißem Fett ausgebackenen Weißbrotscheiben einfach ein Gedicht. Das Rezept dazu findet sich schon im ältesten deutschsprachigen Kochbuch, dem „Buch von guter Speise“, aus der Mitte des 14. Jahrhunderts. Seitdem sind „Arme Ritter“ in aller Munde. Preiswerte Zutaten, einfache und schnelle Zubereitung – der Stoff, aus dem kulinarische Longseller gestrickt sind. Doch so köstlich und beliebt „Arme Ritter“ als Gericht auch sind, es mischt sich ein bitterer Beigeschmack unter sie. Denn die Zutatenliste deutet es bereits an: „Arme Ritter“ sind eine Kleine-Leute-Speise. Und das hatte durchaus seine Entsprechung in der sozialen Realität des Mittelalters. Viele Ritter aus dem Niederadel besaßen nur kleine Lehen, deren Erträge gerade so zum Überleben reichten. Sie waren stark mit ihrer ländlichen Umgebung verquickt und finanziell nicht viel besser gestellt als einer ihrer wohlhabenden Großbauern. Für die Mittel- und Unterschicht des Ritterstandes bildete das Dorf den festen Lebensmittelpunkt. Viele dieser einfachen Ritter wohnten nicht auf herrschaftlichen Burgen, sondern in befestigten Herren- und Gutshöfen auf dem Land. Als sich im Spätmittelalter die ökonomischen und gesellschaftlichen Rahmenbedingungen für die Ritter verschlechterten, plagten so manchen

Standesvertreter existenzielle Nöte. Etliche von ihnen suchten dann Zuflucht in einem ungezügelten Fehdewesen, um ihre Einkünfte mit Raub, Erpressung und Nötigung „aufzubessern". Doch es waren nicht allein die Krisen des Spätmittelalters, die den Rittern zu schaffen machten. Auch das Hochmittelalter kannte schon das Phänomen des armen Ritters.

„Als mir mein Geld verloren ging und was an Schätzen ich empfing, da legte ich das Schwert beiseit des Ritterdienstes Freudigkeit. Ich halt fürs Schwert, das mir entschwand, die Hacke nun in einer Hand", klagt bereits in dem um 1200 entstandenen Reimgedicht von der Riesenrübe der Hauptprotagonist, ein verarmter Edelmann, über seinen sozialen Abstieg. Und in der Tat nahmen sich manche Lehen schon zu dieser Zeit so klein aus, dass den Lehnsinhabern nur ein bescheidener Lebensstil blieb. Drei bis fünf Hufen Besitz galten für kleine Vasallen im 12. Jahrhundert schon als Standardgröße für die Stellung eines Panzerreiters, wobei eine Hufe etwa 11 Hektar Land entsprach. Gemessen an den niedrigen Ernteerträgen, die die Böden erbrachten, war das nicht viel. Selbst unter den klimatisch günstigen Bedingungen des Hochmittelalters betrug das Verhältnis zwischen Aussaat und Ernte beispielsweise bei Weizen nur 1:6. Verhagelten Unwetter die Erntebilanz, war Schmalhans Küchenmeister auch im ritterlichen Haushalt. Für einen standesgemäßen Lebensstil mit mehreren Kriegsknechten und Knappen samt dazugehöriger Ausrüstung waren daher Ernteerträge von etwa 150 Hektar erforderlich.

Der Bayerische Landfriede von 1256 legte als Mindesteinkommen für den Besitz einer Burg und das Recht, einen bewaffneten Knecht zu beschäftigen, 30 Pfund Silber fest. Das entsprach etwa dem Durchschnittseinkommen kleiner Vasallen, doch etwa die Hälfte von ihnen erreichte diesen Durchschnittswert nicht. Sie unterschieden sich in ihrer Lebensweise kaum von den wohlhabenderen Bauern. „Der Bauer wäre gerne Ritter, wo ihm sein Dasein wird zu bitter. Der Ritter wäre lieber Bauer, wenn ihm sein Leben schmeckt zu sauer", reimte der Dichter Thomasin von Zerklaere im frühen 13. Jahrhundert über das ambivalente Verhältnis der Stände zueinander. Auch der Dichter Neidhart von Reuental wurde um die gleiche Zeit nicht müde, die

Prunk- und Putzsucht wohlhabender Bauern zu geißeln, die sich immer mehr der ritterlichen Lebensweise anzugleichen bemühten. Zuweilen heirateten sogar reiche Bauerntöchter in niederadlige Ritterfamilien ein. „Manch Ritter lebt mit großer Familie in bitterer Armut, der versagt jenem Bauern sein Kind nicht", schrieb der österreichische Ritter und Autor Seifried von Helbling Ende des 13. Jahrhunderts über diese Tatsache. „Ich sage dir, ob du es glaubst oder nicht, es gibt solch arme Ritter, dass er sich für materielle Besserstellung als Ehefrau eine Bäuerin nimmt."

Im Spätmittelalter verschärfte sich die Situation für viele Ritter noch. Dazu trug eine Reihe von Faktoren bei, unter anderem die seit dem 14. Jahrhundert einsetzende schleichende Klimaverschlechterung. Nach einer längeren Warmzeit setzte eine Periode der überwiegend kühlen, regenreichen Witterung ein, die man als „kleine Eiszeit" bezeichnet und deren Höhepunkt dann im 16./17. Jahrhundert lag. Verregnete Frühjahre und kühle Sommer ließen die Ernteerträge schrumpfen, der Getreideanbau wurde vom nährstoffreichen Weizen verstärkt auf Gerste und Hülsenfrüchte umgestellt. Missernten und Hungersnöte mehrten sich, was sich nicht nur für die Bauern, sondern auch für deren ritterliche Grundherren existenzbedrohend auswirkte. Seit Mitte des 14. Jahrhunderts zog zu allem Überfluss auch noch die gefürchtete Schwarze Pest durch Europa und raffte die geschwächten Menschen in großer Zahl dahin. Die Bevölkerungszahl in Europa sank insgesamt schätzungsweise um ein Drittel, Äcker lagen brach, Dörfer verödeten.

In dieser Zeit der allgemeinen Not suchte so mancher seine Existenz mit dem Faustrecht zu sichern und der Adel machte da keine Ausnahme. Mithilfe des Fehderechts ließen sich ganz legal Streitigkeiten heraufbeschwören und austragen – der Gründe und Vorwände gab es genug: von Erbstreitigkeiten, Pfand- und Geldforderungen bis hin zur Verletzung der Standesehre. Die streitlustigeren Zeitgenossen unter den Rittern konnten sich daher aussuchen, gegen wen sie gerade zu Felde zogen, wahlweise gegen verfeindete Familienmitglieder oder gegen reiche Städte und deren Bürger. Die wohlhabenden Städter gaben dabei ein besonders lohnendes Ziel zur Aufbesserung der eigenen Kassen ab. Nicht nur, dass man überhöhte und ungerechtfertigte Zölle, Brücken- und Wegegelder von ihnen verlangen konnte, das Überfallen von Handelszügen und das Erpressen von Lösegeldern für gefangene Kaufleute erwiesen sich als eigenständige lukrative Geschäftsidee. Die Ritter mussten mit ihren Knappen nur von ihren strategisch günstig gelegenen Burgen herabreiten, um die Landstraßen unsicher zu machen.

Einer, der vormachte, wie so etwas ging, war Hartmut von Kronberg der Junge, ein Anteilseigner der Ganerbenburg Tannenberg bei Darmstadt. Hartmut tyrannisierte von seiner Höhenburg am Westausläufer des Odenwaldes aus jahrelang die Kaufleute, die zu den Messen der reichen Handelsstadt Frankfurt am Main reisten. Er überfiel sie, raubte ihr Hab und Gut und verschleppte etliche von ihnen auf seine Burg Tannenberg, um von ihren Angehörigen Lösegelder zu erpressen. Dabei kam es zu Misshandlungen der Gefangenen, einige überlebten die Tortur sogar nicht. So jedenfalls steht es in einem Schreiben, das Pfalzgraf Ruprecht III. im Juni 1399 an die Stadt Frankfurt sandte, um sie zur Unterstützung seines Kriegszuges gegen die Besitzer der Burg Tannenberg aufzufordern. Die Frankfurter hatten längst genug von dem Treiben der „Raubritter“, die ihren Handel so schwer schädigten. Neben Hartmut von Kronberg, dem lediglich ein Achtel der Burg gehörte, waren das seine Unterstützer, die weiteren Ganerben Retzel von Wiesenbach, die Brüder Diether und Gerhart von Obrigheim, Volmar von Wentzlau und Heinrich von Kochendorf. Zur Wahrung des Landfriedens schlossen sich die Erzbischöfe Johann von Mainz und Werner von Trier 1398 mit dem Pfalzgrafen Ruprecht III. zusammen, um die Tannenberg und drei weitere „Raubritternester“ auszuräuchern. Sie klagten Hartmut am 26. Juni 1399 des Landfriedensbruchs an und forderten die Städte und Fürsten der Umgebung auf, am Kriegszug gegen ihn teilzunehmen.

Hier zeigte sich eine Konstante in der weiteren Geschichte des „Raubrittertums“: Schlossen sich Landesherren und hochrangige Adlige gegen die niederadligen Rittergeschlechter zusammen, hatten diese keine Chance. In machtpolitischen Auseinandersetzungen zogen sie stets den Kürzeren. So auch der allzu clevere Überlebenskünstler Hartmut von Kronberg. Frankfurt schickte sein schwerstes Geschütz zur Belagerung der Höhenburg. Frankfurts große Büchse war eine 3500 Kilogramm schwere Steinbüchse, die schwere Steinkugeln von 50 Zentimetern Durchmesser verschoss. Zunächst per Schiff, dann mit einem Gespann aus 20 Pferden wurde sie an ihren Einsatzort geschleppt und mit Geschützen der anderen Kriegsteilnehmer kombiniert. Die Frankfurter Büchse schoss die Burg schließlich sturmreif, schon der zweite Schuss riss ein großes Loch in den Mauerring. Kleinlaut musste sich Hartmut von Kronberg am 23. Juli 1399 ergeben und gemeinsam mit 51 Mitstreitern in Gefangenschaft gehen. Doch er hatte noch Glück im Unglück: Seine Burg wurde zwar geschleift und zerstört, aber er selbst erhielt im darauffolgenden Jahr unter der Zusicherung, in die Dienste der Sieger zu treten, die Freiheit zurück.

Nicht jeden traf so ein mildes Urteil. In Erfurt wurden zum Beispiel 1378 an einem einzigen Tag 26 gefangene „Raubritter" enthauptet. Auch die reichen Nürnberger verfolgten ihren Lieblingsfeind, Ritter Eppelein von Geilingen, mit ungezügeltem Hass: Als sie den Mann, der sie jahrelang beraubt, befehdet und an der Nase herumgeführt hatte, 1381 endlich in der Oberpfalz fassten, flochten sie ihn aufs Rad, brachen ihm alle Knochen und vierteilten ihn danach. Seine beiden Neffen wurden enthauptet. Für die Ergreifung und Hinrichtung Eppeleins hatte die Stadt die hohe Summe von 1000 Gulden ausgegeben. Besonders bei den Stadtbürgern, die unter den Schikanen des Niederadels litten, waren die kriminellen Ritter verhasst. Man nannte sie „Schnapphähne", „Mordbuben" oder „Heckenreiter" – nach ihrer Gewohnheit, urplötzlich aus den Büschen hervorzubrechen und reisende Kaufleute zu überfallen.

Seit dem späten 18. Jahrhundert bürgerte sich der Begriff „Raubritter" ein. Doch zeigt gerade dieser Begriff den gesellschaftlichen Bedeutungsverlust, den das Rittertum seit dem Spätmittelalter durchgemacht hatte. Galt das Fehderecht zunächst als legitimes Mittel der Rechtsfindung, geriet es mit der zunehmenden Monopolisierung der Macht durch die Landesfürsten in Verruf und wurde zuletzt durch die Reichsreform Kaiser Maximilians I. 1495 gänzlich verboten. Anstelle der gewaltsamen Selbsthilfe sollte fortan die ordentliche Gerichtsbarkeit in Form eines Reichskammergerichtes treten. Damit wurden alle Ritter, die am Fehderecht alten Stils festhielten, kriminalisiert. Für die Landesfürsten war dies willkommener Anlass, gegen die ritterliche Unabhängigkeit vorzugehen und die Ritterschaft unter ihre Botmäßigkeit zu zwingen. Mehr und mehr wurden die streitbaren Herren an die fürstlichen Höfe geholt und in die landesfürstlichen Armeen eingegliedert. Damit neigten sich die Zeiten alter Ritterherrlichkeiten dem Ende zu.

Wer sich nicht einbinden lassen wollte oder konnte, sah dagegen einem trüben sozialen Abstieg entgegen. Denn auch vom wirtschaftlichen Aufschwung nach Überwindung der Agrarkrisen des Spätmittelalters profitierten die einfachen Ritter auf ihren Landgütern nicht. Das große Geld wurde in den Städten gemacht, die Zukunft gehörte den bürgerlichen Fernkaufleuten und Bankiers. Da in der Zwischenzeit die Abgaben der abhängigen Bauern von Naturalien in feste Geldbeträge umgewandelt worden waren, litten vor allem die Empfänger von Geld- und Rentenzahlungen unter der das ganze Mittelalter über dauernden schleichenden Geldentwertung. Die Einkünfte reichten in vielen Ritterfamilien hinten und vorne nicht mehr und so mancher Burgherr saß auf einem riesigen Schuldenberg. Politisch und sozial gaben sie nicht mehr den Ton an. Je länger die Ritter daher auf ihren abgeschiedenen Burgen blieben, umso stärker gerieten sie ins gesellschaftliche Abseits.

Der Reichsritter Ulrich von Hutten konnte im frühen 16. Jahrhundert dem Burgenleben kaum mehr etwas abgewinnen: „Der ganze Tag, vom frühen Morgen an, bringt Sorge und Plage, beständige Unruhe und dauernden Betrieb. Die Äcker müssen gepflügt und gegraben werden, man muss eggen, säen, düngen, mähen und dreschen. (…) Wenn es dann einmal ein schlechtes Jahr gewesen ist, wie es bei jener Magerkeit häufig geschieht, so tritt furchtbare Not und Bedrängnis ein, bange Unruhe und tiefe Niedergeschlagenheit ergreift alle“, schrieb er 1518 an seinen Freund, den Nürnberger Patrizier Willibald Pirckheimer. „Der einkommende Ertrag ist, gemessen an der aufgewandten Mühe, geringfügig, und man sorgt und plagt sich sehr, dass es zum Leben reicht", klagte er, um mit einem gewissen neidvollen Blick auf das Leben der Städter zu blicken: „In den Städten könnt ihr nicht nur friedlich, sondern auch bequem leben, wenn ihr euch es vornehmt."

Da das Kriegshandwerk die einzig standesgemäße Betätigung für einen Ritter war, verwundert es nicht, dass gerade an der Wende zur Neuzeit das „Raubrittertum" nochmals fröhliche Blüten trieb. Götz von Berlichingen, der berühmteste Vertreter dieser schlagkräftigen Spezies, bewies dabei außergewöhnlichen Geschäftssinn. Als zehntes Kind einer fränkischen Ritterfamilie, die auf Burg Jagsthausen bei Heilbronn residierte, war er nicht auf Rosen gebettet. Daher bot er seine militärischen Dienste allen „Freunden und guten Gesellen" an. Selbst Aufträge von Nichtadligen nahm er an. Zu seinen Kunden zählten unter anderen ein Stuttgarter Schneider und ein Kitzinger Viehhändler. Das Fehderecht bot ihm den Vorwand, für sich und seine Auftraggeber ein Optimum an Beute herauszuholen. So kaufte er dem Stuttgarter Schneider, der sich um einen Schießpreis in Köln betrogen sah, für 105 Gulden seine Ansprüche ab und erklärte der Stadt Köln die Fehde, um sich an deren Kaufmannschaft schadlos zu halten. Er erpresste von Kölner Kaufleuten Lösegelder in Höhe von 1000 Gulden. Zu seinen größten Coups gehörte 1512 die Gefangennahme von gleich 95 vorwiegend aus Nürnberg stammenden Kaufleuten, die auf dem Rückweg von der Leipziger Messe waren. Auch von ihnen erpresste er satte Lösegelder. Der Mann mit der eisernen Handprothese, die er seit dem Verlust seiner rechten Hand im Bayerischen Erbfolgekrieg 1504 trug, war bald allerorts als Haudegen gefürchtet. Die Arbeit auf eigene Rechnung bescherte ihm indes ein unstetes, immer wieder von Reichsacht und Gefängnisstrafen bedrohtes Leben. „Und ward uns alles genommen, was wir hatten, sodass wir nicht einen Schuh breit mehr erhielten", resümierte er einmal bitter in seiner Autobiografie. Immerhin entschlummerte er zuletzt friedlich in seinem Bett liegend auf Burg Hornberg.

Zu den berüchtigtsten Rittern ihrer Zeit zählten Thomas von Absberg und Mangold von Eberstein, die durch ihre große Brutalität hervorstachen. Thomas erhielt den Beinamen „der Handabhacker" nach seiner Gewohnheit, gefangenen zahlungsunfähigen oder -unwilligen Kaufleuten die Hand abzuhacken. Der in den Quellen als jähzornig und grausam beschriebene Ritter, dessen Stammburg in der Nähe des fränkischen Gunzenhausen lag, focht zunächst an der Seite des Götz von Berlichingen gegen die Reichsstadt Nürnberg und erwarb sich den Ruf eines „Schreckens Frankens". Die langjährige Fehde wegen einer Eigentumsangelegenheit mit dem Grafen Joachim von Öttingen, der infolge dieser Auseinandersetzungen starb, brachte ihm schließlich die Reichsacht ein. Anschließend sank er vollends in die Kriminalität ab und bestritt seinen Lebensunterhalt mit dem Erpressen von Lösegeldern, die er mit aller Unnachgiebigkeit einforderte. Selbst zwei kaiserliche Räte gingen ihm in die Fänge. Allerdings rief er damit Kaiser Karl V. auf den Plan, der den Schwäbischen Bund, eine Vereinigung der schwäbischen Reichsstände, dazu veranlasste, gegen den wilden Gesellen und seine Unterstützer vorzugehen. Vor allem die schonungslose Behandlung der Gefangenen, die er unter anderem in einem dunklen Verlies auf der Festung Waldstein im Fichtelgebirge unterbrachte, stieß selbst hartgesottene Standesgenossen vor den Kopf.

Auf Betreiben der Stadt Nürnberg führte der Schwäbische Bund von Juni bis Juli 1523 einen Feldzug gegen 23 Burgen durch, die als Raubritternester in Verruf geraten waren. Mit Büchsen und Kanonen rückte man den Festungen zu Leibe. Der Nürnberger Briefmaler und Formschneider Hans Wandereisen, der den Feldzug begleitete, fertigte darüber eine einzigartige Bilderchronik, das Bamberger Burgenbuch an, das viele Burgen vor ihrer Zerstörung zum ersten und einzigen Mal abbildete. Thomas von Absberg, dessen eigene Burg grundlegend zerstört wurde, konnte jedoch entkommen. Er wurde 1531 in Böhmen vermutlich wegen des auf ihn ausgesetzten Kopfgeldes von einem eigenen Gefolgsmann ermordet.

Einen ebenfalls äußerst üblen Ruf genoss Mangold von Eberstein, genannt „der Geißelschinder", der im Namen einer Nürnberger Witwe 1519 eine blutige Fehde mit der Reichsstadt Nürnberg anzettelte. Infolgedessen machte er die fränkischen Landstraßen unsicher und entführte seine „Beute" auf seine Burg Brandenstein in

Hessen bei Schlüchtern-Elm. Die gefangenen Kaufleute verprügelte er dort und ließ sie in eiserne Halsringe legen, um Lösegeld von ihren Familien zu erpressen. Protokolle, Lösegeldquittungen und Gerichtsunterlagen geben noch heute beredte Auskunft über die „Brandensteiner Fehde", die als die bestdokumentierte Fehde der Frühen Neuzeit gilt. Doch auch hier griff Kaiser Karl V. hart durch: Er verhängte die Reichsacht über Mangold. Der Bischof von Würzburg bezahlte ein Söldnerheer, um den gefürchteten Raubritter zur Strecke zu bringen. 1522 wurde Burg Brandenstein beschossen und teilweise zerstört, doch entkam Mangold von Eberstein und schloss sich seinem Gesinnungsgenossen Franz von Sickingen an, bevor er schließlich im Kampf starb.

In Franz von Sickingen besaß der niedere Ritteradel seine Gallionsfigur. Der 1481 auf Burg Ebernburg oberhalb des Nahetals geborene Sickingen war zwar keineswegs unvermögend und mehrte seinen Besitz erfolgreich durch diverse Fehden und Kriegszüge in kaiserlichen und französischen Diensten, doch trat er an, die Vorrechte des Ritteradels, insbesondere das Recht auf Fehdeführung, uneingeschränkt zu verteidigen. Die Reformation nahm er zum Anlass, die Ritterschaft 1522 zu einem Überfall auf das geistliche Kurfürstentum Trier zu veranlassen, um das Gebiet zu säkularisieren und von der „Tyrannei der Kirche" zu befreien. „Herr, dein Wille geschehe", stand auf den Ärmeln seiner Truppen zu lesen. Mit einem großen Söldner- und Ritterheer belagerte Franz von Sickingen Trier, doch der tatkräftige Erzbischof Richard Greiffenclau hielt dem Ansturm stand. Selbst die Geschütze des Ritterheeres konnten der gut befestigten Stadt nichts anhaben. Bei der Belagerung seien lediglich „eine Elster, zwei Hühner und eine Maus" ums Leben gekommen, spottete ein zeitgenössischer Chronist. Vor allem fehlte Sickingen die breite Unterstützung für sein Vorhaben. Triers Bürger gingen nicht wie erhofft in den Aufstand gegen ihren Landesherrn, sondern verteidigten ihre Stadt tapfer. Auch die übrigen Fürsten blickten misstrauisch auf den „Pfaffenkrieg" oder „Ritterkrieg", wie man das Unternehmen fortan nannte. Sickingen musste die Belagerung nach einer Woche aufheben und sich auf seine Burgen zurückziehen.

Der misslungene Feldzug brachte dem Reichsritter die Achterklärung ein, die vom Erzbischof von Trier, dem Pfalzgrafen bei Rhein und dem Landgrafen von Hessen im Frühjahr 1523 vollzogen wurde. Ein schweres Belagerungsheer zog vor die westpfälzische Burg Nanstein bei Landstuhl, auf der Sickingen lebte, und beschoss die Burgmauern mit schweren Kugeln. Sickingen wurde schwer verwundet und musste die Kapitulation anbieten. Am 7. Mai 1523 starb der glücklose Burgherr. Der kurpfälzische Reichsherold Caspar Sturm verfasste einen detaillierten Bericht über diesen achtwöchigen Kriegszug und schilderte auch die letzte Begegnung der siegreichen Fürsten mit dem sterbenden Reichsritter. Dem Landgrafen von Hessen, Philipp dem Großmütigen, soll dieser auf dem Totenbett gesagt haben, „er wisse wohl, dass nicht er die Braut sei, um die man tanze".

Mit dieser düsteren Prophezeiung behielt Sickingen recht: Die Zeit der ritterlichen Unabhängigkeit war zu Ende, der Aufstieg der Landesherren unaufhaltsam. Die Niederlage Sickingens besiegelte nur noch das längst eingeleitete politische Aus der Ritterschaft, auch wenn dieser 1542 durch die Gründung der Reichsritterschaft die ständische Anerkennung gelang. Zu den Privilegien der reichsunmittelbaren Ritterschaft zählte vor allem die Steuerfreiheit und das Recht, auf dem eigenen Territorium Steuern zu erheben und die niedere Gerichtsbarkeit auszuüben – Sitz und Stimme auf dem Reichstag, dem wichtigsten ständischen Mitwirkungsgremium bei der Verwaltung des Reiches, besaßen sie jedoch nicht. Karriere konnten sie nur noch an den landesherrlichen Höfen machen, als Offiziere, Juristen oder Berater.

IRRTUM 16:

Der „Schwarze Prinz" ist eine Legende

Sein Leben klingt wie eine einzige Abenteuergeschichte: Ein junger ungestümer Ritter, der mit 16 Jahren den ersten Schlachtenruhm erringt, durchzieht zu Pferd das Land seiner Feinde. Seine schwarze Rüstung ist sein Markenzeichen. Sie steht für Plünderung und Brandschatzung. Nichts und niemanden schont er; Bauern, Bürger, Frauen metzelt er bedenkenlos dahin, allen ritterlichen Werten zum Hohn. Doch der skrupellose Königssohn hat auch eine andere Seite. Mitten im Gebiet seiner Gegner führt er an seiner Residenz eine glänzende Hofhaltung ein, zeigt sich verschwenderisch freigebig seinen Waffenbrüdern gegenüber, heiratet schließlich die Frau seines Lebens und riskiert dafür den Bruch mit dem Vater. Doch der „Blume der Ritterschaft" ist aller Schlachtensiege zum Trotz kein langes Glück vergönnt. Allzu früh sinkt der Triumphator vieler Schlachtfelder ins Grab, ohne je den Thron Englands bestiegen zu haben. Er hinterlässt einen minderjährigen Sohn, der nach glückloser Herrschaft und vielen Familienfehden schließlich ermordet wird.

Für die Engländer ein „Nationalheld", für die Franzosen ein Unhold, der Tod und Schrecken verbreitet – das widersprüchliche, an Höhen und Tiefen reiche Leben des „Schwarzen Prinzen" bietet genügend Stoff, um Legenden zu schmieden. Alles nur ein Fake? Nur ein Märchen ohne realen Gehalt? Eine der vielen Sagengestalten à la Artus oder Robin Hood? Ausnahmsweise nicht. Denn der „Schwarze Prinz“ hat tatsächlich gelebt, auch wenn heute alles Mögliche unter seinem Namen fingiert. „Schwarze Prinzen“ bevölkern Fantasygeschichten und Computerspiele, treten als Roman- und Filmhelden auf, können Tomaten-, Schafskäse- oder Schokoladenkuchensorten bezeichnen oder auch einen legendären Mercedes-Oldtimer aus dem Jahr 1928 meinen. Aber das ändert nichts an der Tatsache, dass es einen historisch belegten „Schwarzen Prinzen“ tatsächlich gab: Edward von Woodstock, ältester Sohn des englischen Königs Edward III., zentrale Gestalt des Hundertjährigen Krieges. Sein prägnanter Beiname, den er vermutlich wegen seiner schwarzen Rüstung, vielleicht aber auch wegen seiner brutalen Kriegsmethoden erhielt, taucht erst lange nach seinem Tod auf. 1569 wird Edward in einer englischen Chronik erstmals so genannt.

In der Kathedrale von Canterbury kann man dem englischen Mythos „leibhaftig“ begegnen. Hier liegt der Ritter aus dem Hause Plantagenet in einem prunkvollen Grab an der Südseite der aufwendig gestalteten Dreifaltigkeitskapelle begraben. Eine vergoldete Liegeskulptur aus Bronze auf hohem Marmorsockel zeigt ihn in der ganzen Pracht seiner Rüstung. Die Augen geschlossen und die Hände zum Gebet gefaltet, liegt Edward in seiner Ganzkörperrüstung, die nur einen Blick auf das Gesicht freigibt, im Frieden mit sich und der Welt. Sein mit Lilien und Leoparden geschmückter Waffenrock untermauert noch im Tod seinen Anspruch auf die Krone Frankreichs. Über dem mit einem Gitter versehenen und von einem Baldachin bekrönten Grabmal hängen Teile seiner Ausrüstung als Repliken: Waffenrock, Helm, Schild und Panzerhandschuhe. Die Originale, die bei seiner feierlichen Beerdigung 1376 mitgeführt wurden, sind in einem Schaukasten ausgestellt, der sich einige Stufen unterhalb im südlichen Chorseitenschiff befindet. Die Mönche von Canterbury hatten darauf Wert gelegt, dass der berühmteste aller englischen Ritter, der noch vor seinem Vater im Alter von nur 45 Jahren verstorben war, nicht in der Krypta, wie von ihm selbst gewünscht, sondern für alle sichtbar in der Dreifaltigkeitskapelle nahe des Grabs des heiligen Thomas Becket seine letzte Ruhe fand. So bekamen die Pilgerscharen, die zum heiligen Thomas strömten, eine weitere Attraktion geboten.

Die „Blume der Ritterschaft“, der „größte englische Ritter und Held“ genoss in seiner Heimat einfach zu hohe Popularität, um nicht an prominentester Stelle des Gotteshauses beigesetzt zu werden. In seiner Person kulminierte der Glaube seiner Zeitgenossen an die Größe und Zukunft des englischen Königreiches. Das Schlachtenglück während der ersten Phase des Hundertjährigen Krieges hatte das allgemeine Selbstbewusstsein gesteigert und zur Ausbildung einer eigenen spezifisch englischen Identität geführt, die sich in Sprache und Kultur zunehmend vom französischen Vorbild emanzipierte. „Ich glaube wirklich, dass Gott nie dieses Land durch große Siege über ihre Feinde geehrt hätte, wenn er es nicht als sein Vermächtnis betrachtete“, brachte der Kanzler Edwards III. in einer Ansprache vor dem Parlament 1376 die neu entdeckten patriotischen Gefühle zum Ausdruck. Etwas pointierter drückte es die Anekdote aus. Auf die kühne Behauptung von Papst Clemens VI. im Jahr 1342, Gott sei Franzose, scholl es ihm entschlossen aus dem Inselreich zurück: „Der Papst ist zwar Franzose, aber Jesus ist Engländer geworden. Wollen wir mal sehen, wer stärker ist.“

Sehen, wer stärker ist – genau darum ging es in dem beispiellosen Ringen zwischen den Kronen Englands und Frankreichs, das beide Königreiche an den Rand des Staatsbankrotts trieb und viele Leiden für die Bevölkerung mit sich brachte. Streng genommen dauerte der sogenannte Hundertjährige Krieg, der mit seinen Nebenschauplätzen auch Schottland, Italien und Spanien betraf, nicht „nur“ 100, sondern ganze 116 Jahre, nämlich von 1337 bis 1453, und hatte dazu noch eine längere Reibungsgeschichte im Vorlauf. Seitdem der normannische Herzog Wilhelm der Eroberer 1066 den angelsächsischen König Harald besiegt und den Thron Englands bestiegen hatte, bestanden enge dynastische und lehnsrechtliche Beziehungen zwischen den Ländern jenseits und diesseits des Ärmelkanals. Die normannische Oberschicht, die England beherrschte, sprach französisch, blieb für ihre Festlandsbesitzungen dem König von Frankreich lehnspflichtig, holte sich Ehepartner aus Frankreich oder ließ ihre Kinder dort erziehen, „importierte“ Kunst und Kultur vom Festland.

Ein Jahrhundert später wurden diese Beziehungen noch erweitert, als die ebenso schöne wie ehrgeizige Eleonore von Aquitanien, Erbin des reichen Herzogtums Aquitanien, sich von ihrem Gatten Ludwig VII. von Frankreich scheiden ließ und den Grafen Heinrich von Anjou heiratete, der gleichzeitig Herzog der Normandie war und nach dem Ginsterzweig auf seinem Helm Plantagenet genannt wurde. Als dieser 1154 aufgrund seiner mütterlichen Abstammung zum englischen König gekrönt wurde, stieg er zum mächtigsten Lehnsmann des französischen Königs auf, da er als Herzog der Normandie, Herzog von Aquitanien und Graf von Anjou über riesige Herrschaftsgebiete auf dem Kontinent verfügte. Zwar schmolz dieser Festlandsbesitz im Laufe der Zeit zusammen, doch 1259 garantierte der Vertrag von Paris dem englischen König Heinrich III. das Herzogtum Guyenne als Lehnsbesitz gegen den Verzicht auf die Normandie, Anjou, Maine und Poitou. Für die reichen südwestfranzösischen Ländereien zwischen Atlantikküste und Dordogne musste der englische König allerdings seinem französischen Kollegen immer noch den Lehnseid leisten. Dieses Verfahren stieß auf englischer Seite zunehmend auf Vorbehalte. Konnte es sein, dass ein englischer Monarch bei jedem Thronwechsel sein Knie vor dem Rivalen beugen musste, dem er sich sonst doch ebenbürtig fühlte? Könige waren schließlich beide, Vasall aber nur einer. Immer wieder mündeten die Reibereien in offenen Krieg.

Erst der Tod des französischen Königs Karl IV. 1328 bot den rechtlichen Anlass, um auf englischer Seite tollkühne Hoffnungen zu pflegen. Nicht nur die Lehnsherrschaft sollte abgeschüttelt, sondern gleich die ganze französische Krone mit eingefordert werden. Nach dem Tod Karls IV. bestieg dessen Cousin Philipp von Valois den Thron, doch konnte Edward III. von England als Neffe Karls ein näheres Thronfolgerecht einfordern. Der Anspruch war zwar unter Rechtsgelehrten umstritten, reichte aber immerhin aus, um bei nächster Gelegenheit ein Kräftemessen zu beginnen. 1337 zog Philipp von Valois, als König von Frankreich mit der Nummer VI. versehen, das Herzogtum Guyenne als Lehen ein, woraufhin Edward stolz die Krone Frankreichs forderte und zum Krieg rüstete. Die Katastrophe nahm ihren Lauf.

Auf den ersten Blick schien es ein Kampf zwischen David und Goliath zu werden. Frankreich zählte zu diesem Zeitpunkt etwa 14 bis 16 Millionen Einwohner. In der Hauptstadt Paris, die mit ihrer Universität ein Wissenschaftszentrum ersten Ranges war, lebten ungefähr 200 000 Menschen, eine für damalige Verhältnisse ungeheuer große Einwohnerzahl. Kulturell und politisch gab Frankreich auf dem Kontinent den Ton an, selbst die Päpste residierten seit 1309 in Frankreich. Der König von England regierte dagegen nur über fünf bis sechs Millionen Untertanen und musste im Kriegsfall dazu den strategischen Nachteil bewältigen, seine Truppen erst aufs Festland überzusetzen. Daher zählten für die englische Kriegsführung andere Faktoren als nur zahlenmäßige Stärke: der Einsatz „moderner" Fernwaffen wie der Langbögen, ein cleveres Zusammenspiel von Fuß- und Reitertruppen, eine unkonventionelle Kriegsführung, die auch vor Terror gegen die Zivilbevölkerung nicht zurückscheute, und kluge Heerführer, die situationsbedingt entschieden und vom starren Modell Ritterschlacht abrückten. Auf dem Feld der Strategie hatte England lange die besseren Karten in der Hand – nicht zuletzt dank des draufgängerischen, sich nicht allzu sehr an ritterliche Kampfmethoden haltenden „Schwarzen Prinzen".

Der junge Plantagenet, der 1330 in Woodstock in Oxfordshire als Sohn König Edwards III. und Philippas von Hennegau geboren wurde und unter anderem die Titel eines Herzogs von Cornwall und Prinzen von Wales führte, sammelte seine ersten Kriegserfahrungen schon als 15-Jähriger in Flandern an der Seite seines Vaters. Das Abenteuer seines Lebens begann ein Jahr später mit der Landung englischer Truppen in Saint-Vaast-La-Hougue in der Normandie. Ein etwa 7000 bis 10 000 Mann starkes Expeditionsheer ging am 12. Juli 1346 im Osten der Halbinsel Cotentin an Land, um die Franzosen das Fürchten zu lehren. Noch am Strand erhielt der junge Prinz von seinem Vater den Ritterschlag.

Seine erste Bewährungsprobe bestand Edward in der Schlacht von Crécy am 26. August, als die englischen Truppen erstmals auf ein großes französisches Heer stießen und der Ritterneuling den rechten Flügel befehlen musste. Trotz schwerer Bedrängnis weigerte sich sein

Vater, ihm Hilfe zukommen zu lassen. Man solle den Jungen seine Sporen verdienen lassen, soll Edward III. nach dem Bericht des französischen Chronisten Jean Froissart gelassen gesagt haben. Der grandiose Sieg der Engländer über die zahlenmäßig überlegenen Franzosen garantierte dem jungen Edward seinen Platz in den Geschichtsbüchern in mehrfacher Hinsicht: Er hatte persönliche Tapferkeit gezeigt und war bereit gewesen, zu Fuß zu kämpfen, er hatte den einfachen Bogenschützen vertraut, die mit ihrem Pfeilhagel reihenweise die französischen Ritter vom Pferd holten, und anschließend den Gefallenen auf dem Schlachtfeld seine ritterliche Verehrung erwiesen. Als er den Leichnam des böhmischen Königs Johann von Luxemburg entdeckte, der trotz seiner Blindheit in den Kampf gezogen war, soll er die berühmten Worte gesprochen haben: „Hier liegt der Fürst der Ritterlichkeit, doch er stirbt nicht", nahm die drei Straußenfedern von dessen Helm und fügte Johanns Wappenspruch „Ich dien" in sein Wappen ein. Straußenfedern und Wappenspruch zieren bis heute das Emblem des Prinzen von Wales. Diese Anekdote ist zwar nicht belegt, zeigt jedoch gut, was man an dem jungen Kriegsherrn so schätzte: seinen persönlichen Mut, seine körperliche Fitness und seine Ritterlichkeit Ebenbürtigen gegenüber.

Nach Crécy stürmten die Engländer von Sieg zu Sieg, Edward immer in vorderster Front dabei. Nach harter Belagerung fiel 1347 die Hafenstadt Calais, die bis 1559 in englischer Hand blieb und eine wichtige Brückenkopffunktion für den Nachschub der Engländer erfüllte. Nach einem kurzen Waffenstillstand startete der ungestüme Prinz 1355 eine neue Offensive in dem von Pest und Hunger gezeichneten Frankreich. Im September landete der „Schwarze Prinz" mit seinem Waffengefährten John Chandos und einer Armee von etwa 2200 Mann in Bordeaux, der Hauptstadt des Herzogtums Guyenne, zu dessen Statthalter er ernannt worden war. Mit seinen begrenzten militärischen Mitteln erzielte der nunmehr kriegserfahrene Prinz von Wales einen maximalen Vernichtungseffekt. In einem groß angelegten Plünderungszug, der ihn durch das ganze Languedoc bis nach Narbonne und Carcassone führte, verwüstete und verheerte er das Land. Selbst Städte, die ihm Tribute anboten, ließ er plündern. Häuser, Felder, ganze Dörfer gingen in Flammen auf. Edward wurde zum Schrecken der Bevölkerung, 40 Kilometer und mehr legten seine Truppen pro Tag zurück, eine Spur der Verwüstung hinterlassend. „Und, Mylord, Ihr werdet gerne hören“, schrieb der Kriegszugsteilnehmer John Wingfield in einem Brief, „dass mein Herr die Grafschaft Armagnac verheert und dort mehrere ummauerte Städte genommen, verbrannt und zerstört hat, außer gewissen Städten, in die er Besatzungen gelegt hat. Dann ging er in die Vizegrafschaft Rivière und nahm eine gute Stadt namens Plaisance, die wichtigste Stadt der Gegend, und brannte sie nieder und verwüstete das umliegende Land.“ Eine andere Chronik vermeldet die Zerstörung von elf größeren Städten und 3700 Dörfern während dieser Aktion.

Nach der „Winterpause“ legte Prinz Gnadenlos erneut los. Diesmal schwenkte er in mehreren Vorstößen gen Norden. Wie ein Wirbelwind legte er im Sommer 1356 rund 600 Kilometer in knapp zwei Monaten zurück. Im Herbst stand er an der Loire, sodass der neue französische König Johann II., der Gute, zum Handeln gezwungen war, wenn er nicht den letzten Rest Autorität bei seiner eigenen Bevölkerung verlieren wollte. Edward zog sich angesichts des anrückenden französischen Heeres – dem größten, das Frankreich bislang aufgeboten hatte – zurück. Johann der Gute rückte mit seinen vier Söhnen und der Blüte seiner Ritterschaft, insgesamt weit über 16 000 Mann, an. „Noch nie sah man dergleichen Adel in Waffen“, beschrieb bewundernd ein englischer Chronist. Doch den Franzosen nutzte ihre Übermacht nichts. Edward, bei Maupertuis, zehn Kilometer südöstlich von Poitiers, in die Enge getrieben, entfaltete wieder einmal sein ganzes strategisches Geschick. Er platzierte seine Truppen günstig auf einem Hügel umgeben von Hecken und sumpfigem Grund. Wiederum waren es die englischen Bogenschützen, die den Vormarsch der französischen Ritter ausbremsten. Nach sieben Stunden Kampfgetümmel gelang dem Prinzen von Wales die entscheidende Wende: Mit seiner Reserve stürzte er sich direkt auf den französischen König und brachte ihn in so schwere Bedrängnis, dass er sich ergeben musste. Dieses Husarenstück bedeutete für Frankreich die größtmögliche Demütigung: der König gefangen, die Schlacht verloren, Tausende französische Adlige tot, ein sattes Lösegeld fällig! Im Triumph geleitete Edward seine lebende Beute erst nach Bordeaux, dann nach London. Seite an Seite ritt er mit dem in tiefstes Schwarz gehüllten König Johann durch die Straßen Londons, umjubelt von seinen Landsleuten. Es war ein Festumzug, der seinesgleichen suchte: Die Stadtgilden warteten dem Sieger von Poitiers in geschmückten Harnischen auf, Mädchen warfen gold- und silberverzierte Blumen auf den Helden, aus den Brunnen floss Wein statt Wasser.

Der Frieden von Brétigny (1360) verschaffte dem berühmtesten Ritter Englands eine Atempause. Der Vertrag gestand England die uneingeschränkte Souveränität in Calais, der Grafschaft Ponthieu, dem Poitou und einem erweiterten Herzogtum Aquitanien (Guyenne) gegen den Verzicht auf den französischen Königstitel zu. Von seinem Vater zum Herzog von Aquitanien ernannt, ließ sich der „Schwarze Prinz" in Bordeaux nieder und genoss das Leben in vollen Zügen. Das reiche vom Weinhandel lebende Bordeaux machte er zum Zentrum einer kultivierten Hofhaltung, zu der sich neben hochrangigen Amtsträgern und vielen führenden englischen Rittern auch Wissenschaftler und Künstler einfanden. Das Geld gab Edward mit vollen Händen aus, reich beschenkte er seine Waffenbrüder. „Sir James", soll der Prinz zu seinem langjährigen Gefolgsmann James Audley nach dem Zeugnis des Chronisten Froissart nach der Schlacht von Poitiers gesagt haben, „ich und der Rest von uns erachten Euch in dieser Schlacht als den tapfersten Ritter an unserer Seite. Um Euer Ansehen zu mehren und Euch in Stand zu versetzen, weitere Heldentaten zu vollbringen, sollt Ihr fürderhin für den Rest Eures Lebens als mein Ritter jährlich 500 Mark erhalten." Prächtige Veranstaltungen, bei denen sich Edward nur von Rittern mit goldenen Sporen bedienen ließ, dienten der Zurschaustellung seiner Macht. Da die Burg als Wohn- und Amtssitz längst nicht mehr ausreichte, wurde auch der erzbischöfliche Palast als Teil der Residenz genutzt. Daneben ließen sich 18 wichtige Hof- und Verwaltungsbeamte, darunter der Seneschall, mit je eigenem Personal nieder, die aus Platzgründen zum Teil außerhalb der Stadtmauern siedelten. Mit dem Status als Residenz stieg Bordeaux faktisch zur Hauptstadt eines Vizekönigreiches auf, das über eine eigene Kanzlei, Staatssiegel, Finanz- und Justizwesen verfügte. Die wirtschaftsfreundliche Politik des Herzogs kam der Blüte der Stadt zugute.

Neu an seiner Seite zeigte sich nun auch die Frau seines Herzens. Gegen den Willen des Vaters hatte Edward 1361 Johanna von Kent geheiratet und sie mit nach Bordeaux genommen. Diese Liebe war eigentlich ein Skandal, denn Johanna von Kent war Edwards Tante und bereits 32 Jahre alt. Am englischen Hof erzogen, galt die Enkelin Edwards I. jedoch als eine der kultiviertesten Damen ihrer Zeit und als gefeierte Schönheit. Mit heimlichen Ehen hatte sie bereits Erfahrung gemacht, denn als blutjunges Mädchen hatte sie den verdienten Ritter Thomas Holland geheiratet, obwohl noch ein zweiter Bewerber, William Montague, der Earl von Salisbury, zur Verfügung stand und sie diesen auf Wunsch ihrer Familie während der Abwesenheit Hollands heiraten musste. Das Verwirrspiel endete aber ganz im Sinne Johannas mit der päpstlichen Entscheidung, dass sie zu ihrem ersten Mann zurückkehren könne. Ein knappes Jahr nach dem Tod Thomas Hollands, der sich tüchtig in den Kriegen Edwards III. geschlagen hatte, heiratete sie wieder einen Mann, der ihr Wunschkandidat war: den „Schwarzen Prinzen". Als Gegenleistung für den dafür erforderlichen päpstlichen Dispens stiftete Edward 1363 eine Votivkapelle an der Südseite der Krypta der Kathedrale von Canterbury, die seine Grabkapelle werden sollte, dazu zwei Altäre und zwei Priesterstellen. An einem der Schlusssteine des verzweigten Rippengewölbes ließ der verliebte Freier auch noch das Abbild seiner Gattin anbringen. Trotz ihres vorgerückten Alters brachte Johanna, die aus ihrer ersten Ehe bereits mehrere Kinder hatte, in Bordeaux zwei weitere Knaben zur Welt. Den früh verstorbenen Edward von Angouleme und den Thronfolger und späteren König Richard II.

Doch ein ruhiges Familienleben war den beiden Liebenden nicht vergönnt. Die Auseinandersetzung mit Frankreich flammte erneut auf, verlagerte sich an einen fernen Kriegsschauplatz, nach Spanien. Dort unterstützte England den bedrängten König Peter I. von Kastilien gegen seinen von Frankreich protegierten Halbbruder Heinrich von Trastamara. Der „Schwarze Prinz" eilte mit einem etwa 11 000 Mann starken Heer über die Pyrenäen. Es gelang ihm, seinen Vormarsch über den Ebro zu verschleiern und die kastilischen Stellungen zu umgehen. Er teilte sein Heer in drei Abteilungen und erfocht am 3. April 1367 bei Nájera einen glänzenden Sieg über die von Trastamara und dem französischen Heerführer du Guesclin geführten Truppen. Der Triumph mehrte Ruhm und Ansehen des „Schwarzen Prinzen", leerte gleichzeitig aber auch dessen Kassen. Edward musste immer mehr Geld aus seinem Herzogtum herauspressen und die Steuern in Aquitanien und der Gascogne erhöhen, um die Kriegsführung und die verschwenderische Hofhaltung zu finanzieren. Dies stieß jedoch auf wenig Gegenliebe bei den Betroffenen. Die aquitanischen Stände legten ihren Protest beim Pariser Parlament ein, dem höchsten Lehnsgericht Frankreichs. Dies bot dem seit 1364 regierenden König Karl V. Gelegenheit, den Prinzen nach Paris zu zitieren. Edward hatte für solche Überlegungen nur Hohn und Spott übrig: Gerne komme er nach Paris, ließ er wissen, „aber mit dem Helm auf dem Kopf und in Begleitung von 60 000 Männern". Der unverblümten Kriegserklärung folgten sofort militärische Aktionen.

Doch diesmal ritt Englands stolzester Ritter geschwächt in den Kampf. Seit seinem spanischen Feldzug litt Edward an einer chronischen Erkrankung, vermutlich an der Ruhr. Auch militärisch wollte es für England nicht gut laufen. Die gegnerischen Parteien zerfleischten sich in einem zermürbenden Kleinkrieg, die Franzosen eroberten Schritt um Schritt Gebiete zurück. Der „Schwarze Prinz", frustriert, krank und erschöpft, leistete sich seine letzte Gräueltat: Als er von Verhandlungen zwischen der unter englischer Herrschaft stehenden Stadt Limoges und dem französischen Heer erfuhr, reagierte er mit ungezügelter Wut. Auf der Bahre liegend, leitete er die Eroberung der abtrünnigen Stadt und ließ sie nach ihrem Fall am 19. September 1370 unerbittlich von seinen Soldaten plündern und niederbrennen. Er gewährte keine Schonung und nahm dabei in Kauf, dass über 3000 Bürger ums Leben kamen. Für Edward war damit der Krieg vorbei. 1371 kehrte er nach England zurück, verzichtete ein Jahr später auf sein südwestfranzösisches Fürstentum und nahm krankheitsbedingt kaum mehr am gesellschaftlichen und politischen Leben teil. Am

8. Juni 1376 starb er in Westminster, ein Jahr vor seinem Vater. Sein Sohn Richard war zu diesem Zeitpunkt erst neun Jahre alt.

In Erinnerung blieb der „Schwarze Prinz“ als schillernde Persönlichkeit. Trotz seiner nicht besonders noblen Kriegsführung galt er als Inbegriff eines strahlenden Ritters, gerühmt von Geschichtsschreibern wie Jean Froissart und dem Herold von John Chandos. Als Gründungsmitglied des exklusiven, nach der Schlacht von Crécy gestifteten Hosenbandordens sah sich der kampferprobte Prinz mit seinen Waffenbrüdern ganz in der Tradition der Artusrunde. In einer von Krieg und Hungersnöten gezeichneten Gesellschaft machte diese Inszenierung nachhaltig Eindruck. Der Ordensgründer Edward III. wuchs in die Rolle des idealen Herrschers hinein, seine „Tafelritter“ wurden in schwärmerischer Umdeutung als Helden Englands angehimmelt. Der „Schwarze Prinz“ bot mit seinem abenteuerlichen Leben ohnehin genügend Stoff für die Legende – und so war der posthume Ruhm vorprogrammiert.

IRRTUM 17:

In Turnieren kämpften immer nur zwei Gegner miteinander

Wie stellen wir uns ein Turnier vor? Am besten als heroischen Zweikampf zu Pferd mit Lanzen und Schilden, so wie ihn der berühmte Turnierritter Ulrich von Liechtenstein in seinem fiktiv-autobiografischen Werk „Frauendienst“ (um 1255) beschreibt: „Ich lenkt mein Ross zur Seite sacht (den Mann zu fällen stets bedacht), dann trieb ich’s grade auf ihn los. Am Kragen traf mein Lanzenstoß, weshalb Herr Otte um ein Haar, der stolze, aus dem Sattel war.“ Welch Entzücken beim Publikum, wenn einer der beiden Kontrahenten seine Lanze beim Stoß zerbrach! Welche Aufgeregtheit bei den Damen, wenn der Lieblingsheld in Bedrängnis geriet! Welche Euphorie, wenn Schilde splitterten, Pferde durchgingen, Helme zu Boden fielen oder gar das Ross mitsamt seinem Reiter stürzte! Selbst ein unbekannter jugendlicher Ritter konnte im Kampf Mann gegen Mann Anerkennung erwerben, wenn er sich tapfer bewährte. Jubelrufe, Fanfarenstöße – dem gefeierten Sieger winkte der von den Damen übergebene Siegespreis.

Doch ausgerechnet diese Paradeform des Turniers, der Tjost, trat erst spät, ab dem Ende des 14. Jahrhunderts in den Vordergrund der prachtvollen Inszenierungen, in denen sich der Adel selbst feierte.

Das lag daran, dass sich das Turnier zu diesem Zeitpunkt von seiner ursprünglichen Funktion als Kampfspiel zur Übung des Reiterkrieges mehr und mehr entfernt hatte und zu einem höfischen Fest mutierte, auf dem die kämpferischen Fähigkeiten der Teilnehmer gebührend zur Schau gestellt wurden. Auf dem tribünenumgebenen Turnierplatz konnte der einzelne Ritter seine Tapferkeit beweisen, Ruhm und Ehre vor den Damen gewinnen und das Lob der Dichter ernten. Der Tjost bot so die beste Bühne zur Selbstdarstellung, von der die Ritterschaft sogar im 16. Jahrhundert noch nicht lassen wollte, als sie ihre militärische Bedeutung längst eingebüßt hatte. Lange Zeit zuvor hatten jedoch andere Kampfmethoden das Turnier dominiert: der Turnei, frz. *melée* („Gemenge", „Getümmel"), und der Buhurt (altfrz. *buhurt*, „stoßen"), die beide dem realen Kampfgeschehen näherstanden.

Dass Reitermanöver geübt werden mussten, war eine altbekannte Tatsache. Schon in der Antike und im Frühmittelalter wurden fleißig das Anreiten, Wenden, Ausweichen und Scheinrückziehen zu Pferde geprobt, ohne dass die Übungen zu eigenen Sportveranstaltungen geworden wären. Die ersten Hinweise auf Turniere als Kampfspiele ohne Tötungsabsicht tauchen erstmals gegen Ende des 11. Jahrhunderts in Nordfrankreich auf. Im Lateinischen bedeutete *tornare* „drehen" oder „wenden", und so verweist schon die Wortbedeutung auf den engen Zusammenhang der Übungen mit den im Kampf nötigen reiterlichen Fertigkeiten hin. Da die Reiterattacke in geschlossenen Verbänden mit eingelegter Lanze viel Übung erforderte, stellte man solche Gefechte auch in Friedenszeiten nach, ohne begrifflich schon exakt zwischen einem „richtigen" Krieg und einem „Übungsspiel" zu unterscheiden. Da die Hinweise in den Quellen überdies nur sehr spärlich ausfallen, ist es schwer, den Beginn des Turniersports genau zu datieren. Um die Mitte des 12. Jahrhunderts häufen sich dann aber die Nachrichten über reine Kampfspiele, die offenbar rasch über ihre französische Heimat hinaus Anklang in Europa fanden. „Turnei" oder „Turneiement" bezeichneten fortan ausschließlich Kampfspiele.

Wie sich so ein Massenturnier ausnahm, lässt sich der um 1219 verfassten Lebensbeschreibung des erfolgreichen englischen Turnierkämpfers William Marshal entnehmen, die ein solches Ereignis für den November 1179 auf dem weiten Feld von Lagny-sur-Marne beschreibt. Dabei traten zwei Mannschaften gerüstet wie zum Kampf auf ein Zeichen gegeneinander an: „Sie bewaffnen sich, traten in den Kampf ein und taten, wofür sie gekommen waren. Dort konnte gesehen werden, wie Banner entrollt wurden, so viele und verschiedene, dass niemand sie vollständig zu zählen oder im Einzelnen zu beschreiben vermag. Das ganze Schlachtfeld war von ihnen überzogen, die Ebene so erfüllt, dass keine Spanne Boden mehr sichtbar war." Das mag man gerne glauben, denn an die 3000 Ritter sollen an dem Spektakel teilgenommen haben, darunter so hochrangige Herren wie der eben erst gekrönte französische König Philipp II. August als Veranstalter, der englische Prinz Heinrich Plantagenet, der mit einem 560-köpfigen Rittergefolge anreiste, sowie der Herzog von Burgund und Graf Philipp von Flandern. „Großes Getöse und großer Lärm", beschreibt die Vita William Marshals weiter, „alle strebten, sich gut zu schlagen. Dort hättet ihr hören können, wie so viele Lanzen splitterten, dass die Bruchstücke, die zu Boden fielen und dort durcheinanderlagen, die Pferde beim Angriff behinderten." Eine ganz ähnliche Begegnung zweier gleich starker Mannschaften schilderte Chrétien de Troyes in seinem Roman *Erec et Enide*: „Einen Monat nach Pfingsten versammelt sich das Turnier und hebt an in der Ebene unterhalb von Tenebroc. Viele Wimpel flattern da, in Zinnoberrot, Blau und Weiß. (…) Viele Lanzen wurden da getragen, bemalt in Silber und Rot, andere in Gold und Blau, und noch viel mehr von anderer Art, einige gestreift, einige gepunktet. (…) Das Feld ist gänzlich mit Waffen bedeckt. Die Mannschaften auf beiden Seiten erbeben, und beim Zusammenprall erhebt sich ein lautes Getöse und ein gewaltiges Krachen der berstenden Lanzen. Lanzen brechen und Schilde werden durchbohrt, Brünnen zerrissen und gespalten, Sättel geleert, Reiter taumeln, die Pferde schwitzen und schäumen. Alle zücken ihre Schwerter gegen jene, die niederstürzten. Einige springen auf, sich zu ergeben, andere zu ihrer Verteidigung."

So sah also die frühe Form des Turniers aus: Wie bei einer Reiterschlacht galoppierten zwei etwa gleich starke, voll gerüstete Parteien aufeinander zu, versuchten jeweils den Gegner mit der Lanze aus dem

Sattel zu stoßen, durchbrachen die feindlichen Reihen, kehrten um und griffen erneut an. Das „Kampfgebiet“ erstreckte sich dabei über ein weites Areal, das grob zwischen zwei Städten lag und Flussläufe, Waldstücke oder Weinfelder miteinschließen konnte. Die Zuschauer – seit Mitte des 12. Jahrhunderts sind auch Frauen belegt – verfolgten von natürlichen Erhebungen oder von extra errichteten Tribünen aus das Kampfgetümmel, wobei die von den Pferdehufen aufgewirbelten Staubwolken meist die Sicht auf das „Schlachtfeld“ beeinträchtigten.

Den Spaß vom Ernst trennte bei dieser Art des Kampfspiels nur die Tatsache, dass zu der Prügelei zuvor eingeladen worden war und es einige wenige Absprachen über die Bedingungen des Kampfes gab. Dazu gehörte das Abstecken von Ruhezonen, in denen sich erschöpfte oder verwundete Ritter zurückziehen und mit Ersatzpferden versorgen konnten, sowie die Zusicherung, den Gegner nicht zu töten, sondern gefangen zu nehmen, um ihm Pferd und Rüstung abzunehmen oder Lösegeld zu fordern. Denn wenn sich die Formationen nach dem mehrmaligen Durchbrechen der Linien allmählich auflösten, versuchte jeder Ritter den anderen als Gefangenen abzuführen. Dazu entriss man ihm entweder die Zügel und besaß damit die Herrschaft über sein Pferd oder man versetzte ihm Schläge auf den Kopf, die ihn außer Gefecht setzten. „Sie hacken auf den Helm, ihn zu zerspalten. Blut bricht hervor in dichten roten Strömen“, reimte Ulrich von Liechtenstein über die nicht ungefährlichen Hiebe. Zuweilen waren die Helme hinterher so zerbeult, dass der Schmied sie zum Abnehmen wieder in Form hämmern musste. So erging es zum Beispiel William Marshal, der als Turniersieger für die Preisverleihung nicht auffindbar war, weil er gerade beim Schmied den Kopf auf den Amboss legen musste, um sich von seiner eisernen Hülle befreien zu lassen. Der Turnierkampf endete, wenn eine der Parteien aufgab und sich in ihre Ruhezone flüchtete oder wenn die Kampfrichter befanden, die Zeit sei abgelaufen. Danach wurden die Beute und die Lösegelder ausgehandelt und die Prämien für die besten Kämpfer verliehen.

Das Verletzungsrisiko war bei den Massengefechten, die dem wirklichen Kampfgeschehen sehr nahekamen, denkbar hoch. Auch ließen sich die Leidenschaften im Getümmel nicht immer kontrollieren, sodass die Spiele schnell in ernsthafte Schlachten ausarten konnten. Vor allem, wenn sich Parteien gegenüberstanden, die im „wahren" Leben verfeindet waren, lief das Geschehen schnell aus dem Ruder. In der Regel traten die Mannschaften, in landsmannschaftlichen Verbänden organisiert, unter Führung ihrer Barone und Bannerherren zum Turnier an. Da große Herren stets auch mit umfangreichem Gefolge anreisten und ihre Vasallen um sich scharten, ließen sich politische Bündniskonstellationen schon anhand der Zusammensetzung der Turniermannschaften erkennen. Wer die „Fronten" wechselte, konnte da schon mal zwischen die Stühle geraten wie Balduin von Hennegau, der 1169 nicht auf der gewohnten Seite der Flamen kämpfte, sondern sich der französischen Partei anschloss und damit den Zorn seines Lehnsherrn Philipp von Flandern dermaßen erregte, dass dieser unversehens mit Reiter und Fußsoldaten angriff „wie im Krieg". 1274 entartete ein Massenturnier zwischen englischen und burgundischen Rittern in eine derart scharfe Auseinandersetzung, dass die Chronisten von der „kleinen Schlacht von Charlon" sprachen. Persönliche Rachegefühle ließen sich unter dem Deckmantel der Turnierleidenschaft ebenfalls gut ausleben, wie der Tod Ernaut de Montignys 1252 beweist, der von seinem Gegner absichtlich mit einer Lanzenspitze genau zwischen Helm und Rüstung getroffen wurde.

Aufgrund des hohen Risikos sprach sich die Kirche zunächst vehement gegen die Abhaltung von Turnieren aus. Das Konzil von Clermont machte 1130 unmissverständlich klar: „Wir verbieten entschieden diese verabscheuungswürdigen Märkte oder Volksfeste, an denen sich Ritter zu versammeln pflegen, um ihre Kraft und Tollkühnheit zur Schau zu stellen, und bei denen der Tod von Männern sowie Gefahren für die Seele häufig vorkommen. Wer aber dabei getötet wird – und selbst wenn er bußfertig ist und die Sterbesakramente erbittet, und sie ihm nicht verweigert werden –, so soll er doch ein kirchliches Begräbnis nicht erhalten." Hart, aber gerecht, mochten sich die strengen Kirchenmänner gedacht haben und wiederholten ihr Turnierverbot in schöner Regelmäßigkeit das ganze 12. Jahrhundert über. Der Magdeburger Erzbischof Wichmann ging noch einen Schritt weiter und belegte 1175 alle Teilnehmer der „verderblichen Spiele" mit dem

Kirchenbann, nachdem 16 Ritter auf Turnieren zu Tode gekommen waren. Selbst dem hochrangigsten Opfer unter ihnen, dem Sohn des Markgrafen Dietrich von der Lausitz, verweigerte er hartnäckig ein kirchliches Begräbnis und ließ seine Familie auf heilige Reliquien schwören, „für immer von Turnieren zu lassen". Auch die englischen und französischen Könige untersagten phasenweise ihren Rittern die Teilnahme an Turnieren, weil sie um die Aufrechterhaltung der öffentlichen Ordnung fürchteten. Ausgeprägt erscheint die Furcht vor Unruhen in einem Erlass König Edwards I. von 1292, der allen Zuschauern das Tragen scharfer Waffen und Rüstungen verbot, den Stallknechten das Mitbringen von Schwertern, Dolchen, Keulen und Steinen untersagte und allen Turnierteilnehmern zur Identifikation das Tragen von Wappen vorschrieb. Doch allen Verboten zum Trotz hielt die Sportbegeisterung unter den Rittern an. Sie turnierten auch ohne Erlaubnis und bequemten sich allenfalls zu nicht verbotenen Kampfweisen.

Der Buhurt fiel nicht unter das kirchliche Turnierverbot, weil er weniger gefährlich war. Selbst die Tempelritter, die sich als halbe Mönche eigentlich alle Turnierfreuden zu versagen hatten, durften an ihm teilnehmen. Beim überwiegend im deutschen Sprachraum verbreiteten Buhurt kam es vorwiegend auf reiterliches Können an. Allenfalls Stäbe, Holzruten oder Schwerter aus Fischbein wurden dabei benutzt. Der berühmteste Buhurt fand wohl auf dem Hoftag von Mainz 1184 anlässlich der Schwertleite der Söhne Friedrich Barbarossas statt. An ihm sollen angeblich an die 20000 Ritter teilgenommen haben, darunter der Kaiser selbst und seine Söhne Heinrich VI. und Friedrich V. von Schwaben, die hier vor großem Publikum ihre Reiterkunststückchen standesgemäß zeigen konnten. Zwei Tage lang unterhielt die versammelte Ritterschaft, zu der unter anderem Herzog Leopold V. von Österreich, Landgraf Ludwig III. von Thüringen, Herzog Bernhard von Sachsen sowie zahlreiche ausländische Fürsten und Ritter zählten, die Festgesellschaft. Die gewaltige Masse an Teilnehmern, die bunten Farben der Waffenröcke und Schilde, die Bewegungen der vorpreschenden Reiterformationen bildeten ein Fest für die Sinne, das das Zusammengehörigkeitsgefühl der Ritter untereinander zelebrieren sollte. Da es mehr um Unterhaltung ging, erscheint der Buhurt in den Quellen des 13. Jahrhunderts als eng mit der höfischen Festkultur verknüpft. Er besaß eher Volksfestcharakter, an dem vorwiegend sehr junge Ritter und Edelknappen teilnahmen.

Völlig ungefährlich war aber auch der Buhurt nicht. Gerade in England fürchtete man die Ansammlung jugendlicher Heißsporne, weshalb das Buhurdieren 1234 dort verboten wurde, „weil es Zwietracht säe". Das insgesamt lockere Treiben, das offenbar sehr spontan und auch ohne lange Einladungsfristen veranstaltet werden konnte, befriedigte das Bedürfnis des Publikums nach Nervenkitzel allerdings nur unzureichend, sodass dieser Kampfstil allmählich aus der Mode kam. In den Vordergrund trat nun eine Kampfesweise, die in stärkerem Maße die persönliche Leistung des Kämpfers herausstellte.

Der Tjost gehörte ursprünglich nicht zum Turnier und war daher vom Kirchenbann ausgenommen. Gerne veranstaltete man ihn vor dem eigentlichen Massenspektakel, um besonders wagemutige junge Kämpfer herauszustellen. Eine erste ausführliche Beschreibung des Tjostierens (lat. *juxta*, „nahe bei") findet sich in dem Bericht zu einem Turnier, das Heinrich der Erlauchte von Meißen um 1263 in Nordhausen ausrichtete. Der reiche Fürst hatte dazu auf dem Turnierplatz vor den Toren der Stadt einen künstlichen Baum mit goldenen und silbernen Blättern errichten lassen. Die teilnehmenden, zahlreich erschienenen erlauchten Herren, „einige von Tapferkeit beseelt, andere von Liebe", erhielten die Blätter jeweils als Preise für den Sieg: ein silbernes Blatt, wenn sie im Kampf eine Lanze zerbrochen, ein goldenes, wenn sie einen Gegner vom Pferd gestoßen hatten. Hier zeichnete sich bereits eine Wende im Turniersport ab, denn der freigebige Fürst stellte hier eindrucksvoll seinen Reichtum zur Schau und machte das Fest, das nach dem Zeugnis des Chronisten „eines Kaisers würdig" war, zu einem gesellschaftlichen Ereignis ersten Ranges, das vor allem sein eigenes Ansehen hob. Denn ein machtvoller Fürst hatte sich seinen Rittern gegenüber als großzügig zu erweisen, und dies tat Heinrich vor großem Publikum.

Vor großen Schlachten oder während langer Belagerungen war es ebenfalls üblich, zwischendurch zu Einzelkämpfen aufzufordern. Besondere Berühmtheit erlangten die „Grenzturniere" des 14. Jahrhunderts. So forderte 1341 der Earl von Derby mit drei Mitstreitern während eines Schottlandfeldzuges in Roxburgh feindliche Ritter unter der Führung von William Douglas zum Kampf heraus. Da sie mit scharfen Waffen kämpften, blieb der Schotte tot auf dem Kampfplatz zurück. In Berwick traten dann nur wenig später 20 englische Ritter gegen ebenso viele Schotten zu einem dreitägigen Tjost an, wobei es auch Tote und zahlreiche Verwundete gab. 1390 fanden zur Begeisterung des Publikums Zweikämpfe zwischen englischen und schottischen Rittern dann sogar mitten in London statt. Vier Schotten unter Führung David Lindsays kämpften auf der London Bridge gegen vier Engländer, und zwar im ersten Durchgang zu Pferd und mit scharfen Lanzen, im zweiten zu Fuß und mit dem Dolch. Britische Fairness zählte schon damals viel, denn obwohl die Engländer das Kräftemessen verloren, wurden die siegreichen Schotten vom englischen König Richard II. mit Geschenken reich belohnt.

Der Hundertjährige Krieg bot ebenfalls genügend Gelegenheiten, um wagemutigen Kämpfern ein Forum zu geben. Viel Aufmerksamkeit erzielte das Tjostieren 1390 während eines Waffenstillstandes vor den Toren der damals englisch besetzten Stadt Calais. Drei tollkühne Franzosen schlugen bei St. Inglevert ihr Lager auf und forderten jeden Vorbeikommenden zum Kampf auf. Einen vollen Monat lang wollten sie den Platz besetzt halten, „und gemäß ihrem Gelöbnis allen Rittern, Knappen und Edelleuten, aus welchem Land sie auch kommen mögen, fünf Kampfrunden zu liefern mit scharfer oder stumpfer Lanze". Zur Wahl der Waffen hängten die Ritter zwei Schilde auf, einen „Kriegsschild" (mit scharfer Lanze) und einen „Friedensschild" (mir stumpfer Lanze), die die Herausforderer berühren mussten, je nachdem mit welcher Lanze sie zu kämpfen wünschten. Der Forderungsbrief mit den Kampfbestimmungen wurde weithin bekannt gemacht. An die 100 englische Ritter nahmen die Herausforderung an und traten mit scharfen Waffen in den Kampf gegen die drei Franzosen, die trotz starker Blessuren in den Zweikämpfen Sieger blieben. Unter den zahlreichen Zuschauern soll sich auch der französische König Karl VI. inkognito befunden haben, der die drei Helden dann fürstlich belohnte.

Die Zurschaustellung persönlicher Tapferkeit entsprach dabei ganz dem Bild, das die höfische Epik von ihren Helden entwarf. Chrétien de Troyes und Hartmann von Aue beschrieben in der zweiten Hälfte des 12. Jahrhunderts in ihren Erec-Romanen jeweils ausführlich Turniere, sowohl Massenturniere wie Einzelstechen, bei denen ihr tugendhafter Kämpfer Erec stets ins rechte Licht gerückt wurde. Kühnheit, Geschick und Ausdauer kennzeichnen den edlen Ritter, der zudem auf übertriebene Brutalität verzichtet und fair nach Regeln kämpft. Auch Wolfram von Eschenbach erzählt in seinem „Parzival" von turnierenden Rittern, Ulrich von Liechtenstein schildert verschiedene Formen des Turniers in seinem „Frauendienst", wobei die Eroberung der weiblichen Gunst als eines der Hauptmotive herausgestrichen wird.

Im realen Leben begannen die Ritter den literarischen Vorbildern nachzueifern. Gerne inszenierte man Tafelrunden-Turniere, bei denen die Kämpfer die Namen der Romanhelden annahmen und um die Gunst edler Damen buhlten. Die ersten Turniere dieser Art sind aus Zypern, Flandern und Spanien belegt, der englische König Edward I. veranstaltete im ausgehenden 13. Jahrhundert dann eine ganze Reihe von ihnen. Großartig fiel eine solche Inszenierung 1278 in Le Hem in der Picardie aus: Trotz eines Turnierverbots des französischen Königs Ludwig IX. trafen sich auf Einladung der Herren von Longueval und Bazentin die Ritter in arturischem Gewande: Alle Ritter erschienen mit einer Herzdame an ihrer Seite, die „Dame Courtoisie" eröffnete das Fest, das von einer „Königin Guinevere" geleitet wurde. Darauf trat ein strahlender Löwenritter, gespielt von Robert von Artois mit einem leibhaftigen Löwen im Gefolge, auf und zog unter Begleitung der königlichen Hofdamen ein. Dann folgten zweitägige Turnierkämpfe zwischen den Rittern, um die Ehre einer jungen Dame zu verteidigen.

Selbst das bürgerliche Patriziat der Städte konnte sich dem Turnier-Rummel nicht entziehen: 1330/31 veranstalteten 31 Bürger von Tournai eine aufwendige Tafelrunde. Jeder Teilnehmer war als einer der 31 Könige aus der Zeit Königs Artus gekleidet und trug dessen Waffen und Rüstungen. Eingeladen waren Bürger aus anderen Städten, die auf dem Marktplatz von Tournai zum Tjost antraten, um einen goldenen Geier als Turnierpreis zu erringen. Ein Festbankett im Rathaus bildete den Abschluss des glanzvollen Ereignisses. Viele Städte richteten solche Spektakel sogar jährlich auf eigene Kosten aus.

Das höfische Spiel trat zunehmend in den Vordergrund der Turniere und ebnete dem Einzelkampf ab dem 14. Jahrhundert den Aufstieg zur dominierenden Turnierform. Vor den Augen der auf Tribünen sitzenden Zuschauer traten fortan die Reiter auf einem abgegrenzten Turnierfeld mit eingelegter Lanze gegenseitig zum Kampf an. Erst seit dem 15. Jahrhundert trennte die Kämpfer dabei eine Planke. Die Kampfregeln wurden im Laufe der Zeit immer ausgefeilter. Man kämpfte nicht mehr ausschließlich zu Pferd, sondern fügte Runden mit Fußkämpfen ein, die mit Schwert, Dolch, Kolben oder Streitäxten ausgeführt wurden. Ein Punktesystem regelte seit dem späten 15. Jahrhundert, welche Treffer gezählt und wie sie gewertet wurden. Die höchste Punktzahl brachte in der Regel das Herabstoßen des Gegners vom Pferd, das Zerbrechen der Lanzen, Schläge auf den Helm oder das mehrmalige Treffen des Visiers. Wer die Höchstpunktzahl erzielte, bekam den Siegespreis zugesprochen. Obwohl man sich bemühte, den Zweikampf zu entschärfen, indem man stumpfe Lanzen verwendete, blieb das Turnier doch stets eine gefährliche Angelegenheit. Tollkühne junge Männer wie Maximilian I. bevorzugten weiterhin das „scharfe Gestech", also den Kampf mit scharfen Waffen. Ohne prickelnde Spannung scheint auch ein Tjost keine runde Sache gewesen zu sein. Mit fatalen Folgen: Todesopfer gab es immer wieder. Prominentestes Beispiel: 1559 starb der französische König Heinrich II. während eines Turniers in Paris, das er anlässlich der Verheiratung seiner Tochter gab. Ein Lanzensplitter drang ihm durch das Visier seines Helmes ins Auge. Er starb einen ebenso überflüssigen wie qualvollen Tod.

IRRTUM 18:

Jede Burg hatte ein Burgverlies

Die Burg ist nicht nur ein imposantes Architekturdenkmal aus ferner Zeit, sondern seit dem 19. Jahrhundert auch ein Ort der Mythen und Legenden und des geheimnisvollen Dunkels. In nicht wenigen Sagen und Erzählungen sind Burgen Schauplätze schrecklicher Ereignisse: Untreue Ehefrauen werden lebendig eingemauert oder Gefangene in düsteren Verliesen einfach vergessen, finden dann im Tod keine Ruhe, sodass sie angeblich bis in die Gegenwart als „Weiße Frauen" oder als Geister mit dem Kopf unter dem Arm durch die Gemäuer irren müssen. Solche Geschichten hatten in der Zeit der Romantik Hochkonjunktur und fanden weite Verbreitung. 1834 erschien in Wien ein fünfbändiges (!) Sammelwerk mit dem treffenden Titel „Ruinen oder Taschenbuch zur Geschichte verfallener Ritterburgen", das hohe Popularität mit nicht bewiesenen Anekdoten erzielte.

So wie das Burggespenst zum festen Bestandteil der Mittelalter-Mythen gehört, so prägt auch das Bild vom kalten, feuchten Burgverlies die klischeehafte Vorstellung vom Mittelalter. Zu den gruseligen Höhepunkten eines Burgenbesuchs gehört in der Regel bis heute die Besichtigung eines Verlieses oder gar einer Folterkammer. Und in der Tat kann einen das kalte Grauen überkommen, wenn man vom kargen Raum eines Turmgeschosses aus durch eine runde Fußbodenöffnung in ein darunterliegendes fensterloses, kaltes Verlies blickt. Allein der

Gedanke, dass durch dieses „Angstloch" mittels einer Winde und eines Seiles Gefangene hinabgelassen wurden, um dann auf Nimmerwiedersehen zu verschwinden und zu verhungern, lässt einen erschauern. Urängste, verlassen im Dunkeln schmachten zu müssen, werden wach. Doch was ist Wahres dran an dieser Vorstellung? Hatte jede Burg ein Verlies, in dem angekettete Gefangene dem Hungertod entgegensahen?

Erst seit Ende des 18./Anfang des 19. Jahrhunderts gehört das Burgverlies zum festen Bestandteil des Burgenbildes, in der Regel verortet im Untergeschoss des Bergfrieds, dessen Hocheingang weit über dem Bodenniveau lag und der daher über einen Unterraum verfügte, der mehrere Meter tief war und nur über ein Bodenloch vom Eingangsraum aus erreichbar war. Dies gab Anlass zu wilden Spekulationen. Was mochte wohl alles geschehen sein auf den abgelegenen Burgen mit ihren dicken Mauern und ihren verschwiegenen Ecken und Winkeln? Die Burg, verklärt als Ausdruck „deutscher Ritterlichkeit aus längst vergangener Zeit", aber auch verrufen als Symbol von Morbidität und archaischer Brutalität, bewegte die Fantasie von Dichtern, Malern, Architekten. „Jenes Turmes düstere Mauern, morsche Reste grauer Zeit, füllen mir die Brust mit Schauern, flüstern mir: Vergänglichkeit", gab der Dichter Karl Silberschlag Ende des 18. Jahrhunderts die allgemeine Stimmungslage angesichts vieler Burgruinen wieder. Ludwig Adolf Stöber wurde in seinem um 1900 verfassten Gedicht „Die Ruine" noch konkreter: „Hier oben, wo so himmelrein die blauen Lüfte sich ergießen, da höhlten sie den alten Stein zu engen, dumpfen Burgverließen. Laut scholl der Fehden dumpf Gedröhn und Panzer, Schwert und Ketten klirrten, dass von den streiterfüllten Höhn die scheuen Vögel bald entschwirrten!" Im Überschwang der Gefühle verzerrten Architektur- und Landschaftsmaler die Ausmaße der Burgruinen ins Gigantische, überluden die Silhouetten mit Türmchen, Zinnen und Erkern.

Plötzlich entdeckte der fürstliche Adel seine Leidenschaft für die alten Gemäuer wieder. 1823 ließ der preußische König Friedrich Wilhelm IV. die Burg Stolzenfels am Rhein durch seine Baumeister Friedrich Schinkel und Friedrich August Stüler wieder aufbauen. Großherzog Carl Alexander von Sachsen-Weimar-Eisenach mühte sich ab 1843 um die grundlegende Sanierung der Wartburg, die freilich weit über den mittelalterlichen Baubestand hinausging und in der Ausmalung des Palas durch den Historienmaler Moritz von Schwind gipfelte. Der bayerische König Ludwig II. übertraf sie 1869 jedoch alle mit seinem fantasievollen Neubau von Schloss Neuschwanstein.

Allmählich verfestigte sich ein fester Formenkanon, der eine „echte" Ritterburg ausmachen sollte, auch in den Köpfen früher Burgenforscher. Der Architekt und Gründer der deutschen Burgenvereinigung Bodo Ebhardt, der unter Patronage Kaiser Wilhelms II. die Hohkönigsburg im Elsass wiederaufbaute, ließ sich von diesem baulichen Repertoire inspirieren, wenn es darum ging, auf alten Grundfesten imposante Gemäuer wieder erstehen zu lassen. Palas, Torbau, Bergfried, Rittersaal, Weinkeller gehörten für ihn dazu. Allein für die Hohkönigsburg fertigte er 2000 Pläne an, in denen er die hochmittelalterliche Höhenburg bis hin zum Mobiliar zu rekonstruieren suchte. Für die großzügig errichteten neuen Bauteile bediente er sich „zeittypischer Bauformen", wie sie ihm eben vorschwebten. Der nachgefragte Architekt, der auch die Marksburg am Rhein und die Veste Coburg zu neuem Leben erweckte, griff damit prägend in das zum Teil bis heute überdauernde Burgenbild ein.

Dass man mit Burgen unter anderem auch Verliese assoziierte, lag nicht zuletzt daran, dass viele Anlagen zwischen dem 17. und 19. Jahrhundert tatsächlich als Gefängnisse genutzt worden waren und daher spätere Einbauten aufwiesen, deren Entstehungszeit nicht klar erkennbar war. Je stärker sich Burgen im Laufe des Spätmittelalters und der Frühen Neuzeit zu Sitzen von Amtsverwaltungen wandelten und nicht mehr als Wohnsitze genutzt wurden, umso häufiger verwendete man sie als Gerichtsorte und Gefängnisse, wozu auch die dazu nötigen Untersuchungsräume wie die Folterkammern eingerichtet wurden.

Die moderne Burgenforschung geht differenziert zu Werke. Zwar gibt es gesicherte Beispiele, in denen Turmuntergeschosse als ausbruchssichere Verwahrorte für Gefangene dienten, doch war diese Nutzung nicht exklusiv und keinesfalls die Regel. Ein Loch im Boden, ein Seil und eine Winde sind noch lange kein Beweis, dass ein darunterliegender Raum als Verlies diente. Auch Vorräte, Material und Steinkugeln könnten dort eingelagert worden sein. Nur wenn schriftliche Zeugnisse oder bauliche Besonderheiten dazukommen, lässt sich eine Nutzung als Gefängnisort mit Sicherheit belegen. Allerdings sind diesbezügliche Dokumente aus dem Hochmittelalter äußerst selten. Burginventare, die Kosten für Seile, Hand- und Fußeisen auflisten, sowie Ritzzeichnungen und Graffiti an den Gefängniswänden sind erst seit dem späten 15. und dem 16. Jahrhundert überliefert. So stammt das Inventar der Tiroler Burg Vellenberg, das Kosten für ein „großes Seil" aufführt, „an dem man die Gefangenen in den Turm lässt", erst aus dem Jahr 1553. Auch für die Burg Lauf in Mittelfranken ist ein Seil zum Herablassen der Gefangenen in das Untergeschoss des Turmes nicht vor dem Jahr 1560 belegt. Die Inschriften von Inhaftierten, die man in der Burg Ziesar in Brandenburg oder im Alten Schloss Meersburg am Bodensee gefunden hat, lassen sich ebenfalls erst auf das 16. Jahrhundert datieren. Auch das Wort „Burgverlies" ist für das Mittelalter nicht überliefert. Zeitgenössische Schriftquellen sprechen vom lateinisch abgeleiteten *carcer*, „Kerker", oder von *brisun/prisune*, das vom mittellateinischen Wort für „Ergreifung" (*prisuna*) herrührt und sich im englischen Wort *prison* widerspiegelt.

Aus der Rechtspraxis des Mittelalters spricht wenig dafür, dass Gefangene allzu lange am gleichen Ort schmorten. Denn reguläre Gefängnisstrafen wurden erst seit dem späten 16. bzw. frühen 17. Jahrhundert eingeführt. In den Jahrhunderten zuvor wandte man die Haft dagegen nur zu bestimmten, zeitlich begrenzten Zwecken an: um Personen bis zur nächsten Gerichtsverhandlung oder bis zum Vollzug des Urteils in sicheren Gewahrsam zu nehmen oder um Lösegeld infolge von Kriegsgefangenschaft oder Fehden zu erpressen. So unterschiedlich die Haftgründe, so unterschiedlich fiel auch die Behandlung der Festgehaltenen in dieser Zeit aus. Hochrangige Gefangene behandelte man in der Regel mit Respekt und erlegte ihnen lediglich eine Art Hausarrest auf.

Einer der berühmtesten Gefangenen des Hochmittelalters war der englische König Richard Löwenherz, der auf der Rückfahrt vom

Kreuzzug 1192 in die Hände seines Gegners, des österreichischen Herzogs Leopold V., fiel und von diesem an Kaiser Heinrich VI. ausgeliefert wurde. Über ein Jahr lang musste Richard auf der Reichsburg Trifels ausharren, bis ein sattes Lösegeld für ihn bezahlt worden war. Unter welchen Umständen er diese Zeit verbrachte, ist jedoch unbekannt; wenig wahrscheinlich ist sein Schmachten im Kerker, da körperliche Unversehrtheit eine der Voraussetzungen zur Zahlung des Lösegeldes war. Während seiner Gefangenschaft hatte Richard zumindest Muße und Gelegenheit, Lieder zu dichten. Auch die Bewachung des litauischen Herzogs Kynstut auf der Ordensburg Marienburg kann nicht allzu streng ausgefallen sein, denn ihm gelang 1361 die Flucht. In der riesigen Burganlage lassen sich über Inventarlisten gleich fünf verschiedene Räume als Gefängnisorte identifizieren. Selbst in der als „Mordloch" und Raubritterburg verschrienen Waldsteinburg im Fichtelgebirge scheint die Überwachung nicht lückenlos gewesen zu sein. Immerhin gelang den prominenten Gefangenen des berüchtigten Ritters Thomas von Absberg, den kaiserlichen Räten Hans Lamparter von Greiffenstein und Johann Lucas, 1523 aus eigener Kraft die Flucht, ohne dass man aus den Quellen die näheren Umstände dazu erfahren würde.

Weniger schonend ging man dagegen mit Personen aus einfachem Stand um. In der Regel übte der Burgherr in seiner Eigenschaft als Grundherr die niedere Gerichtsbarkeit aus und hatte damit die Polizeigewalt über die Menschen inne, die auf seinem Grund und Boden lebten. Auch ist die in Urkunden genannte „schwere Haft" als eine Form der Körperstrafe, die zudem entehrend wirkte, dem Hochmittelalter nicht unbekannt. Doch nur in wenigen Fällen lassen sich die Orte der Gefangenschaft in den Burganlagen auch baulich korrekt zuordnen. Dazu gehören die aus dem 13. Jahrhundert stammenden elsässischen Burgen Birkenfels und Spesburg. In den sonst öffnungslosen Untergeschossen ihrer Bergfriede fanden sich eingebaute Aborte. Diese konnten nur nötig gewesen sein, wenn sich Menschen länger dort unten aufhielten. Auch im Bergfried der Marksburg, der Mitte des 13. Jahrhunderts erbaut wurde, fand man ein sieben Meter tiefes Verlies, das mit einem Abort in einer Mauernische sowie einem Luftschacht ausgestattet war. Der Abort mündete in eine Fäkaliengrube im Turmfuß. Wie häufig der Raum genutzt wurde, bleibt jedoch ungewiss. Ein besonders schönes Beispiel für einen lang genutzten Gefängnisturm liefert der sogenannte „Diebsturm" der Burg Harburg in Bayern ab. Im untersten Viertel ist hier ein klassisches Verlies untergebracht, das nur über eine Seilwinde im darüberliegenden Geschoss zu erreichen war. Die Haspel aus dem Spätmittelalter ist noch erhalten. Das Stockwerk über dem Eingangsbereich beherbergte zwei aus dem 16. Jahrhundert stammende, beheizbare Holzkästen, sogenannte Keuchen, in denen man Gefangene im Winter unterbrachte, die darin allerdings kaum Bewegungsfreiheit genossen. Im obersten Stockwerk baute man zur Barockzeit mehrere Einzelzellen ein, die durch ihre Kachelofenbeheizung bereits einen gewissen Wohnkomfort boten. Der „Diebsturm" wurde so über mehrere Jahrhunderte hinweg als Gefängnisturm genutzt.

Folterkammern kamen nur hinzu, wenn der Burgherr die Hochgerichtsbarkeit ausübte, was lediglich hochrangigen Amtsträgern und Landesherrn zustand. In der Cadolzburg bei Fürth in Bayern, die unter den Hohenzollern phasenweise Residenz und bis zum 18. Jahrhundert ein wichtiges Verwaltungszentrum des Markgrafentums Brandenburg-Ansbach war, lassen sich Gerichtsgefängnis und Folterkammer vom 16. bis zum späten 18. Jahrhundert archivalisch wie baulich nachweisen. Der sogenannte „Folterturm" – die Bezeichnung ist seit dem 18. Jahrhundert belegt – beherbergte eine Folterkammer, in der man Gefangene an Leitern und mit Gewichten beschwert aufhängte. Auch in der Burg Staufeneck im Berchtesgadener Land, einer einst erzstiftisch-salzburgischen Amtsburg, findet sich ein Verhörraum mit Gefängnis. In der über dem Verlies liegenden „Fragstatt" im nordwestlichen Turm stehen eine Aufziehleiter sowie zwei Keuchen. Die Datierung der Räumlichkeiten bleibt unklar, die Bezeichnung „Hunger- oder Rechturm" für den Turm taucht jedenfalls nicht vor dem 16. Jahrhundert auf.

Bekanntschaft mit einer solchen Folterkammer machte der berühmte Dichter Oswald von Wolkenstein, der im Herbst 1421 von seinem Gegner Martin Jäger gekidnappt und auf der Südtiroler Burg Vall bei Prissian gefangen gehalten wurde. Um ihn im Streit um Besitzrechte und Schulden zu Zugeständnissen zu bewegen, wurde er gefoltert. Wie er in seinen Liedern durchblicken ließ, bekam er Eisenringe um Hals, Gelenke und Daumen gelegt und wurde schließlich an den gefesselten und auf den Rücken gebundenen Handgelenken hochgezogen, wobei seine Füße an einer Stange fixiert wurden, um die Schmerzen zu verstärken. „Da ward ich hübschlich aufgedreht, mit Füssen an der Stange", klagte er über die Tortur, „do mich der Schmerz macht kerren an dem Strange." Auch Schraubstiefel seien ihm angelegt worden, gibt Oswald preis. Dass die beschriebenen Qualen nicht nur seiner Fantasie entsprangen, bewiesen schließlich die Untersuchungen an seinem Skelett 1977. An den Schienbeinen Oswalds waren Verletzungen der Knochenhaut erkennbar, die darauf hinweisen, dass er tatsächlich mit sogenannten Spanischen Stiefeln gefoltert worden war. Gegen Stellung einer immens hohen Bürgschaft wurde Oswald nach mehreren Monaten Gefangenschaft 1422 wieder freigelassen.

Die Vorstellung, im Mittelalter hätten arme Gefangene ähnlich wie der berühmte Edmond Dantès in Alexandre Dumas „Graf von Monte Christo" in auswegloser Lage jahrzehntelang geschmachtet, trifft in der Regel nicht zu. Es gab etliche Möglichkeiten für Inhaftierte, sich Gehör zu verschaffen und ihre Rechtsstreitigkeiten beizulegen. Fürsprecher von Rang und Namen taten immer ihr Gutes, konnten Hafterleichterungen und -verschonung erwirken, das Stellen von Bürgen oder das Bezahlen von Lösegeldern beendete ebenfalls so manchen Konflikt. Einen Einblick in diese Praxis bieten zum Beispiel Gefangenen- und Fürbittbriefe. „Tut wohl und arbeitet fleißig daran, dass ich aus dem Gefängnis komme und die Sache gut endet!", schrieb der pommersche Bürger Heinrich Scholim aus Nessau beschwörend am 18. Mai 1446 seinen beiden Brüdern aus der Deutschordensburg Schivelbein. Eine seit zwei Jahren währende Eigentumsstreitigkeit mit dem Ordenshochmeister Konrad von Ehrlichshausen hatte ihn in eine missliche Lage gebracht. Er läge „in einem Turm, der da finster und tief ist, und dennoch in Eisen eingespannt", klagte er seiner Ehefrau Klara. Dank der Anstrengungen seiner Brüder konnte sich Heinrich aufgrund des Einsatzes hochrangiger Fürsprecher schon sieben Wochen später mit dem Hochmeister aussöhnen und das Gefängnis verlassen.

Auch für den vornehmen Bürger Albrecht Mürow aus Frankfurt an der Oder endete eine unfreiwillige Reiseunterbrechung auf der Burg des Komturs von Ragnit 1446 glimpflich. Seine Ratsgenossen zu Hause verbürgten sich in einem Brief an den Hochmeister des Deutschen Ordens für die Unschuld ihres Mitbürgers: „Er ist in unserer Stadt geboren von redlichen Leuten, Vater und Mutter, und sein Großvater hat unseren Eid genossen und bei uns im Rat gesessen bis ans Ende." Auch dieses Schreiben dürfte seine Wirkung nicht verfehlt haben, handelte es sich bei dem Beschuldigten doch um einen prominenten Sohn der Stadt. Wenn nötig, wurde auch ein Lösegeld für überfallene und festgesetzte Kaufleute bezahlt. Die reiche Stadt Nürnberg, deren Fernkaufleute beliebtes Ziel für Überfälle waren, setzte für die Auslösung dabei eine Höchstsumme fest, um den wirtschaftlichen Schaden für die Kommune zu begrenzen. Eine der größten Loskaufaktionen unternahm die Stadt Frankfurt am Main nach der Schlacht von Kronberg 1389. Für die 620 in Kriegsgefangenschaft geratenen Bürger bezahlte sie die horrende Summe von 73 000 Gulden.

Eine andere Möglichkeit, zu einem gütlichen Ausgleich zu kommen, war das Schwören der Urfehde. Zahlreiche überlieferte Urfehdebriefe geben Einblick in dieses außergerichtliche Schlichtungsverfahren. Die Opfer versicherten dabei unter Eid, auf Rachehandlungen für die erlittene Haft zu verzichten und die ausgehandelten Bedingungen für ihre Freilassung einzuhalten. So gelobte der Fischmeister des Deutschen Ordens, Lorenz, der 1516 wegen eines Diebstahlverdachts vom Ordensmeister Albrecht von Brandenburg auf dem Königsberger Schloss festgesetzt worden war, kein weltliches oder geistliches Gericht wegen dieser Angelegenheit anzurufen und stattdessen nach Santiago de Compostela zu wallfahren. Im Anschluss an die Pilgerfahrt besaß er jedoch die Aussicht, wieder in die Dienste des Ordens treten zu können.

Erhart Wyler, der als Amtmann des Klosters Weißenburg auf der pfälzischen Burg Berwartstein lebte und infolge einer Fehde im Oktober 1472 in die Hände seines Gegners Eckbrecht von Dürckheim fiel, versprach, 200 Gulden Lösegeld zu bezahlen, auf alle Entschädigungsansprüche zu verzichten und sich wieder in Haft zu begeben, falls er und seine Bürgen die Summe nicht aufbringen konnten. Tatsächlich kam er nach der Unterzeichnung des Urfehdebriefes am 23. Juni 1473 wieder frei. Seine Ehefrau Margarethe aber wurde auf dem Reichstag zu Augsburg vor Kaiser Friedrich III. vorstellig und erwirkte die Verhängung der Reichsacht gegen die Brüder Eckbrecht von Dürckheim. Glück im Unglück hatte ebenso Götz von Berlichingen, der 1519 in die Gefangenschaft seines Erzrivalen, des Schwäbischen Bundes, geriet. Auf Fürsprache seiner Standesgenossen Franz von Sickingen und Georg von Frundsberg blieb ihm allerdings eine unbequeme Haft im Bollwerksturm der Stadt Heilbronn erspart und er durfte auf eigene Kosten im Gasthaus Krone einen doch recht angenehmen Hausarrest antreten. 1522 schwor er schließlich Urfehde und kam nach Zahlung von 2000 Gulden und der Stellung von Bürgen wieder frei.

So gab es durchaus vielfältige Möglichkeiten einer allzu langen und beschwerlichen Haft zu entkommen. Das düstere Bild vom kalten und feuchten Burgverlies, wie es in so manchen Sagen und Märchen gezeichnet wird, lässt sich in der historischen Realität nicht beweisen, auch wenn die Behandlung eines unfreiwillig Festgehaltenen auf einer Burg herb ausfallen konnte, wie das Beispiel des Wolkensteiners zeigt. Wenn es in privaten Fehden ums Geld ging, kannte auch ein „edler" Burgbesitzer oft kein Pardon.

IRRTUM 19:

Der Schatz der Templer liegt auf Burg Gisors

Die Geburt einer Legende fand an einem Freitag, dem 13. statt. An diesem schicksalhaften Unglückstag ließ der französische König Philipp der Schöne in seinem Reich eine Verhaftungswelle anrollen, die Anlass zu wilden Spekulationen gab. Den königlichen Zorn hatte ausgerechnet ein religiöser Orden erregt, dessen Verdienste um die Ausbreitung des Glaubens eigentlich unbestritten waren: die Templer. Nun folgte am 13. Oktober 1307 die größtmögliche Katastrophe. Alle Tempelritter in Frankreich wurden unter der Anklage der Häresie verhaftet, das Ordensvermögen beschlagnahmt. „Eine bittere Sache, eine Sache, die sicher entsetzlich vorzustellen, furchtbar zu hören ist, ein verabscheuungswürdiges Verbrechen, eine scheußliche Missetat ist uns dank dem Bericht mehrerer glaubwürdiger Personen zu Ohren gekommen, nicht ohne uns großes Erstaunen zu bereiten und in gewaltigem Schrecken erzittern zu lassen“, begründete Philipp in einem Schreiben vom 14. September sein Handeln vor seinen Amtsträgern. Daher habe er beschlossen, „dass alle Mitglieder des genannten Ordens unseres Königreichs ohne Ausnahme festgenommen, gefangen gehalten und dem Urteil der Kirche vorbehalten werden, und dass alle ihre Güter, bewegliche und unbewegliche, beschlagnahmt, von uns eingezogen und getreu bewahrt werden“. Die Vorwürfe, die der König aufgrund der Aussagen eines ehemaligen Tempelritters namens Esquieu de Floyran gegen den Ritterorden erhob, vereinigten alle Elemente, die man für gewöhnlich Ketzern vorwarf: Gotteslästerung und Sodomie, götzenhafte Verehrung eines Idols, regelwidriges Spenden der Sakramente, Verleugnung und Entehrung des Kreuzes. Die Anklagepunkte, die unter Anwendung der Folter von gefangenen Ordensrittern im Nachhinein „bestätigt" wurden, führten schließlich zur vollständigen Vernichtung des Ordens. 1312 hob Papst Clemens V., ohne das Urteil eines noch tagenden Konzils abzuwarten, den Templerorden per Dekret einfach auf, zahlreiche Templer landeten auf dem Scheiterhaufen, zuletzt 1314 auch der letzte Großmeister des Ordens, Jacques de Molay, der an der Seite des Präzeptors der Normandie, Geoffroy de Charny, auf einer Seine-Insel vor Paris seinem Feuertod entgegensah.

Seit diesem Tag ranken sich Geheimnisse und Mythen um den einstmals so berühmten und mächtigen Templerorden. Die Umstände seines dramatischen Falls, dazu ein geldgieriger König, ein schwacher Papst, bestochene Zeugen und rätselhafte Ketzervorwürfe – das alles ließ die Mutmaßungen ins Kraut schießen. Was waren die wahren Gründe für die Vernichtung des knapp 200 Jahre zuvor im Heiligen Land gegründeten Ordens gewesen? Hüteten die Templer geheimes Wissen, das sie im Orient kennengelernt hatten? Wie viele Ordensritter entkamen der Verfolgung? Flüchteten sich die Überlebenden mitsamt den Schätzen und Reichtümern des Ordens an einen geheimen Ort und überdauerten dort die Zeiten im Untergrund?

In seinem 1963 erschienenen Buch „Die Templer sind unter uns" wartete der Journalist und Esoteriker Gérard de Sède mit einer überraschenden These auf. Der sagenhafte Schatz der Templer sei in letzter Minute von einigen wenigen Rittern in Sicherheit gebracht worden, und zwar auf die Burg Gisors, 60 Kilometer nordwestlich von Paris. Diese Nachricht stieß bei Schatzgräbern und Verschwörungstheoretikern auf helle Begeisterung. Der Autor begründete seine Meinung mit Dokumenten in Geheimarchiven des Vatikans, unter denen sich die Aussagen eines Ordensritters namens Johann von Chalon befanden, der mit eigenen Augen den Abtransport des Pariser Templerschatzes am Vorabend der Verhaftungswelle gesehen haben wollte.

Der Zeuge sprach dabei aber von zwei getrennten Vorgängen: der Flucht der Ordensoberen unter dem Provinzmeister Gerard de Villiers mithilfe von 50 Pferden und 18 Schiffen und der Übergabe eines Münzbetrages durch Hugues de Pairaud, des Ordensvisitators für Frankreich, an einen Vertrauensmann. In der Verkürzung des Satzes wurden nun beide Vorgänge zu einem zusammengezogen. Drei mit Schätzen voll beladene Wagen hätten an diesem Tag Paris in Richtung Meer verlassen, um den Inhalt auf 18 Schiffen verteilt in Sicherheit zu bringen. Diese Tatsache habe Johann von Chalon aber Philipps Folterknechten verschwiegen und nur Clemens V. und seinen Kardinälen bei einem direkten Verhör in Poitiers offenbart.

De Sède glaubte sogar zu wissen, wohin der Schatz transportiert wurde. Die Angabe von „drei Wagen" nahm er nämlich als versteckten Hinweis auf das Ziel des Transportes. Wie hätte auch der Inhalt von lediglich drei Wagen auf die stolze Anzahl von 18 Schiffen verteilt werden können? De Sède hatte eine andere Erklärung parat: Gisors habe man auch die „Burg der drei Wagen" genannt, da zu ihrer Erbauungszeit (Ende des 11./Anfang des 12. Jahrhunderts) jeweils an Heiligabend eine seltene Konstellation von Großem und Kleinem Wagen am Sternenhimmel zu sehen gewesen wäre. Johann von Chalon habe mit seiner Aussage damit einen Verweis auf den Verbleib des versteckten Schatzes geben wollen.

Erhärtet wurde de Sèdes Theorie von einer merkwürdigen Geschichte aus dem Jahr 1946. Der Gärtner und Fremdenführer Roger Lhomoy hatte 1944 mit heimlichen Grabungen in der alten Templerburg Gisors begonnen und nach zweijähriger schweißtreibender Wühlarbeit endlich eine Entdeckung gemacht: Nach eigenen Angaben stieß er in 16 Metern Tiefe unter dem Turm auf eine romanische, der heiligen Katharina geweihten Kapelle, in der 19 Sarkophage und 30 Schatztruhen lagerten. Begeistert meldete Lhomoy seinen Fund den Behörden, aber der Bürgermeister des Ortes glaubte ihm kein Wort und ließ den 13 Meter langen Stollen wegen Einsturzgefahr zuschütten. Doch Lhomoy wandte sich an die Presse und brachte seine Geschichte in Umlauf. Der ungehobene Schatz von Gisors erregte landauf, landab die Gemüter. De Sède stützte seine Recherchen auf die Aussagen des ihm persönlich bekannten Lhomoy, sein Buch machte Furore.

1964 unternahm der damalige französische Kultusminister André Malraux einen offiziellen Versuch, der rätselhaften Sache auf den Grund zu gehen. Er erklärte das Burggelände zum militärischen Sperrgebiet und ließ Pioniere der Armee Ausgrabungen machen. Allerdings destabilisierten die Grabungen den künstlichen Hügel, auf dem die Burg stand, sodass die Arbeiten ergebnislos eingestellt werden mussten. Wegen des hohen Einsturzrisikos wurden alle weiteren Erkundungsversuche verboten.

So unbelegbar die Geschichten auch blieben, sie heizten die Gerüchteküche nur weiter an. Die seriöse Geschichtswissenschaft konnte dagegen kaum Fakten setzen, da das Hauptarchiv des Templerordens verloren gegangen war. Nach dem Rückzug aus dem Heiligen Land verbrachten die Templer ihren Dokumentenschatz 1291 vermutlich nach Zypern, wo er nach Auflösung des Ordens in die Hände der Johanniter überging. Als die Osmanen 1571 Zypern eroberten, ging das Archiv aller Wahrscheinlichkeit nach endgültig im Chaos des Krieges unter, auch die zyprischen Dokumente des Johanniterordens sind seitdem verschollen. Viele Details müssen daher im Dunkeln bleiben, was der Legendenbildung Vorschub leistet. Unzweifelhaft waren die Templer reich und ihr Reichtum begründete auch ihren Niedergang, da Philipp IV. von Frankreich bei ihnen hoch verschuldet war.

Der Orden besaß in ganz Europa, in Frankreich, England, Spanien, Portugal, in Deutschland, Italien und selbst in Dalmatien und Teilen Griechenlands reichen Landbesitz, der ihm durch Schenkungen und Dotationen übertragen worden war und von lokalen Ordenshäusern, den Komtureien, verwaltet wurde. Durch Tausch und Zukauf machten die Ordensritter aus den zunächst verstreut liegenden Besitzungen rentable Großbetriebe, die Überschüsse erwirtschafteten, die zum Teil zur Unterstützung der kämpfenden Brüder ins Heilige Land geschickt, zum anderen Teil aber auf den lokalen Märkten verkauft wurden. Die Einnahmen aus der landwirtschaftlichen Produktion, aus der Eisen-, Leder- und Wollverarbeitung, der Pferde- und Viehzucht machten den Hauptanteil der Ordenseinnahmen aus, dazu kamen Erlöse aus Verpachtungen, Mühlen-, Back- und Wegerechten und aus dem Transport von Pilgern in den Orient über die ordenseigene Flotte. Eine Reihe von Privilegien erleichterte den Templern zudem das Geldverdienen: Sie besaßen diverse Steuer- und Zollfreiheiten, Handelsmonopole und Rechte auf Kirchenkollekten.

Die Geschäftstüchtigkeit der Templer und das weitverzweigte Netz ihrer Niederlassungen machten sie gleichzeitig zu gesuchten Kreditgebern und Vermögensverwaltern. Pilger und Kreuzfahrer hinterlegten Geld und Wertgegenstände vor ihren gefahrvollen Reisen gerne in den gut gebauten und gesicherten Häusern der Templer. Die Ordensritter finanzierten Ausrüstung und Reisekosten vor oder zahlten in Europa eingezahlte Gelder im Heiligen Land in der geltenden lokalen Währung aus. Das ließ die Tempelherren mehr und mehr in die Rolle von Bankiers hineinwachsen, die ihre wirtschaftliche und politische Bedeutung über den gewaltigen Land- und Immobilienbesitz hinaus steigerte, den sie in vielen Königreichen ohnehin besaßen. Selbst Päpste und Monarchen nahmen ihre Dienste in Anspruch. So lagerten die Könige von England, Frankreich und Aragon ihren Staatsschatz jeweils bei den Templern ein und nahmen vom Orden Darlehen zur Finanzierung ihrer Kriegszüge. Sie übertrugen ihnen auch den Einzug und die Verwaltung von Steuergeldern. An vielen Höfen gingen daher Templer als Finanzexperten ein und aus. Die französischen Könige beschäftigen seit Philipp II. August mindestens acht Tempelritter in Folge als Schatzmeister. Die gesamte königliche Familie – Mutter, Brüder, Kinder der Monarchen – standen mit den Templern in finanzieller Verbindung.

Wie gewissenhaft die Ritter in ihrer Buchführung waren, zeigen beispielsweise die Abrechnungen für die Mutter Ludwigs IX. von Frankreich, Blanca von Kastilien, 1243. Jeweils an Mariä Lichtmess, Himmelfahrt und Allerheiligen bekam die vornehme Kundin „Kontoauszüge“ mit der genauen Aufstellung über Soll und Haben ihres Vermögens und über die Kontobewegungen zugestellt. Mehr und mehr schälte sich ein regelrechter Bankbetrieb im Pariser Tempel heraus. Pergamentlisten aus den Jahren 1295/96 belegen, dass die königliche Familie, geistliche und weltliche Würdenträger sowie Pariser Kaufleute rund 60 Konten bei den Templern unterhielten. Ein Schalter für Einzahlungen hatte drei bis fünf Tage in der Woche zu festgelegten Stunden geöffnet. Akribisch wurden die Namen der Einzahler, die Herkunft der Gelder, die Höhe der Beträge, die Empfänger sowie die Namen des Kassierers und das Register, das den Eingang des Geldes verzeichnete, notiert.

Es konnte nicht ausbleiben, dass diese Präsenz des Ordens Begehrlichkeiten aufseiten der Schuldner weckte. Da kam es schon einmal vor, dass ein zukünftiger König wie Edward I. im Jahr 1263 mit seinen Leuten zornerfüllt in den Tempel von London stürmte, die dortigen Geldtruhen aufbrach und mit 10 000 Pfund in der Tasche wieder verschwand, um seine leeren Kriegskassen aufzufüllen. Nicht viel besser benahm sich Peter III. von Aragon 1285 bei seinem Übergriff auf die Templerniederlassung von Perpignan. Auch Edward II. von England raubte 1307 Juwelen und Schmuckstücke aus dem Londoner Tempel im Wert von insgesamt 50 000 Pfund. Rüde Enteignungsmethoden verboten sich jedoch angesichts der Machtstellung des Ordens von selbst, gefragt waren subtilere Methoden.

Für Philipp den Schönen boten die Gerüchte um ketzerische Praktiken der Ordensritter den willkommenen Anlass, um gegen die Institution vorzugehen. Denn auch der König Frankreichs hatte allen Grund, die Machtstellung der Templer zu fürchten. Von seinem Vater hatte er bereits einen gewaltigen Schuldenberg geerbt, der durch seine eigene Kriegsführung mit England und Flandern ab den 1290er-Jahren stetig vergrößert wurde. Der Schatzmeister der Templer nahm unter der Regierung Philipps wie schon unter dessen Vorgängern in der Steuerverwaltung des Königreichs eine führende Rolle ein. Doch auch die Finanzjongleure des Ordens konnten das anwachsende Defizit des Königs allenfalls verwalten. Um seine finanziellen Probleme in den Griff zu bekommen, nahm Philipp IV. häufig Zuflucht zu gewaltvollen Maßnahmen: So setzte er bereits 1296/97 eine kirchenrechtlich nicht zulässige Besteuerung des Klerus durch und wagte damit den Bruch mit Papst Bonifaz VIII., den er in einem militärischen Handstreich 1303 in Anagni verhaften ließ. Als Folge dieses viel beachteten Rechtsbruches griff Philipp sogar in die nächsten Papstwahlen ein und sorgte dafür, dass 1305 der Erzbischof von Bordeaux, Bertrand de Got, als Clemens V. den Heiligen Stuhl bestieg. Dieser verlegte die Residenz der Kurie nach Avignon und geriet dabei in völlige Abhängigkeit vom französischen König, der ihn mit einem posthumen Ketzerprozess gegen Bonifaz VIII. ständig unter Druck setzte. Philipps harte Hand bekamen auch die italienischen Bankiers zu spüren, die seine Kriegszüge finanziert hatten. 1291 und 1311 ließ der verschuldete Monarch ihr Vermögen beschlagnahmen und entledigte sich so seiner Verbindlichkeiten.

Eine zweite Gruppe von Kreditgebern sah sich ebenfalls brutaler Übergriffe ausgesetzt: 1306 verwies Philipp die Juden, die als religiöse Minderheit von seinem königlichen Wohlwollen besonders abhängig waren, „für immer" des Landes, nicht ohne bei ihrem Abzug auch noch kräftige „Bußgelder" zu kassieren. Die Verfolgung und Enteignung des Templerordens lässt sich in diese Reihe finanzpolitischer „Zwangsmaßnahmen" mühelos einreihen, noch dazu, da Philipp 1306 nach einer langen Zeit der Münzabwertung eine Rückkehr zum Münzstandard von 1266 angekündigt hatte, was ohne den Zugriff auf frische Edelmetallreserven nicht möglich war. Die Vorwürfe Esquieu de Floyrans kamen da gerade recht, um den Orden in die Zange zu nehmen. Das gestiegene Selbstbewusstsein Philipps des Schönen tat sein Übriges. Der Machtanspruch des Königs über die Kirche duldete keinen „Staat im Staat", wie ihn der reiche, in eigener Regie verwaltete Grundbesitz der Templer darstellte. Philipp der Schöne, selbst von strenger Frömmigkeit geprägt, strebte nach einer Stärkung der königlichen Stellung, seine Politik zielte konsequent auf die Ausschaltung machtpolitischer Konkurrenten.

So darf man den Vorwurf, den der Dichter Dante Aligheri in seiner „Göttlichen Komödie" (begonnen 1307) gegenüber Philipp formulierte, durchaus ernst nehmen. Habgier, so der Dichter, sei die Hauptmotivation des französischen Königs bei der Zerschlagung des Templerordens gewesen. Er sei ein zweiter Pilatus, der „gierig ohne Rechtsspruch zum Tempel gar die Räuberschiffe" schickte. Doch wo ist der Templerschatz geblieben? Als Philipp das Vermögen des Ordens beschlagnahmte, mochte er zunächst von märchenhaften Reichtümern zugunsten seiner leeren Kassen geträumt haben, doch seine Hoffnungen erfüllten sich nur halb. Papst Clemens V., der trotz königlicher Bevormundung immer wieder versuchte, den Prozess gegen die Templer an sich zu ziehen, übertrug das Vermögen nach der Auflösung des Ordens in der Bulle *Ad providendam* vom 2. Mai 1312 dem zweiten großen geistlichen Ritterorden des Mittelalters, den Johannitern, um die Mittel für die Kirche und die Aufgaben im Heiligen Land zu sichern. Jene Tempelritter, denen man keine ketzerischen Umtriebe hatte nachweisen können, erhielten aus dem Vermögenstopf eine Pension ausgesetzt und wurden in Häuser anderer Orden wie der Zisterzienser und Augustiner geschickt. Geständige oder „rückfällige" Ordensbrüder trafen dagegen unterschiedlich harte Bestrafungen bis hin zum Todesurteil. So hatte Philipp, der freilich Teile des beschlagnahmten Landbesitzes für sich behielt und für die übergebenen Gebiete von den Johannitern Entschädigungszahlungen forderte, das Nachsehen. Erst nach langen Verhandlungen wurde 1318 eine Übereinkunft erzielt. Der König erhielt 200 000 Livre für die Güter und 60 000 Livre für die Verfahrenskosten ausbezahlt. Außerhalb Frankreichs kam der größte Teil des Ordensbesitzes – ebenfalls nach Abschlagszahlungen an Monarchen oder Landesherrn – unter die Verfügungsgewalt der Johanniter, so in Zypern, Italien oder Deutschland. Nur auf der Iberischen Halbinsel ging man angesichts der dortigen Präsenz der Muslime andere Wege: König Jakob II. von Aragon vereinigte Templer und Johanniter nach dem Vorbild des Calatravaordens zum neuen Ritterorden von Montesa, da er die militärische Unterstützung der Ritter benötigte; in Portugal gründete König Dinis den Christusorden als Nachfolgeeinrichtung der Templer, in dessen Hände Personal und Besitz des aufgelösten Ordens übergingen.

Wenn man schon nach einem Schatz suchen will, so ist man bei diesen Templer-Erben bestens beraten. Ländereien, mobile Habe, Wertgegenstände und Barvermögen gingen in ihre Hände über. Wie viel von diesem Reichtum nach Abzug der Ausgleichszahlungen an die Kronen und der Pensionsansprüche der noch lebenden Templer übrig blieb, ist jedoch fraglich. Noch 1318 erhielten in 40 Diözesen Europas ehemalige Templer Unterhaltszahlungen. Und in Frankreich wird Philipp der Schöne bei der Beschlagnahmung der Komtureien 1307 die Schatzkammern wohl klammheimlich bis auf die letzte Münze geplündert haben. So dürfte auch der Schatz Hugues de Pairauds in den königlichen Kassen verschwunden sein. Denn 1321 stellten Mitarbeiter des königlichen Rechnungshofes in Paris einen Münzberg bestehend aus 1189 Goldmünzen und 5010 Silbermünzen sicher, der Pairaud zugeordnet wurde. Warum ausgerechnet die Burg Gisors, die sich zum Zeitpunkt des Templerprozesses in königlichem Besitz befand, zum Versteck für einen Schatz erkoren worden sein soll, der vor dem Zugriff des König gesichert werden sollte, bleibt dagegen ein Geheimnis de Sèdes.

Wie man es auch drehen und wenden mag – der Schatz der Templer ist und bleibt ein Mythos. Doch die Legende war zu schön, um in Vergessenheit zu geraten. Schon im 18. Jahrhundert gab es interessierte Kreise, die sich mit der Aura der spektakulär untergegangenen Templer schmücken wollten. Für die Geheimgesellschaft der Freimaurer gab der mittelalterliche Ritterorden genau das richtige Kolorit ab, um sich eine große, in geheimnisvolles Dunkel getauchte Vergangenheit anzueignen. Diese Idee brachte der schottische Freimaurer Andrew Michael Ramsay 1737 in einer Rede vor französischen Freimaurern erstmals ins Spiel. Im Untergrund, so seine These, hätten viele Templer vor allem in England und Schottland den Untergang des Ordens überlebt und dabei geheimes Wissen gerettet, das sie nur an wenige Eingeweihte und mithilfe geheimer Symbole hätten weitergeben können. Die Freimaurer seien die direkten Nachfolger der überlebenden Templer und damit auch die letzten Hüter höherer Weisheiten, die zum Wohle der Menschheit eingesetzt werden könnten.

Die Fiktion vom geheimen Überleben des Ordens war so attraktiv, dass sie auch von Esoterikern, Okkultisten und Schatzsuchern aller Couleur schnell ausgebaut wurde. Die Templer mutierten vom Ritterorden zum Geheimbund, besaßen plötzlich magische und alchemistische Kenntnisse und bekamen einen antiklerikalen Stempel aufgedrückt. Gerade in Deutschland griffen die Freimaurer der „Strikten Observanz" diese Facette der Geschichtsklitterung bereitwillig auf. Angeblich soll Jaques de Molay kurz vor seiner Hinrichtung das von der hebräischen Sekte der Essener erfahrene Geheimwissen an seinen Vertrauten, den Grafen von Beaujeu, weitergegeben haben.

Mit dem Geheimwissen geriet auch wieder der sagenhafte Schatz in den Mittelpunkt des Interesses. Dieser nahm immer bedeutungsvollere Ausmaße an: Mal mutierte er zum jüdischen Tempelschatz, der 70 n. Chr. von den Römern geraubt und über die Westgoten nach Frankreich gelangt sei, wo er angeblich aus den Händen der südfranzösischen Katharer kurz vor dem Fall der letzten Ketzerhochburg Montségur an die Templern geriet, mal soll er aus Geheimdokumenten bestanden haben, die bewiesen, dass Jesus Christus gar nicht am Kreuz gestorben sei, was die Grundfesten der katholischen Lehre erschüttert hätte. Bei der Vielfalt an Möglichkeiten, deren einzige Gemeinsamkeit ihre historische Unbelegbarkeit war, konnte es nicht ausbleiben, dass neben Gisors noch weitere Orte als mögliche Verstecke des Templerschatzes ins Visier der Schatzjäger gerieten.

In Rennes-le-Chateau nährte das auffällige Verhalten des Dorfpfarrers François Bérenger Saunière, der mit Geld nur so um sich warf, die Vermutung, er habe 1886 in der Dorfkirche alte Pergamente gefunden, deren Inhalt die katholischen Dogmen im Mark erschütterten und die daher für viel Geld vom Vatikan aufgekauft worden seien. Die These machte vor allem einen reich: Gérard de Sède, der 1968 seinen zweiten Bestseller („Der verfluchte Schatz von Rennes-le-Chateau“) herausgab. Wie sich später herausstellte, basierten diese Geschichten auf bloßer Fantasie; das Geld des Pfarrers stammte aus höchst irdischen Quellen wie Spekulationen und dem irregulären Verkauf von Kirchendienstleistungen. Andere Hobbyforscher vermuteten dagegen, der Schatz sei in La Rochelle an der Atlantikküste gestrandet und von dort aus nach Amerika verschifft worden, da die Templer durch ihr Geheimwissen von der Existenz des offiziell noch gar nicht entdeckten Kontinents bereits wussten. Weitere Favoriten für die Schatzsuche sind der Ort Arginy nördlich von Lyon, dessen Name von *arguros*, Silber oder Geld, abgeleitet wird und der im Mittelalter Sitz der Familie Beaujeu war, die enge Verbindungen zu den Templern pflegte. Als heiße Kandidaten werden zudem die Roslyn-Kapelle in

Schottland, Tomar in Portugal oder Oak Island in Kanada genannt. Die Suche wird also auch in Zukunft weitergehen und keinesfalls auf Gisors beschränkt bleiben. Die Templer begründeten mit ihrem dramatischen Untergang somit ganz unabsichtlich den wohl langlebigsten und am häufigsten rezipierten Mythos der Ritterzeit.

IRRTUM 20:

Kaiser Maximilian war der „letzte Ritter"

Der Titel „letzter Ritter" ist seit dem 19. Jahrhundert vergeben. Genauer gesagt seit 1830, als der politische Dichter Graf Anton Alexander von Auersperg unter dem Pseudonym Anastasius Grün einen ganzen Romanzenkranz um das Leben und Wirken Kaiser Maximilians I. wand. „Vor mir in eh'rner Rüstung stand eines Manns Gestalt, vom falt'gen Purpurmantel die starken Lenden umwallt, zu Haupt ihm sah ich winken den dichten Lorbeerkranz, draus lugten goldne Zinken, wie einer Krone Glanz." Mit diesen Worten führte er den Habsburger, der ihm, gemessen an der gedrückten politischen Lage seiner eigenen Zeit, dem Vormärz, wie eine Traumgestalt an Größe und Würde erschien, in seinen Gedichtreigen „Der letzte Ritter" ein. Maximilian war ihm in zweifacher Hinsicht ein „Letzter" seiner Art: in der Vorbildlichkeit seines Regiments, das er zu Gänze dem Ruhm und Wohlergehen Österreichs gewidmet hatte, und in der Verinnerlichung der Ideale des Rittertums, die unter seiner Herrschaft noch einmal eine strahlende Blüte erlebten. Verklärend beschrieb Auersperg am Ende seiner Dichtung das kaiserliche Grabmal in der Innsbrucker Hofkirche: „Inmitten aber, schimmernd im blanken Mondenstrahl, in Majestät und Milde steht Maxens Trauermal, er selbst liegt auf den Knien, die Hände sanft erhoben, und für sein Volk noch betend, blickt lächelnd er nach oben." Der Autor verband damit den

Aufruf an die Fürsten seiner eigenen Zeit, gerecht und milde zu regieren.

Das Attribut „letzter Ritter“ ist seitdem unverbrüchlich mit der Person Kaiser Maximilians I. verbunden geblieben, weil der Monarch die Ideale des Rittertums noch zu einer Zeit exzessiv lebte, als sich bereits wesentliche Veränderungen in Gesellschaft, Politik und Militärwesen abzeichneten. Seine Lebenszeit zwischen 1459 und 1519 deckte sich mit den Umbrüchen einer Epoche, die den Übergang vom Mittelalter zur Frühen Neuzeit begleiteten. In seiner Person schienen daher die Widersprüche eines Zeitalters zu kulminieren, das noch ganz in der Erinnerung an eine stolze Vergangenheit schwelgte, aber längst zu neuen Ufern aufgebrochen war, wie nicht zuletzt die Entdeckung Amerikas und der Ausbruch der Reformation anzeigten. Wer, wenn nicht dieser blond gelockte, hochgewachsene, sportliche Habsburger, der schon von seinem Äußeren her das Paradebild eines Ritters abgab, hätte den Titel „letzter Ritter“ besser verdient. „Der bestgewachsene Prinz Europas!“, jubelte schon der burgundische Chronist Jean Molinet, als er des jungen Prinzen ansichtig wurde, der 1477 in die Niederlande kam, um seine Braut Maria von Burgund zu freien. Die Natur habe an ihm nichts vergessen, schwärmte Molinet, seine Statur und seine Glieder seien von so edlen Maßen, wie es die antiken Meister nicht besser hätten treffen können, die goldblonden Haare trüge er nach deutscher Mode lang, aber nicht zu lang, eine kostbare Fürstenkrone umfasse sie. Jetzt erfülle sich die Prophezeiung der Sibylle, in der sich der junge Adler (Maximilian) mit der jungen Löwin (Maria von Burgund) verbinde, um ihren hemmungslosen Jäger (den französischen König Ludwig XI.) zu überwinden, hoffte der Chronist.

Von Maximilians Person muss eine enorme Wirkung ausgegangen sein. Immer wieder berichten die Chroniken davon, dass er Menschen spontan begeistern und mit seinem Charme bezaubern konnte. Wenn der stattliche Mann im silbernen Panzer hoch zu Ross daherritt, erschien er schon damals wie eine Verheißung aus besseren alten Zeiten. Und Maximilian tat alles, um diesen Eindruck nicht zu enttäuschen. Er war ein leidenschaftlicher Turnierritter, der es mit jedem Gegner aufnahm und auf vorherige Absprachen verzichtete, der gern mit scharfen Waffen kämpfte und sich im Glanze seiner überaus wertvollen Turnierrüstungen sonnte. Genauso gerne ritt er zur Jagd, scheute keine Gefahren beim Erlegen des Wildes, kletterte auf die höchsten Bergsporne und überwand die tiefsten Abgründe. Seine Tollkühnheit bei Gamsjagden war berüchtigt. Dazu traten seine verschwenderische Freigebigkeit und seine Lust an Repräsentation und Selbstdarstellung, die ihn zum idealen Ritter machten. Obwohl ständig knapp bei Kasse, gab Maximilian bedeutende Kunstwerke in Auftrag. So holte er für seine beiden Hauptwerke, die „Ehrenpforte" und den „Triumphzug", zur Verherrlichung seiner Dynastie die besten Künstler seiner Zeit, wie Albrecht Dürer, Hans Burgkmaier, Albrecht Altdorfer, Hans Schäufelein oder Hans Springinklee. Und in seinem autobiografischen, zum Teil selbst verfassten literarischen Werk, „Theuerdank", „Weiß-Kunig" und „Freydal", feierte er noch einmal in den höchsten Tönen die Ideale des Rittertums. Mit Mut, Tapferkeit und Redlichkeit bestehen seine Helden – respektive er selbst – Abenteuer um Abenteuer. Zu dieser Überhöhung des Rittertums passte es auch, dass Maximilian den sagenhaften König Artus als direkten Vorfahr in die 28 Bronzefiguren umfassende Ahnenreihe seines Prunkgrabes in der Innsbrucker Hofkirche einfügen ließ. Der „letzte Ritter" holte sich den „ersten" als Zeugen seines Selbstverständnisses ans Grab.

Wie hätte es auch anders sein sollen: Als Sohn Kaiser Friedrichs III. und Eleonore von Portugals aus zwei führenden Adelshäusern Europas stammend und als Gatte der burgundischen Erbtochter Maria lebte er ganz in den Traditionen seiner Vorfahren. Vor allem der glanzvolle Hof seines Schwiegervaters, Herzog Karls des Kühnen von Burgund, an dem die ritterliche Festkultur einen ihrer Höhepunkte feierte, beeindruckte den jungen Habsburger zutiefst. Zeitlebens besaß er einen Hang zu Festen, Maskeraden und Tanzveranstaltungen. Auch auf diesem Feld erwies sich Maximilian als formvollendeter Ritter, indem er die Frauen hofierte und liebte und sich auch nicht scheute, hübsche Bürgermädchen zu umgarnen.

Doch allen goldenen Träumen zum Trotz bewies der „letzte Ritter" überraschenden Realitätssinn, wenn es um Machtpolitik und Kriegsführung ging: In seinen zahlreichen Kriegen, die er gegen die flandrischen Städte, gegen Frankreich und die Eidgenossen führte, stützte er sich nicht etwa auf Ritterheere alten Stils, sondern zunehmend auf Fußsoldaten und den Einsatz von Artillerie. Nach dem Vorbild der erfolgreichen Schweizer Reißläufer, reinen Söldnern, bildete er aus deutschen Landeskindern Landsknechteinheiten, die in geschlossener Formation und mit langen Spießen kämpfend ein unüberwindbares Hindernis für die schwer gepanzerten Ritter darstellten. Der „letzte Ritter" war in Wahrheit ein „Vater der Landsknechte", in deren Ausrüstung und Ausbildung er kräftig investierte. In seiner Innsbrucker Hofplattnerei ließ er für sie Harnische bester Qualität herstellen, wobei ein erster Grad an Serienfertigung erreicht wurde – jeweils 30 Vorder- und Rückenteile konnten in einem Arbeitsprozess hergestellt werden. Maximilians Wertschätzung seiner Landsknechte ging so weit, dass er 1505 in ihrer Tracht in Köln einzog. Im geschlitzten Landsknechtwams, die Spielhahnfeder auf dem Hut und den Langspieß lässig geschultert, zog er unter dem Jubel der Menschen in die alte Rheinstadt ein. Geschickt verstand es Maximilian zudem, die Fußsoldaten mit der neu aufkommenden Artillerie zu kombinieren. Dem schweren Geschütz, das dazu angetan war, Ritterrüstungen und Burgmauern endgültig den Garaus zu machen, gehörte des Kaisers ganze Aufmerksamkeit. Er baute eine Artillerie auf, die der damals führenden französischen in nichts nachstand, und machte sie mobil, indem er die schweren Geschütze, die 40 bis 70 Pfund schwere Kugeln verschießen konnten, auf Räderkarren setzte. Mit der Macht der Kanonen gelang es ihm, die als uneinnehmbar geltende Festung Kufstein während des Bayerischen Erbfolgekrieges sturmreif zu schießen.

Neue Wege beschritt Maximilian auch in der Verwaltungsarbeit. Während seine Reformansätze im Reich auf Eis lagen, gestaltete er sein österreichisches Herzogtum nach burgundischem Vorbild grundlegend um und schuf in Innsbruck zentrale Verwaltungsinstitutionen, auf die seine Nachfolger aufbauen konnten. Er nahm den juristisch gebildeten Bürgerstand in seinen Dienst und legte damit den Grundstein für den Aufbau einer nur ihm verpflichteten Beamtenschaft. Um endlich ein frei verfügbares Heer zu haben, stellte Maximilian in Österreich, ebenfalls nach französisch-burgundischem Vorbild, feste Reitertrupps auf, sogenannte Ordonnanzen. Nicht zuletzt war es Maximilians kluge Hausmachtpolitik, die den Aufstieg seiner Dynastie für die Zukunft begründete. Die Einheirat seiner Kinder und Enkel in das spanische und das ungarisch-böhmische Königshaus garantierte dem Haus Habsburg den ersten Platz in Europa – ungeachtet des altehrwürdigen, aber längst verblichenen Schimmers der Kaiserkrone. Der Aufstieg der Landesherren hatte längst eine Schwächung der Zentralgewalt im Reich hervorgerufen, die dem römisch-deutschen König und Kaiser bestenfalls eine zweitrangige Rolle im Machtgefüge zuwies. Der stets klamme Maximilian, der bei den Ständen um jeden Steuer- und Kriegsgulden feilschen musste, konnte davon ein Lied singen.

Was heißt es also, „letzter Ritter" zu sein? Gab es nach dem Tod Kaiser Maximilians 1519 keine Ritter mehr? Sank der Glanz des Rittertums mit ihm ins Grab? Erstaunlicherweise wirkte das Rittertum in vielfältigen Formen noch lange nach. Nicht nur, dass viele Angehörige von Rittergeschlechtern ihren Weg an die frühneuzeitlichen Höfe fanden und dort im Verwaltungsdienst oder als Kürassiere in den fürstlichen Armeen ihre althergebrachten ritterlichen Ideale mit einbrachten, gegen Ende des Mittelalters verbreiterte sich die Basis des Ritterstandes in reiche bürgerliche Familien hinein. Die seit Kaiser Karl IV. übliche Praxis, gegen Bezahlung Titel und Wappen zu vergeben, führte dazu, dass immer mehr reiche Kaufherren und Montanunternehmer sich dem ritterlich-adligen Lebensstil annäherten, Burgen und Ländereien von hoch verschuldeten Rittern aufkauften und großes Interesse an der Bewahrung ritterlicher Kultur zeigten. So war es ausgerechnet ein bürgerliches Brüderpaar aus Bozen, Franz und Niklaus Vintler, die 1385 Schloss Runkelstein erwarben und mit dem bedeutendsten profanen Freskenzyklus des Mittelalters, der das höfische Leben und die Abenteuer der Artushelden feierte, ausschmücken ließen. Die Burg Tratzberg bei Stans ging an die im Silberbergbau reich gewordenen Brüder Veit-Jakob und Simon Tänzl, die sie von Grund auf erneuerten und im Innern mit einem gemalten Stammbaum der Habsburgerfamilie großzügig dekorierten. Und auch die aus bescheidenen Handwerkerverhältnissen stammenden Fugger erwarben 1511 einen Adelsbrief sowie reiche Landgüter nebst den Schlössern Babenhausen, Kirchheim und Wellenburg, bis sie schließlich in den Reichsfürstenstand erhoben wurden. Da zudem Bürgerliche als Juristen und Räte an den fürstlichen Höfen neben den adligen Rittergeschlechtern Karriere machten, wurden ritterliche Werte in dieser neuen, aus Geburts- und Dienstadel zusammengesetzten Aristokratie in moderater Anpassung an die gewandelten Verhältnisse tradiert.

Der vollendete Höfling, wie ihn Baldesar Castiglione in seinem 1528 in Venedig gedruckten „Buch vom Hofmann“ schildert, ist im Kern ein Ritter. Tapferkeit im Kampf, ein ausgeprägtes Ehrbewusstsein und umfassende Kenntnisse im Waffenhandwerk gelten nach wie vor als Voraussetzungen, um bei Hofe Anerkennung zu finden. Stärker akzentuiert werden nun allerdings auch geistige Fähigkeiten, eine umfassende Bildung, ein anmutiges Auftreten und eine gefällige Gesprächsführung, um im gesellschaftlichen Kreis bestehen zu können. Der an den Hof gebundene, aus freier Entscheidung auf das eigene Gewaltmonopol verzichtende Adlige gehörte fortan zum Idealbild der frühneuzeitlichen Epoche.

Wie stark ritterliche Wertvorstellungen nachwirkten, beweist nicht zuletzt der bis heute übliche Sprachgebrauch. Wir sprechen von „ritterlichem“ Verhalten, wenn sich jemand Schwächeren gegenüber vorbildlich verhält. Wir bezeichnen mit „höflich“ ein zuvorkommendes Benehmen, das dem anderen die Ehre erweist, und wir brechen für jemanden „eine Lanze“, wenn wir ihn in Schutz nehmen. Viele Redewendungen haben ihren Ausgangspunkt im Turnierwesen des Mittelalters. Man lässt sich zornerfüllt „in Harnisch“ bringen, weiß nicht so recht, was der andere „im Schilde führt“, weist jemanden „in die Schranken“, wenn er zu vorwitzig wird, und bewundert einen Gegner, der „sattelfest“ ist, mit „offenem Visier“ kämpft und mit „hieb- und stichfesten“ Argumenten zu überzeugen weiß.

Je mehr die Zeit voranschritt, umso nostalgischer fiel der Rückblick auf das Ritterleben aus. Keiner hat dem leicht verschrobenen, etwas aus der Mode gekommenen, aber immer noch bezaubernden Bild vom edlen Ritter eine liebevollere Hommage gewidmet als der spanische Dichter Miguel de Cervantes zu Beginn des 17. Jahrhunderts: Sein berühmter Ritter Don Quijote de la Mancha erlebt mit seinem treuen Sancho Panza an der Seite die verrücktesten Abenteuer, weil er sich in eine Traumwelt hineinsteigert, in der die alten Werte vom Rittertum noch leben, obwohl sie allen Realitäten Hohn sprechen. Da verwandelt sich auch noch der älteste Klepper im Stall zum edlen Streitross Rosinante, da werden aus leichtlebigen Mädchen beschützenswerte Damen, da mutieren Windmühlen zu Riesen, da werden Schafherden zu gegnerischen Heeren. Und warum das alles? Weil Don Quijote die Welt verbessern will. „Er hielt es nämlich für nützlich und nötig, zur Mehrung seines Ruhmes und zum Dienste des Gemeinwesens ein fahrender Ritter zu werden und die ganze Welt bewaffnet und beritten zu durchziehen, um Abenteuer zu suchen und alles das auszurichten, was, wie er gelesen, fahrende Ritter taten, nämlich jedwedem Unrecht zu steuern, und sich in Gefahren zu stürzen, durch deren Bestehen er sich ewigen Namen und Ruhm erwerben müsste." „Die Jungfrauen zu verteidigen, die Witwen zu schützen und den Waisen und Hilfsbedürftigen beizustehen", ist sein großes Ziel. Auch wenn Don Quijote in den meisten seiner Abenteuer Prügel bezieht und ziemlich übel zugerichtet wird, kommt der Leser nicht umhin, ihm mit Sympathie zu begegnen. Der Möchtegernritter ist zwar ein Zerrbild seines eigenen Ideals, aber doch auch ein liebenswerter Träumer, ein genialer Idealist, dem man in seinem Kampf gegen die Windmühlen der Realität gerne beistehen würde. Ein kleines Stückchen Don Quijote, ein Ritter ohne Furcht und Tadel mit Hang zu Höherem, steckt schließlich auch in jedem modernen Menschen.

Die traumhaft-ideale Seite des Rittertums blieb seitdem eine starke Facette der Mittelalterrezeption, der man andererseits eine ebenso negative, abgrundtief böse, schmutzige und grausame Komponente als Gegenpart beifügte. Die historischen Romane Walter Scotts, der mit seinem „Ivanhoe" (1820), einer zur Zeit des Königs Richard Löwenherz spielenden Geschichte, Erfolge feierte, prägten das Mittelalterbild nachhaltig. Auch Scotts Held, Ritter Ivanhoe, besiegt das Böse in Form des Tempelritters Brian de Bois-Guilbert, rettet die schöne Jüdin Rebecca durch einen heroisch überstandenen Zweikampf und gewinnt schließlich die Hand seiner Liebsten, Rowena. Der Gegensatz zwischen der „guten" Herrschaft Richards und der „schlechten" seines Bruders Johann Ohneland wird gebührend herausgestellt.

So mutierte gerade in der Zeit der Romantik das Rittertum immer stärker zur Folie für allgemeingültige Werte wie Liebe, Treue, Gerechtigkeit, die sich vom realen historischen Hintergrund der mittelalterlichen Ritterschaft zunehmend ablöste. Das machte die Ritter aber nur umso interessanter. Bis heute wimmelt es nur so von gepanzerten Heroen in Literatur, Film und Fernsehen, in Computer- und Brettspielen. Wer will, kann auch in einem der zahlreichen Computer-Rollenspiele selbst einmal den Helden mimen oder auf einem der vielen Mittelalter-Jahrmärkte in die fremde Welt des Mittelalters eintauchen. Nachgestellte Turnierszenen sollen einen Eindruck vom Leben der alten Rittersleut geben. Um historische Authentizität geht es dabei in der Regel kaum, auch wenn Kostüme oder Waffen noch so detailreich gestaltet sein mögen. Der Unterhaltungscharakter dieser Spiele und Feiern steht eindeutig im Vordergrund. Für eine kurze Flucht aus dem Alltag hinein in eine fremde, exotische Welt, die sowohl zum Schauern anregt wie auch zu den kühnsten Heldenträumen einlädt, eignen sich die Ritter allemal. Die alten Recken sind sich im Grunde treu geblieben: Sie galoppieren immer noch zwischen Fiktion und Wirklichkeit hin und her wie ihre Vorgänger, die tollkühnen Helden der Artussagen, die mit der Realität ihrer Zeit ebenfalls wenig gemein hatten. Insofern hat sich seit den hochmittelalterlichen Epikern nicht wirklich etwas geändert. Die Ritter und ihre hochfliegenden Ideale bleiben ein schönes Bild für eine bessere Welt – alles andere denkt man sich am besten weg.

Literaturverzeichnis

Quellen

Bernhard von Clairvaux: An die Tempelritter, in: Sämtliche Werke. Lat./Dt. hrsg. von Gerhard B. Winkler, Innsbruck 1990, Bd. 1

The Book of Chivalry of Geoffroi de Charny, hrsg. von Richard E. Kaeuper und Elspeth Kennedy, Philadelphia 1996

Chrétien de Troyes: Erec et Enide. Erec und Enide. Altfrz./dt. Übers. und hrsg. von Albert Gier, Stuttgart 1987

Castiglione, Baldesar: Das Buch vom Hofmann. Übers. und erl. von Fritz Baumgart mit einem Nachwort von Roger Willemsen, München 1986

Gottfried von Straßburg: Tristan. Mhd./Nhd. 3 Teile. Text, Übers. und Komment. von R. Krohn, Stuttgart 2002

Hartmann von Aue: Gregorius, Der arme Heinrich, Iwein, hrsg. von Volker Mertens, Frankfurt a. M. 2008

Histoire de Guillaume le Maréchal, hrsg. von P. Meyer, 3 Bände, Paris Sociéte de l'Histoire 1891–1901

Kyeser, Konrad: Bellifortis, hrsg. von der Kulturstiftung der Länder und der Bayerischen Staatsbibliothek, München 2000

Die Legenda Aurea des Jacobus de Voragine, aus dem Lat. übersetzt von Richard Benz mit einem Nachwort von Walter Berschin, Gütersloh 2014

Die Lieder Oswalds von Wolkenstein, hrsg. von Karl Kurt Klein, Tübingen 1962 (Altdeutsche Textbibliothek 55)

The Life and Campaigns of the Black Prince: From Contemporary Letters, Diaries and Chronicles, including Chandos Herald's Life of the Black Prince, hrsg. von Richard Barber, Woodbridge 1979

Malory, Sir Thomas: Die Geschichten von König Artus und den Rittern seiner Tafelrunde. Übertragen von Helmut Findeisen, Frankfurt a. M. 1974

Maximilian: Der Theuerdank. Faksimile-Reproduktion nach der 1. Aufl. 1517, hrsg. von Simon Laschitzer, Wien 1966

Miguel de Cervantes Saavedra: Don Quijote von der Mancha. Neuübersetzung von Susanne Lange, 2 Bde., München 2008

Publius Flavius Vegetius Renatus: Abriss des Militärwesens, lateinisch und deutsch, hrsg. von Friedhelm L. Müller, Stuttgart 1997

Rothe, Johannes: Der Ritterspiegel, hrsg. von Christoph Huber und Pamela Kalning, Berlin, New York 2009
Sir John Froissart's Chronicles of England, France, Spain (…), hrsg. von T. Johnes, 2. Bde., London 1839
Suchenwirt, Peter: Werke, hrsg. von Alois Primisser, Wien 1827
Ulrich von Liechtenstein: Frauenbuch, hrsg. von Franz Viktor Spechtler, Göppingen 1989
ders.: Frauendienst, hrsg. mit einem Vorwort und einer Einleitung von Franz Viktor Spechtler, 2. verbesserte Auflage Göppingen 2003 (Göppinger Arbeiten zur Germanistik 485)
Wolfram von Eschenbach: Parzival, hrsg. von Eberhard Nellmann, übertr. von Dieter Kühn, Frankfurt a. M. Studienausgabe. Mittelhochdeutscher Text und Übers. von Peter Knecht, Berlin, New York 1998

Weiterführende Literatur

Atzbach, Rainer/Lüken, Sven/Ottomeyer, Hans (Hrsg.): Burg und Herrschaft. Ausstellungskatalog des Deutschen Historischen Museums Berlin, Dresden 2010
Barber, Malcolm: Die Templer. Geschichte und Mythos, Düsseldorf 2005
ders.: Der Templerprozess: Das Ende eines Ritterordens, Patmos Verlag 2008
Barber, Richard/Barker, Juliet: Die Geschichte des Turniers, Düsseldorf und Zürich 2001
Bauer, Martin: Die Tempelritter, Mythos und Wahrheit, München 1999
Bennett, Matthew (Hrsg.): Kriege im Mittelalter. Schlachten – Taktik – Waffen, Stuttgart 2009
ders. (Hrsg.): Die Welt im Mittelalter. 1000 Jahre Kriegsgeschichte, München 2010
Brunner, Horst (Hrsg.): Der Krieg im Mittelalter und in der frühen Neuzeit: Gründe, Begründungen, Bilder, Bräuche, Recht, Wiesbaden 1999
Bumke, Joachim: Geschichte der deutschen Literatur im hohen Mittelalter, München 2004
Burger, Daniel: „In den Turm geworfen" – Gefängnisse und Folterkammern auf Burgen im Mittelalter und in der frühen Neuzeit, in: Burgenbau im späten Mittelalter II. (Forschungen zu Burgen und Schlössern Bd. 12), hrsg. von der Wartburg-Gesellschaft zur Erforschung von Burgen und Schlössern, Berlin 2009
Buttinger, Sabine/Keupp, Jan: Die Ritter, Stuttgart 2013
Cherry, John (Hrsg.): Fabeltiere. Von Drachen, Einhörnern und anderen mythischen Wesen, Stuttgart 1997
Clauss, Martin: Ritter und Raufbolde. Vom Krieg im Mittelalter, Darmstadt 2009
Curry, Anne: Der Hundertjährige Krieg, Darmstadt 2012
Demurger, Alain: Die Templer. Aufstieg und Untergang 1120–1314, München 2007
Diehl, Daniel/Donnelly, Mark: Belagert! Mittelalterliche Belagerungstechniken anschaulich erläutert, Zirndorf 2006

Dinzelbacher, Peter: Die Templer. Wissen, was stimmt, Freiburg i. Br. 2010
Duby, Georges: Guillaume le Maréchal oder der beste aller Ritter, Frankfurt a. M. 1987
Ehlers, Joachim: Geschichte Frankreichs im Mittelalter, Darmstadt 2009
ders.: Der Hundertjährige Krieg, München 2009
ders.: Die Ritter. Geschichte und Kultur, München 2009
Engmann, Birk: Der Stoff, aus dem die Mythen sind. Wie Fossilien zu Fabelwesen wurden, Stuttgart 2012
Fleckenstein, Josef: Rittertum und ritterliche Welt, Berlin 2002
ders. (Hrsg.): Das ritterliche Turnier im Mittelalter, Göttingen 1986
Fried, Johannes/Rader Olaf B. (Hrsg.): Die Welt des Mittelalters. Erinnerungsorte eines Jahrtausends, München 2011
Göttert, Karl-Heinz: Die Ritter, Stuttgart 2011
Großmann, G. Ulrich: Die Welt der Burgen. Geschichte, Architektur, Kultur, München 2013
Haag, Sabine/Wieczorek, Alfried/Pfaffenbichler, Matthias/Buderer, Hans-Jürgen (Hrsg.): Kaiser Maximilian I. Der letzte Ritter und das höfische Turnier, Begleitbuch zur Ausstellung im Museum Zeughaus, Reiss-Engelhorn-Museen Mannheim 2014
Hägermann, Dieter (Hrsg.): Das Mittelalter. Die Welt der Bauern, Bürger, Ritter und Mönche, Gütersloh 2001
Heinzle, Joachim (Hrsg.): Literarische Interessenbildung im Mittelalter, Stuttgart, Weimar 1993
Hillingmeier, Klaus (Hrsg.): Mittelalter. Ritter, Helden, Schlachten, Königswinter 2012
Hollegger, Manfred: Maximilian I. (1459–1519). Herrscher und Mensch einer Zeitenwende, Stuttgart 2005
Jankrift, Kay Peter: Artus ohne Tafelrunde. Herrscher des Mittelalters Legenden und Wahrheit, Stuttgart 2008
Jezler, Peter/Niederhäuser, Peter/Jezler, Elke (Hrsg.): Ritterturnier – Geschichte einer Festkultur, Begleitband zur Ausstellung im Museum zu Allerheiligen Schaffhausen, Luzern 2014
Jurga, Robert M.: Mittelalterliche Kriegsgeräte und Waffen, Königwinter 2013
Keates, Jonathan/Hornak, Angelo: Die Kathedrale von Canterbury, London 2005
Kortüm, Hans-Henning (Hrsg.): Krieg im Mittelalter, Berlin 2001
ders.: Kriege und Krieger 500–1500, Stuttgart 2010
Kühn, Dieter: Ich, Wolkenstein. Die Biographie, Frankfurt a. M. 2011
Linden, Sandra/Young, Christopher (Hrsg.): Ulrich von Liechtenstein. Leben – Werk – Zeit – Forschung, Berlin, New York 2010
Madden, Thomas F. (Hrsg.): Die Kreuzzüge, Köln 2008
Müller, Ulrich/Springeth, Margarete (Hrsg.): Oswald von Wolkenstein. Leben – Werk – Rezeption, Berlin, New York 2011
Napp, Anke: Templermythen – und was dahinter steckt, München 2010

Paravicini, Werner: Die ritterlich-höfische Kultur des Mittelalters, München 2011
Pauler, Roland: Leben im Mittelalter. Ein Lexikon, Darmstadt 2007
Phillips, Charles: Die berühmtesten Ritter, Fränkisch-Crumbach 2011
Pörksen, Uwe (Hrsg.): „Nemt, frouwe, disen kranz ..." 101 mittelhochdeutsche Liebesgedichte Mittelhochdeutsch-Neuhochdeutsch, Frankfurt a. M., Berlin, Wien 1982
Portela, Feliciano Novoa/Martinez, Carlos de Ayala: Ritterorden im Mittelalter, Stuttgart 2006
Prestwich, Michael: Ritter. Der ultimative Karriereführer, Darmstadt 2011
Prietzel, Malte: Kriegführung im Mittelalter. Handlungen, Erinnerungen, Bedeutungen, Paderborn 2006
ders.: Krieg im Mittelalter, Darmstadt 2006
Räkel, Hans-Herbert S.: Der deutsche Minnesang. Eine Einführung mit Texten und Materialien, München 1986
Reitz, Manfred: Schinderhannes und Spießgesellen. Kleine Geschichte der Räuber und Raubritter, Ostfildern 2007
Rohr, Christian (Hrsg.): Alles heldenhaft, grausam und schmutzig? Mittelalterrezeption in der Populärkultur, Wien 2011
Sarnowski, Jürgen: England im Mittelalter, Darmstadt 2012
ders.: Die Templer, München 2009
Schäfke, Werner: Englische Kathedralen. Eine Reise zu den Höhepunkten englischer Architektur von 1066 bis heute, Köln 1989
Schlunk, Andreas/Giersch, Robert: Die Ritter. Geschichte, Kultur, Alltagsleben. Begleitbuch zur Ausstellung „Die Ritter" im Historischen Museum der Pfalz Speyer, Stuttgart 2003
Schmidtchen, Volker: Bombarden, Befestigungen, Büchsenmeister. Von den ersten Mauerbrechern des Spätmittelalters zur Belagerungsartillerie der Renaissance, Düsseldorf 1977
Schneidmüller, Bernd/Weinfurter, Stefan: Die deutschen Herrscher des Mittelalters. Historische Portraits von Heinrich I. bis Maximilian I., München 2003
Scholz, Manfred Günter: Walther von der Vogelweide, Stuttgart 2005
Steffen, Uwe: Drachenkampf. Der Mythos vom Bösen, Stuttgart 1989
Thorau, Peter: Der Krieg und das Geld. Ritter und Söldner in den Heeren Kaiser Friedrichs II., in: Historische Zeitschrift Bd. 268, S. 599–634, München 1999
Vaghi, Fausta: Die Tempelritter. Geschichte und Legenden, Berlin 2008
Vollrath, Hanna/Fryde Natalie (Hrsg.): Die englischen Könige im Mittelalter. Von Wilhelm dem Eroberer bis Richard III., München 2009
Wies, Ernst W.: Kaiser Maximilian I. Ein Charakterbild, München, Esslingen 2003
Wolf, Jürgen: Auf der Suche nach König Artus. Mythos und Wahrheit, Darmstadt 2009
Zeune, Joachim: Burgen. Symbole der Macht, Regensburg 1996

Namensregister

Erklärung: HRR = Könige des Heiligen Römischen Reiches

Ortsregister

Sachregister